Das große Buch der Sketche

Das große Buch der Sketche

Sketche perfekt spielen und selbst schreiben

Weltbild

Doppelband

Pfiffige Sketche für jede Feier

Liebe Leserin, lieber Leser 10

Tipps für Ihren Auftritt 11
Ein wenig Theorie 12
Der Text 14
Ideensuche 15
Hilfsmittel 16
Mit Gespür und Augenzwinkern 17
10 Schritte zum Erfolg 19
Vom Fröhlichsein und Feiern 22

Sketche für (runde) Geburtstage 23
Was wäre, wenn … 24
An die Gattin 26
Verrückt 28
Was soll man schenken 32
Arterhaltung 36
Der Humanist 40
Erwischt 44
Verfassungsgemäß 45

Sketche für Polterabende 49
Ein Hauch von Hollywood 50
Antrag mit Bedingung 53
Der Geizkragen 54
Immer diese Männer! 56
Der Heirats-Kandidat 57
Wer's glaubt … 61
Männerkenner 7.0 63
So ein Theater 66
Bescheidene Ansprüche 69
Torschlusspanik 70

Sketche für Hochzeitsfeiern 71
Die Überraschungstorte 72
Eine ganz besondere Hochzeit 74
Im Ring 77
Alte Bräuche 80
Chinesische Hochzeitsgäste 84
Das Hochzeitskleid 86
Kleine Pannen in der Hochzeitsnacht 87
Das Hochzeitsfoto 89
Heißer Flirt am kalten Büfett 91
Brautsuche am PC 93

Sketche für Hochzeitstage 95
Baumwolle statt Seide 96
Ganz allein zu zweit 98
Das verflixte Siebente 100
Hundertprozentig himmlisch 102
Ruhig und entspannt 104
Einzigartig und unvergänglich 106
Aus der Ferne 107
Ach, Bärbel 110
Schön offen lassen! 113
Alles im Griff! 116
Große Pläne 118
Ein besonderes Ereignis 121
50-jähriges Jubiläum 125

Sketche für Partys und Familienfeste 127
Zwang 128
Feng Shui 130
Kunst 132
Festrede 134

Garderobe 137
Feinschmecker 139
Tierfreund 141
Tennis 143
Glücksspiel 146
Auto 148
Badeschwamm 150

Kurze Sketche für jede Gelegenheit 153
Alternative 154
Alles dreht sich 155
Schlechte Laune 155
Fragmente 156
Familienangelegenheiten 157
Reingelegt 158
Männerträume 159
Geisterstunde 160
Es ist an der Zeit 161
Ausverkauf 162

Sketche schreiben wie ein Profi

Einleitung 164

Das Projekt „Sketch“ 167
Der Weg zum gelungenen Sketch 168
Der Projektplan 168
Projektrealisierung 171

Inspiration 177
Wir lassen und inspirieren 178
Sketchideen aus Zitaten 178
Sketchideen aus Stilblüten 182
Sketchideen aus Kleinanzeigen 186
Sketchideen aus Presseberichten 197
Sketchideen aus Witzen 202
Sketchideen aus persönlichen Erlebnissen 211

Spielorte 219
Spielorte und ihre Besonderheiten 220
Im Wohnzimmer eines Gastgebers 220
In einem Gesellschafts- oder Clubraum 223
In einem Saal 227
Auf einer Bühne 236
Im Freien 240

Anlässe 243
Die Anlässe für einen Sketch 244
Sketche als Beitrag zu Bunten Abenden 245
Betriebs- oder Vereinsfeste 247
Feiern im Familien- und Freundeskreis 252
Anlässe in der kühleren Jahreszeit 255
Feiertage in der wärmeren Jahreszeit 256

Aus dem Zettelkasten 263

Fragmente 264

Beispielsketche

Sketch 0	Literatur	165
Sketch 1	Die Wahl der Vorstandschaft	174
Sketch 2	Embryonale Stammzellen	180
Sketch 3	Zwölf-Zentimeter-Pizze	183
Sketch 4	Nasenring	184
Sketch 5	Tisch und sechs Stühle	188
Sketch 6	Gemischte Anzeige	189
Sketch 7	Anzeige ungeeignet	191
Sketch 8	Und dann kam Heinz	194
Sketch 9	High-tech	198
Sketch 10	In Flagranti mit Virchen	203
Sketch 11	Die Notlüge	206
Sketch 12	Beim Frühschoppen	209
Sketch 13	Gesundheitsreform	212
Sketch 14	Die Strafarbeit	220
Sketch 15	Übermorgen	223
Sketch 16	Der Hausmeister	228
Sketch 17	An der Rezeption	237
Sketch 18	Wir beschatten Ihre Familie	240
Sketch 19	Begrüßung zum Führungskräfte-Seminar	242
Sketch 20	Ein Klon von mir	246
Sketch 21	Sexuelle Belästigung	248
Sketch 22	Gott weiß alles	253
Sketch 23	Kalte Nächte	255
Sketch 24	Nutzloser Urlaub	257

Pfiffige Sketche für jede Feier

Sketche schreiben wie ein Profi

Liebe Leserin, lieber Leser,

ein Fest steht an und Sie sind auf der Suche nach einem zündenden Unterhaltungsprogramm? Dann haben Sie hier genau das richtige Buch in der Hand, denn nichts sorgt mehr für ausgelassene Stimmung auf einer Feier als pfiffige Sketche.

Hier finden Sie den passenden Sketch für jede Party – sei es Geburtstage, Polterabende, Hochzeiten und Hochzeitstage oder fröhliche Feste im Beruf und Familienkreis.

Damit Sie auch bestens darauf vorbereitet sind, erhalten Sie im ersten Kapitel viele nützliche Tipps und Tricks für die Organisation und Durchführung der witzigen Vorträge. Und Sie bekommen zudem Anregungen, um vielleicht den einen oder anderen Sketch selbst zu erfinden und dem Jubilar vorzuspielen.

Alle Sketche in diesem Buch lassen sich selbstverständlich ganz speziell auf das jeweilige Fest und den jeweiligen Anlass zuschneiden. Sie müssen nur an entsprechender Stelle die persönlichen Daten einsetzen.

Und nun viel Spaß beim Auswählen der Sketche und noch viel mehr Freude bei der Aufführung auf dem Fest!

Tipps für Ihren Auftritt

Am Anfang war das Wort. Dummerweise findet man es meist dann nicht, wenn man es braucht. Lassen Sie sich anregen, nicht nur ein Wort zu finden, sondern die richtigen Worte zur Unterhaltung einer Festgesellschaft. Kleiden Sie sie in einen Sketch, schlüpfen Sie in die von Ihnen erdachte Rolle und tragen Sie so zum Gelingen der Feier bei.

Ein wenig Theorie

In zahlreichen Büchern können Sie Abhandlungen darüber finden, warum ein Sketch das Publikum zu Lachsalven anregen oder aber bei den Gästen den Wunsch aufkommen lassen kann, er möge hoffentlich schnell ein Ende finden. Auch an dieser Stelle sollen die Gründe für die jeweiligen Reaktionen kurz zusammengefasst werden.

Ein gut durchdachter Text passt zu jeder Gesellschaft.

Ein entscheidender Schritt ist die Wahl des Textes. Er sollte unbedingt zwei Kriterien erfüllen: Er muss gut (durchdacht) sein, und er muss zu der jeweiligen Gesellschaft passen. Die Qualitäts-Prüfung ist einfach. Lesen Sie den Text, und wenn er bereits Sie zum Lachen bringt, kann nicht mehr viel schief gehen. Ob er zum anvisierten Publikum passt, dürfte bei Familienfeiern kein großes Problem sein, da diese ja im Freundes- und Familienkreis stattfinden, zu dem schließlich auch Sie gehören. Wenn also der Text zu Ihnen passt, dann wird er bei der Feier sicher ankommen.

Sie selbst sind Ihr erstes Publikum.

Man kann fast jeden Sketch »verfeinern«, indem man ihn personalisiert. Lassen Sie Ereignisse aus dem Leben des Jubilars einfließen. Achten Sie andererseits darauf, dass der Sketch nicht zu lang wird. Aus fast jedem Sketch dieses Buches lassen sich auch einzelne Passagen streichen.

Suchen Sie eine geeignete Szenerie.

Zunächst müssen Sie sich Ihren Spielort schaffen. Suchen Sie eine freie Fläche, die Sie dem Sketch entsprechend ausstatten können. Viel Platz werden Sie nicht haben. Verzichten Sie also auf Requisiten, die Sie nicht unbedingt brauchen.

Sie gehen nicht zum Maskenball, also »kostümieren« Sie sich auch nicht. Ihr Äußeres darf natürlich zu Ihrer Rolle passen, muss es aber nicht unbedingt, wenn Sie überzeugend spielen.

Ein guter Schauspieler kann die Würde eines Königs auch nackt darstellen. Verändern Sie Ihre Kleidung nur so weit, wie unbedingt nötig. Spezielles Schminken ist fehl am Platz.

Die Kunst liegt in der Beschränkung.

Sie beabsichtigen, einen Sketch darzubieten, der Ihrem Publikum und vor allem dem Gastgeber Freude bereiten soll. Deshalb sollten Sie darauf achten, dass Ihnen nicht typische Anfängerfehler unterlaufen. Machen Sie sich nicht zum Star des Abends, denn der ist der Jubilar. Spielen Sie sich nicht in den Vordergrund, szenische Darstellungen sind kein Kampfsport. Agieren Sie mit Ihren Partnern, nicht gegen sie. Ein Partner, der an die Wand gespielt wird, kann auch die Gags Ihres Parts nicht gut vorbereiten. Die beste Wirkung erzielen Sie nur, wenn alle Rollen gleichwertig angelegt sind und gespielt werden.

Das Spiel soll beeindrucken, nicht die äußere Fassade.

Spielen Sie Ihre Rolle und erzählen Sie nicht. Passen Sie Ihre Gestik der Rolle an. Treten Sie nicht auf der Stelle, wenn Sie Text sprechen. Schritte dienen ausschließlich dem Ortswechsel. Sprechen Sie Ihren Text so, wie Sie sonst auch reden, sagen Sie ihn nicht auf wie ein Weihnachtsgedicht. Er muss so vorgetragen werden, dass er nicht auswendig gelernt wirkt. Verwenden Sie dabei auch Dialekt, sofern Sie ihn wirklich beherrschen.

Je mehr Sie von Ihrer Persönlichkeit mit einbringen, umso überzeugender wirkt Ihr Spiel.

Im Szenenapplaus oder beim Lachen geht Ihr Text unter, also sollten Sie dann nicht weitersprechen. Mimik und Gestik allerdings dürfen nicht einfrieren. Rechnen Sie immer damit, dass etwas Unvorhergesehenes geschieht. Vielleicht gibt es Zwischenrufe von dem einen oder anderen Gast. Reagieren Sie ruhig darauf, wenn es die Szene erlaubt, aber denken Sie auch daran, Ihrem Partner anschließend das richtige Stichwort zu geben. Kalkulieren Sie Pannen ein. Überlegen Sie sich vorher, was Sie tun, wenn plötzlich der Text wie weggeblasen ist, ein Requisit fehlt oder ein technisches Gerät ausfällt. Ein lockerer Spruch kann da sehr entspannend wirken.

Machen Sie aus einer Panne einen zusätzlichen Gag.

Der Text

Das Verhältnis zum Jubilar ist von entscheidender Bedeutung.

Einige Grundsätze der Sketchgestaltung sollen an dieser Stelle im Zusammenhang mit den Texten in diesem Buch näher erläutert werden. Es hat Einfluss auf den zu wählenden Text, ob Sie von einem Arbeitskollegen, einem Freund, einem entfernten oder einem nahen Verwandten eingeladen werden. Bei einem Gastgeber aus dem Arbeitsbereich spielt zudem eine Rolle, ob es sich um einen Kollegen (oder eine Kollegin) oder um Ihren Vorgesetzten handelt.

Ein Beispiel dafür finden Sie in dem Sketch »An die Gattin« (Seite 26). Hier soll eine Rede zum Anlass der Feier verfasst werden. Dieser Sketch eignet sich auf den ersten Blick nur für den Ehemann mit einer Spielpartnerin, kann aber durch einen kurzen Vorspann alternativ eingesetzt werden, etwa wie folgt:

Er: Liebe Festgemeinde, kürzlich hatte ich das Glück, Zeuge eines Gesprächs werden zu müssen. Das Wort »müssen« ist richtig, weil ich mich oft zu meinem Glück zwingen muss. Ich hätte ja nicht zuzuhören brauchen.

Sie: Was überaus schade gewesen wäre, denn dann hätten wir von diesem Gespräch niemals Kenntnis erhalten

Er: Eben.

Sie: Da wir davon ausgehen, dass die Neugier eine überaus menschliche Eigenschaft ist, wollen wir euch das Gespräch natürlich nicht vorenthalten.

Man wird zwar eher selten Zeuge eines Gesprächs zwischen Chef und Sekretärin. Diese Ungereimtheit wird aber nur der aufmerksame Zuschauer bemerken und ganz sicher schmunzelnd verziehen. Auf diese Weise lassen sich die jeweiligen Sketche leicht der individuellen Feierlichkeit anpassen. Sie müssen einfach den entsprechenden Rahmen kreieren.

Ideensuche

Auch z. B. in dem Sketch »Der Humanist« (Seite 40) geht es um eine Rede. Diese kann aber von jedem beliebigen Gast gehalten werden. Der Text soll zu eigener Kreativität anregen. Er setzt voraus, dass, wie in diesem Fall, das Geburtstagskind weiblich und ledig ist, einen Hund besitzt und Elisabeth heißt. Durch Änderungen, Ergänzungen und Streichungen muss er nur entsprechend angepasst werden. Der Sketch zeigt die Verwendung einiger Ideenquellen. Hier wurde zum Beispiel ein Zitatlexikon verwendet. Auch der Ursprung des Namens wird beleuchtet. Über den Namen des Geburtstagskindes und seine Bedeutung können Sie sich in einem Namenslexikon, ganz sicher auch im Internet informieren. Die Ideen lassen sich natürlich auch für ein männliches Geburtstagskind verwenden.

Zitatsammlungen, Lexika und Internet bieten einen reichen Fundus an Ideen und Anregungen.

Weitere Ideenlieferanten können Anekdoten oder historische Ereignisse sein. Solche Vorlagen lassen sich direkt nachspielen, aber auch auf anwesende Gäste abstimmen. Ein Beispiel:

Am 27. August 1825 hatte Goethe vor jedem Fenster eine Flasche Malvasier und ein Glas stehen. Jedes Mal, wenn er an einem Fenster vorbeikam, nahm er einen Schluck, und seinem Sekretär Wolff warf er vor, dass man seinen Geburtstag vergessen habe.
Dieser erwiderte: »Euer Exzellenz Geburtstag? Die ganze Welt denkt daran. Wer sollte auch des 28. Augusts nicht gedenken! Aber, Exzellenz, der ist erst morgen.«
Goethe rief daraufhin: »Kalender her!«
Er überzeugte sich und murmelte: »Da habe ich danebengefeiert!«

Spielen Sie eine Anekdote und/oder variieren Sie nach Herzenslust.

Nun können Sie die Herren Goethe und Wolff auftreten lassen oder Sie spielen sich selbst.

Da man dem Jubilar mit dem Sketch vor allem eine Freude machen will, bietet es sich natürlich an, dessen gute Seiten herauszustellen. Wie aber schmeichelt man unterhaltsam?

Orientieren Sie sich an den Tricks der Werbeprofis.

Vor dieser Frage stehen auch die Werbeagenturen. Sie müssen Produkte anpreisen und gleichzeitig dafür sorgen, dass der umworbene Verbraucher auch hinguckt. Sehen Sie sich die Werbung im Fernsehen einmal genauer an. Da hören Sie zum Beispiel den Satz: »Es ist an der Zeit, ein Bier zu feiern, wie es so gebraut in Deutschland kein zweites gibt.« Dazu wird Ihnen die Semperoper in Dresden gezeigt, in der dieses Bier ganz gewiss nicht gebraut wird.

Setzen Sie Musik »verkaufsfördernd« und witzig ein!

Wenn Sie Musik in Ihren Sketch einbauen wollen, sollten Sie versuchen, die Hintergrundmusik des gewählten Werbespots zu finden. Bei der Semperoper hören Sie beispielsweise »Freudig begrüßen wir die edle Halle« aus »Tannhäuser« von Richard Wagner. Nun setzen Sie den Spot für Ihre Zwecke um: »Es ist an der Zeit, eine Frau/einen Mann/einen Menschen zu feiern, wie es sie/ihn in Deutschland kein zweites Mal gibt«. Weil das allein für einen Sketch aber noch nicht ausreicht, muss nun daraus eine Szene entwickelt werden wie in dem Sketch »Es ist an der Zeit« (Seite 161).

Hilfsmittel

Bisher haben wir die Ideenlieferanten nur zur Vorbereitung gebraucht, jetzt verwenden wir sie im Spiel. Im Sketch »Verfassungsgemäß« (Seite 45) muss mindestens ein Darsteller das Grundgesetz als Requisite dabeihaben. Der Vorteil liegt auf der Hand, man kann den Text in so ein Büchlein hineinkleben und hin und wieder hineingucken. Der Text sollte dem Getränkeangebot der Feier so weit als möglich angepasst werden, ggf. bringen Sie die entsprechende Flasche Wein mit.

Wenn jeder Darsteller seinen Text liest und dabei Mimik und Gestik entsprechend einsetzt, ergibt sich daraus eine szenische Lesung. Das freie Spiel verlangt hingegen perfekte Textbeherrschung. Viele Sketche in diesem Buch eignen sich auch für eine szenische Lesung wie zum Beispiel »An die Gattin« (Seite 26). Allerdings ist das (Schau-) Spiel die wirkungsvollste Art der Darbietung.

Man kann es sich noch einfacher machen. Der Text wird nicht abgetippt, um ihn in ein Buch zu kleben, man nimmt einfach ein Buch und liest daraus vor. Bei einer Autoren- oder Dichterlesung kann man davon ausgehen, dass der Autor seinen Text ausdrucksvoll vortragen wird, weil er die Gedanken und Empfindungen kennt, die ihn beim Schreiben bewegt haben. Als Leser müssen Sie den Text ohne dieses Hintergrundwissen wirkungsvoll betonen. In fast allen Sketchen lassen sich Hilfsmittel einsetzen. Wer seinen Sketch selbst schreibt, kann ihn so anlegen, dass er den Text zur Szene passend bei sich hat, so wie in »Arterhaltung« (Seite 36).

Variieren Sie spontan: szenische Lesung oder freies Spiel; gekonnt dargeboten hat beides seinen Reiz.

Mit Gespür und Augenzwinkern

Wollen Sie Ihr Publikum zum Schmunzeln, ja zum Lachen bringen oder aber Spannung erzeugen? Keinesfalls sollten Sie mit Ihrem Geschenk die Stimmung verderben.
In diesem Buch finden Sie Sketche, die nicht sofort von Ihrem Publikum als Spiel erkannt werden, nämlich dann, wenn Sie und Ihre Mitspieler zwischen den übrigen Gästen sitzen und plötzlich anfangen zu spielen.

Ein Streit bietet immer einen guten Stoff für einen Sketch, wenn die Komik nicht zu kurz kommt.

Es gibt kleine Tricks, wie man von Anfang an klärt, dass es sich um einen echten Sketch handelt. Verteilen Sie die notwendigen Requisiten so an Ihre Mitspieler, dass es jeder Gast bemerken muss. So machen Sie deutlich, dass nun etwas Überraschendes zu erwarten ist, ohne es groß verkünden zu müssen. Unbedingt aber spielen Sie solche Sketche stets mit einem deutlichen Augenzwinkern. Zeigen Sie durch Ihre Spielweise, dass Sie sich und mit dem Publikum einen Spaß machen. Dieses Spiel muss aber sehr gut geprobt werden, denn es ist nicht einfach, den Gegensatz von Text und Mimik darzustellen.

Im Sketch »Was soll man schenken« (Seite 32) wird ein Beispiel für einen Streit gezeigt, wobei sich hier eine dritte Person am ehelichen Disput beteiligt. Hier ist nun vor allem auch Ihre Sensibilität gefordert, denn das Geburtstagskind wird sozusagen »entkleidet«. Diese Entkleidung findet zwar nur in der Fantasie der Gäste statt, könnte aber unter Umständen die Gastgeberin peinlich berühren. Prüfen Sie also genau, ob dieser Text zu ihr und der Gesellschaft passt oder ändern Sie den Text entsprechend ab bzw. »entschärfen« Sie ihn.

Lassen Sie niemals erotische Anspielungen in Peinlichkeit abgleiten.

Einen Hauch von Erotik finden Sie in den Sketchen dieses Buches immer dann, wenn »Yvonne« auftaucht. Die Darstellerin dieser Rolle sollte eine gewisse »erotische Ausstrahlung« haben und diese in ihrer Rolle auch gerne demonstrieren. Pikant wird es, wenn die Gastgeberin annehmen könnte, dass die Erotik nicht nur angedeutet wird, sondern tatsächlich in ihrem Schlafzimmer stattfinden soll wie im Sketch »Arterhaltung« (Seite 36). Diesen Sketch sollten Sie deshalb nur vortragen, wenn Sie mit den Gastgebern verwandt oder sehr gut befreundet sind.

Wollen Sie ein Geschenk im Rahmen eines Sketches übereichen, tun Sie es so, dass der Beschenkte auch etwas davon hat. Im Sketch »Was wäre, wenn ...« (Seite 24) wird der Beschenkte

animiert, eine Flasche zu öffnen. Diese Flasche sollte also nicht das eigentliche Geschenk sein.
Mit dem Sketch »Verrückt« (Seite 28) können Sie ein Kleidungsstück verschenken. Wollen Sie ihn spielen, ohne ein solches Geschenk zu machen, verwenden Sie als Requisite eines Ihrer eigenen Kleider.

Verwenden Sie eventuell ein Geschenk als Requisite in Ihrem Sketch.

10 Schritte zum Erfolg

Jeder Autor und jeder Schauspieler schreibt bzw. übt seine Rolle nach seiner eigenen Methode. Ein allgemein gültiges Erfolgsrezept gibt für es für beides nicht. Der folgende 10 Schritte lange Weg aber kann Sie zum Erfolg führen:

1. Suchen Sie für Ihren Sketch ein Thema, das zum Anlass und zur Hauptperson des Festes passt, zum Beispiel ein Ereignis aus dem Leben des Jubilars.
Tragen Sie möglichst viele Informationen zu diesem Thema zusammen. Es sollte mehr sein, als Sie für Ihre Aufführung brauchen, denn Ihnen wird nicht zu jeder Information auch ein brauchbarer Gag einfallen. Befragen Sie Bekannte und Verwandte des Jubilars, gehen Sie im Internet auf Suche nach Themen oder blättern in verschiedenen Lexika.

2. Sammeln Sie Textideen und bringen Sie sich damit in die richtige Stimmung zum Schreiben. Lesen Sie Sketche oder Witze, verwenden Sie alles, was Sie für Ihre Zwecke als passend empfinden und machen Sie sich dazu Notizen.
Anregungen findet man auch in Zitat-, Sprichwörter- und Anekdotensammlungen oder alten Hochzeitszeitungen. Die Einfälle kommen Ihnen dabei fast von selbst. Sammeln Sie auch hier mehr, als Sie wirklich brauchen.

3. Sortieren Sie Ihre Textfragmente, und bringen Sie sie in einen logischen Zusammenhang. Verzichten Sie dabei auf Ideen, die den späteren Spielfluss stören könnten. Die Notizen der weggelassenen Ideen bewahren Sie natürlich auf, man weiß ja nie, wofür man sie noch brauchen kann. Die beste Ihrer Ideen sollte als Schlusspointe verwendet werden. Prüfen Sie noch einmal, ob wirklich alle Ihre Sketchinhalte dem Anlass und der Gesellschaft angemessen sind.

4. Legen Sie fest, wie viele Rollen Sie in Ihrem Sketch vergeben und wer sie spielen soll. Nun können Sie den Sketch schreiben. Zunächst werden die nicht spielbaren Bestandteile wie Witze, Zitate, Sprichwörter oder Anekdoten in Sprechrollen umgesetzt. Dann lassen Sie jeden Darsteller seinen Text nach seinem Sprachgebrauch umformulieren, so erhält fast automatisch jede Rolle eine individuelle Note.

5. Machen Sie eine erste Leseprobe, bei der jeder Darsteller seinen Text laut liest. Nehmen Sie Ideen und Anregungen, die sich beim Lesen ergeben, in den Sketch auf. Glätten Sie gemeinsam sprachliche Unebenheiten und lesen Sie den Sketch unter diesen Gesichtspunkten mehrmals. Dadurch wird er immer besser wird und man ihn fast unbemerkt anfängt zu lernen.

6. Der Text ist fertig. Wie Sie später Ihr Spiel beginnen, hängt davon ab, welche Szene Ihrem Sketch zu Grunde liegt. Spielt die Handlung in der Vergangenheit oder Zukunft, dann sollten Sie ihn ankündigen, um sich so die Aufmerksamkeit Ihres Publikums zu sichern, und überlegen Sie sich frühzeitig, mit welchen Worten. Soll sich Ihr Sketch aber aus den Gesprächen während der Feier entwickeln, dann ist die Szene dafür die Feier selbst, Ihr Publikum ist Bestandteil der Darbietung und wird auch entsprechend reagieren. Es soll erst nach und nach bemerken, dass Sie begonnen haben, einen Sketch zu spielen.

7. Legen Sie nun fest, zu welchem Zeitpunkt Sie mit Ihrem Spiel während der Feier beginnen wollen. Einen Kurztext zur Begrüßung (Beispiele finden Sie im letzten Kapitel des Buches) verwenden Sie bereits, wenn Sie den Raum betreten. Kurze Einlagen eignen sich gut zwischen zwei Gängen des Festmenüs, längere Sketche bringt man am besten nach dem Essen.

8. Lernen Sie Ihren Text, bis Sie ihn perfekt beherrschen und zwar nicht nur Ihren Part, sondern auch den Ihrer Mitspieler. So sind Sie sicher, dass Sie die Handlung auch dann fortführen können, wenn der Text, auf den Sie reagieren müssen, nicht Ihr Stichwort enthält, sondern nur sinngemäß wiedergegeben wird. Gehen Sie den Text im Geiste mehrmals durch und lassen Sie sich dabei unterbrechen. Nach der Störung sollten Sie in der Lage sein, genau an der Stelle fortfahren zu können, an der Sie unterbrochen wurden. Trainieren Sie diese Fähigkeit, indem Sie dort spazieren gehen, wo Sie möglichst viele Leute kennen und sie begrüßen müssen.

9. Bestimmen Sie einen Regisseur und proben Sie das Stück. Beginnen Sie auch einmal eine Probe mitten im Text, das verschafft Sicherheit bei unvorhergesehenen Unterbrechungen. Legen Sie bei den Proben fest, mit welchen Gesten oder Handlungen Sie Ihr Spiel unterstreichen wollen. Nutzen Sie die Fantasie Ihrer Mitspieler und nehmen deren Ideen auf. Einmal festgelegte Handlungen sollte der Regisseur sich einprägen, damit sie bei späteren Proben nicht vergessen werden.

10. Genießen Sie Ihr Lampenfieber, denn es ist ganz normal und sorgt für den wichtigen Spannungsbogen zwischen Darstellern und Publikum. Seien Sie von sich und Ihrem Spiel überzeugt, sprechen Sie mit sicherer Stimme und treten Sie selbstbewusst auf, auch wenn Ihnen die Knie zittern. Sie werden merken, wie schnell sich die Aufregung beim Spielen legt.

Vom Fröhlichsein und Feiern

Schenkt ein den guten kühlen Wein,
lasst uns denselben schlingen ein.
Schenkt ein das gute frische Bier,
dasselbe wollen schlingen wir.
Johann Hermann Schein

Jedes Lachen vermehrt das Glück auf Erden.
Jonathan Swift

Man muss die Feste feiern, wie sie fallen.
deutsches Sprichwort

Nichts in der Welt wirkt so ansteckend
wie Lachen und gute Laune.
Charles Dickens

Wer nicht mehr lacht,
der ist nur halb noch Mensch.
Ernst Raupach

Nicht Wünschelruten, nicht Alraune,
die beste Zauberei liegt in der guten Laune.
Johann Wolfgang von Goethe

Sketche für (runde) Geburtstage

Von inniger Gattenliebe bis zu cleveren Kinderfragen – es gibt keine Altersgruppe, die an diesen Themen nicht ihren Spaß hätte. Auch die Frage des Alterungsprozesses ist, wenngleich es um Zeit geht, zeitlos. Wenn die Zeit es erlaubt, kombinieren Sie Darsteller und Sketche nach Herzenslust.

Was wäre, wenn …

Dieser Text kann auch als Solovortrag verwendet werden. Er empfiehlt sich aber vor allem für Mitglieder einer Stammtischrunde oder eines Vereins, dem auch der Jubilar angehört.

Dauer: ca. 4 Minuten
Personen: mehrere Gäste, zu der Gruppe müssen mindestens ein Mann und eine Frau gehören. Die Absätze des Textes können beliebig verteilt werden. Der Name des Geburtstagskindes sei Günter.
Requisite: eine volle Spirituosenflasche

Eingangsszene: *Während der Feier*

Sprecher: Lieber Günter! Wie in jedem Jahr sind wir auch diesmal deiner Einladung mit Freude gefolgt.

Sprecher: Wobei wir glücklich sind, dass du gerade am *(Datum)* Geburtstag hast.

Sprecher: Der 30. Mai wäre auch in Ordnung gewesen, aber die Wahrscheinlichkeit, dass ein Geburtsdatum auf einen schlechten Tag fällt, liegt bei genau 1 zu 1461.

Sprecher: Und das ist eine verdammt hohe Wahrscheinlichkeit, für einen Sechser im Lotto ist sie viel schlechter.

Sprecher: Genau, beim Lotto ist sie schlechter als 1 zu 13 Millionen. *(wenn er Lotto spielt)* Und trotzdem spielst du.

Sprecher: Alle 1461 Tage gibt es einen 29. Februar. Nun stelle dir vor, du wärst an einem 29. Februar geboren worden wie etwa 55 000 Menschen in Deutschland und rund vier Millionen weltweit.

Sprecher: Du hättest nur alle vier Jahre Geburtstag.

Sprecher: Das wäre für dich nicht so schlimm, aber denke doch an uns?

Sprecher: Wir könnten nur alle vier Jahre auf deine Kosten saufen.

Sprecher: Auf deine Gesundheit anstoßen!

Sprecher: Aber was noch schlimmer wäre: Wenn du deinen Vierzigsten feiern würdest, wären wir schon 160 Jahre alt. Bei uns wäre das ja nicht so tragisch, wir werden mit dem Alter ja nur reifer.

Sprecherin: Aber was ist mit uns? Würdest du mit so alten Schachteln feiern wollen?

Sprecher: Deinen Eltern sei Dank bist du aber an einem vernünftigen Termin zur Welt gekommen und teilst deshalb mit uns das Schicksal des schnellen Alterns.

Sprecher: Nein, des schnellen Reifens, wie schon gesagt, Männer reifen.

Sprecher: Andererseits wäre der 29. Februar aber auch nicht so schlecht gewesen. Wenn du nämlich nur alle vier Jahre Geburtstag hättest, wärst du nicht nur ein lieber Freund, sondern auch ein billiger.

Sprecher: Zudem wäre es für uns auch viel bequemer.

Sprecher: Billiger, weil wir nur alle vier Jahre Geschenke kaufen müssten.

Sprecher: Und bequemer, weil du deshalb nicht schon alles hättest. Was glaubst du, was es Zeit kostet, ein Geschenk zu finden, das du noch nicht hast.

Sprecher: Aber gerade diesbezüglich sind wir auf eine geniale Idee gekommen. Wir schenken dir einfach eine Flasche Schnaps.

Sprecher: Solltest du schon eine haben, dann ist das nicht weiter schlimm, wir bleiben ja noch eine Weile.

Sprecher: Da wir dir im nächsten Jahr wieder eine schenken wollen, müssen wir schließlich dafür sorgen, dass du dann keine mehr hast.

Alle: *(beim Überreichen der Flasche)* Alles Liebe und Gute zu deinem Geburtstag.

An die Gattin

Dauer: ca. 5 Minuten
Personen: der Ehemann, eine Frau
Der Name des Geburtstagskindes sei Maria.
Requisiten: ein Tisch, zwei Stühle, Manuskript, Büroartikel

Eingangsszene: *Im Büro*

Chef: *(sitzt an seinem »Schreibtisch«)* Yvonne, kommen Sie bitte mal.
Yvonne: *(erscheint)* Ja bitte?
Chef: Yvonne, ich habe da ein Problem, ich muss übermorgen eine Rede halten und ...
Yvonne: Aber Chef, das tun Sie doch nicht zum ersten Mal, wo ist das Problem?
Chef: Das Problem ist, dass das Auditorium nicht aus so einfachen Leuten besteht wie Industriebossen, Gewerkschaftsfunktionären und Politikern, übermorgen wird es schwierig.
Yvonne: Mein Gott, vor wem müssen Sie denn eine Rede halten?
Chef: Vor meiner Frau. Würden Sie so freundlich sein, mir zu sagen, was Sie bei den einzelnen Passagen empfinden würden?
Yvonne: Aber gern. *(will sich auf seinen Schoß setzen)*
Chef: *(weist sie zurück)* Bitte Yvonne, Sie sind jetzt meine Gattin.
Yvonne: *(setzt sich auf den zweiten Stuhl)* Ach so, also gut, wie wollen Sie beginnen?
Chef: *(liest vom Manuskript)* Nun gut, liebe Maria, heute jährt sich der Tag deiner Geburt zum *(Alter)* Mal. Da ist es angebracht, dir ein paar Worte zu sagen.
Yvonne: Das ist schon mal gut.
Chef: Ja, aber die Anrede! Die Anrede hängt ab von der Beziehung, die man zueinander hat. Sie sagen zu mir ja auch nicht »lieber Herr Kollege«, sondern »sehr geehrter Herr Meier«. Zu Ihnen kann ich aber »liebe Frau Müller« sagen.
Yvonne: Nicht Yvonne?

Chef: Bitte Yvonne, das ist doch offiziell!

Yvonne: Entschuldigung.

Chef: Was ist nun meine Frau für mich? Soll ich sagen »sehr geehrte Frau Gemahlin«?

Yvonne: Nee, das klingt zu devot, so von unten nach oben, so, wie der Knecht die Bäuerin anredet.

Chef: Oder der Knappe die Königin.

Yvonne: Dann müsste Sie einen Kochlöffel als Zepter und eine Salatschüssel als Reichsapfel in die Hand nehmen, dann wäre das Bild perfekt.

Chef: Ja, aber dann würde sie mir beides zum Abwasch reichen.

Yvonne: Oje, oje, ist sie Ihre Göttin?

Chef: Nein, Gattin. Vielleicht sollte ich so anfangen: »liebes Weib«. Dann habe ich den Kochlöffel und die Salatschüssel, um sie ihr zu reichen.

Yvonne: Ich hatte mich schon gefragt, ob Sie bereits Licht unter dem Tisch haben, aber jetzt fangen Sie ziemlich dominant an. Ihre Gäste würden vermuten, dass Sie der Herr im Hause sind.

Chef: Diesen Eindruck will ich natürlich nicht erwecken. Sie soll mir ja nicht untergeben, sondern in Liebe ergeben sein.

Yvonne: So wie Sie ihr?

Chef: Genau.

Yvonne: Chef, halten Sie übermorgen lieber keine Rede, das ist unter Liebenden gar nicht nötig.

Chef: Nein?

Yvonne: Nein, außerdem ist das peinlich.

Chef: Peinlich?

Yvonne: Natürlich, dabei käme das Alter Ihrer Gattin zur Sprache, und bei Frauen fällt das Alter unter den Datenschutz.

Chef: Davon habe ich gehört.

Yvonne: Sehen Sie, das ist der kleine Unterschied: Wenn man einen Mann nach seinem Alter fragt, sagt er es, wenn man eine Frau fragt, sagt sie ihr Geburtsdatum und hofft, dass ja niemand nachrechnet.

Chef: Wirklich?

Yvonne: Ich mache das immer so. Das klappt um so besser, je hübscher die Frau ist.

Chef: Das verstehe ich nicht.

Yvonne: Das ist doch einfach: Männer können besser gucken als rechnen, und Sie machen doch auch lieber das, was Sie besser können, oder?

Chef: Stimmt. *(Ende des Rollenspiels, an die Gattin)* Liebe Maria, ich gratuliere dir ohne nachzurechnen ganz herzlich zu deinem Wiegenfeste, wünsche dir, nicht ganz uneigennützig, noch viele schöne Jahre an meiner Seite und uns allen eine ausgelassene Feier.

Verrückt

Dauer: ca. 8 Minuten
Personen: Horst, Yvonne
Requisiten: großer Karton, Herrenslip und elegante Damenbekleidung

Eingangsszene: *Während der Feier, es wird stehend gespielt. Eva hat Geburtstag, Adam ist ihr Gatte.*

Horst: Liebe Eva, nun, wo du heute eine weitere Null deinen bisherigen Nullen hinzufügst, ...

Yvonne: Hey, Horst, welche Nullen meinst du? So weit ich weiß, hat sie nur einen Mann, und dem fügt sie auch keinen weiteren hinzu.

Horst: Adam ist keine Null.

Yvonne: *(provozierend)* Das weiß ich, ich wusste nur nicht, dass du das weißt.

Horst: Moment, Moment, Moment, woher weißt du das?

Yvonne: *(dem Gatten der Jubilarin einen liebevollen Blick zuwerfend)*

Wieso sollte ich das wohl nicht wissen, ich kenne ihn schließlich sehr gut.

Horst: Wie gut?

Yvonne: *(nüchtern)* Na ja, sooo gut nun auch wieder nicht. Was soll das nun mit den Nullen?

Horst: Es geht natürlich um die Anzahl von Jahren, die Eva ihre Vergangenheit nennt.

Yvonne: Horst, bitte, man redet nicht über das Alter einer Dame.

Horst: Es stand doch auf der Einladung, dass sie heute 40 wird.

Yvonne: Dann ist sie selber Schuld.

Horst: Dass sie 40 wird?

Yvonne: Nee, dass jeder weiß, dass sie nun in ein Lebensjahrzehnt eintritt, in dem eine Frau einen Sinneswandel bezüglich ihrer eigenen Reize durchmacht.

Horst: Bist du sicher?

Yvonne: Natürlich, schließlich bin ich selber Frau, oder?

Horst: Das ist nicht zu leugnen.

Yvonne: Siehst du, und was sagt ihr Männer, wenn wir Frauen eine gewisse Stufe der Reife überschreiten?

Horst: Höflichkeitshalber nichts.

Yvonne: Feigling! Ihr sagt: Der Lack ist ab. Und was tun wir Frauen, wenn unser Glaube an die ewige Jugend rissig wird? Wir ersetzen den Lack früherer Jahre durch den Lack, den wir auf die Nägel malen.

Horst: Ach nee, nur auf die Nägel?

Yvonne: Na ja, mit den Jahren werden auch noch weitere Korrekturen nötig.

Horst: Die ihr euch dann ins Gesicht schmiert.

Yvonne: Da können wir Frauen doch nichts dafür, dass der Herrgott uns so erschaffen hat, dass wir Falten im Gesicht kriegen und nicht am Hintern.

Horst: Apropos Hintern, liebe Eva, ...

Yvonne: Horst! Du hast dich gefälligst ausschließlich für den meinen zu interessieren!

Horst: So groß sind die Unterschiede ja nun auch wieder nicht, und das Geschenk für Eva hast du schließlich ausgesucht.

Yvonne: Aber nicht, um deine Fantasie anzuregen, sondern die von Adam.

Horst: Das ist mir klar. Mir ist nur nicht klar, wer sich mehr über das Geschenk freuen wird, er oder sie.

Yvonne: Horst, du kennst die Psyche der Frauen nicht. Was glaubst du wohl, macht einer Frau am meisten Spaß?

Horst: Woher soll ich das wissen?

Yvonne: Sag mal, beobachtest du mich nicht? Ich bin eine Frau.

Horst: Bitte jetzt keine Intimitäten, ja!

Yvonne: Aber Horst, das meine ich doch nicht. Welche Regung entdeckst du in mir?

Horst: Meistens dieselbe wie in mir.

Yvonne: Sag mal, bist du jetzt so begriffsstutzig oder tust du nur so? Es macht mir Spaß.

Horst: Das war nicht die Frage, die Frage war, was euch Frauen am meisten Spaß macht.

Yvonne: O.k., der Kandidat hat einen halben Punkt, du hast es im Prinzip erkannt, aber nicht begriffen. Am meisten Spaß macht es, euch Männer verrückt zu machen, klar?

Horst: Aha, und nun soll Eva mit unserem Geschenk ihren Adam verrückt machen. Der wäre doch verrückt, wenn er sich verrückt machen ließe.

Yvonne: Das wird Eva schon schaffen. Schließlich ist Adam auch nur ein Mann.

Horst: Sag mal, Eva, hast du wirklich Lust dazu, Adam verrückt zu machen? Das würde ich gerne mal sehen, wie du das machst.

Yvonne: Horst, benimm dich.

Horst: Wieso denn? Ich bin ja nun wirklich alt genug, dass ich selbst entscheiden kann, was ich sehen möchte.

Yvonne: Heißt das, dass es dir nicht genügt, mich zu sehen?

Horst: Natürlich nicht.

Yvonne: Bitte?

Horst: Sehen reicht nicht.

Yvonne: Du fängst ja an, den Sinn unseres Geschenks zu verstehen.

Horst: Der war mir von Anfang an klar, aber ich halte es immer noch eher für ein Geschenk für Adam.

Yvonne: Um so besser, wenn beide ihre Freude dran haben. Horst, hol mal den Karton.

Horst: Ja. *(holt den Karton)*

Yvonne: Öffne ihn.

Horst: Ich weiß doch, was drin ist.

Yvonne: Aber Eva nicht.

Horst: Na gut, also liebe Eva, ich glaube, du hast schon mal vom Inhalt einer Überraschungstorte gehört?

Yvonne: Du weißt doch, so eine Torte mit Hohlraum, aus der dann eine leicht bekleidete junge Frau ...

Horst: Hä?

Yvonne: Für dich wäre natürlich im Zuge der Emanzipation ein leicht geschürzter Mann angebracht. Aber da du ja schon einen Mann hast ...

Horst: Und dieser für dich um so interessanter wird, je verrückter du ihn machen kannst, haben wir sowohl auf Torte als auch auf Inhalt verzichtet.

Yvonne: Stell dir bitte vor, dieser Karton wäre eine Riesentorte ... *(Yvonne entnimmt dem Karton einen Herrenslip)* ... und dieses Textil wäre attraktiv gefüllt.

Horst: Natürlich mit deinem Mann, dass das klar ist.

Yvonne: Spielverderber.

Horst: Soll ich sie anziehen?

Yvonne: Untersteh dich.

Horst: Na also. Dieser Slip ist also für Adam.

Yvonne: Und wenn er nur damit bekleidet vor dir steht, und du, liebe Eva, dies hier trägst *(entnimmt dem Karton das elegante Kleidungsstück)* und ihm sagst, dass ihr nun beide angemessen bekleidet seid, die Gäste zu deinem nächsten Geburtstag zu empfangen, ...

Horst: Verlass dich drauf, dann wird er verrückt.

Was soll man schenken

Dauer: ca. 7 Minuten
Personen: Horst, Yvonne, Werner
Requisiten: keine

Eingangsszene: *Während der Feier, Horst und Yvonne spielen stehend, Werner befindet sich unter den Gästen. Eva hat Geburtstag, Adam ist ihr Gatte.*

Yvonne: Liebe Eva, Horst und ich haben uns einen Sketch ausgedacht, den wir nun zum Besten geben wollen. Ich bin zu Hause und warte auf meinen lieben Mann, der seit drei Stunden überfällig ist. Sicher sitzt er mit Werner in der Kneipe. Ah, ich höre ihn kommen.

Horst: *(tritt auf)* Hallo Liebling, da bin ich. Weißt du, was mir eben passiert ist?

Yvonne: Warum kommst du erst jetzt?

Horst: Das will ich dir doch gerade erklären.

Yvonne: Du hattest vor drei Stunden Feierabend.

Horst: Ich weiß, aber nun hör doch mal zu. Weißt du, was mir eben passiert ist?

Yvonne: Woher sollte ich?

Horst: Werner hat mich gefragt, was er Eva schenken soll.

Yvonne: Und das hat drei Stunden gedauert?

Horst: Die Frage natürlich nicht.

Yvonne: Schon klar. Da die Frage geklärt werden musste, verlangte sie einen erheblichen Diskussionsbedarf, der einen Kneipenbesuch erforderlich machte, der keinen Aufschub duldete.

Horst: Genau.

Yvonne: Wie viel?

Horst: Zehn.

Yvonne: Waaas? Zehn Bier?

Horst: Nee, zehn Euro durfte das Geschenk kosten.

Yvonne: Das Geschenk und euer Gequatsche interessieren mich überhaupt nicht.

Werner: Moment, Horst, ich habe ja nichts dagegen, dass du dich hier in eurem Sketch über unser Gespräch letzte Woche auslässt, aber doch nicht über den Wert des Geschenks.

Horst: Entschuldigung. Ich werde nicht alles ausplaudern, was wir geredet haben.

Yvonne: Ich will aber die volle Wahrheit wissen.

Horst: Ach, plötzlich doch?

Yvonne: Jedes Wort.

Horst: Das kann jetzt peinlich werden.

Werner: Horst, untersteh dich.

Yvonne: Los, fang an.

Horst: Ja also das war so: Werner hat »guten Tag« gesagt.

Yvonne: Macht er immer, weiter, was dann?

Horst: Dann habe ich »guten Tag« gesagt.

Yvonne: Horst! Was habt ihr in der Kneipe gesprochen?

Horst: Werner hat gesagt: »Franz, mach mir mal ein Pils.«

Yvonne: Horst, du weißt, was ich wissen will!

Horst: Ich habe gesagt: »Ich hätte gerne auch eines.«

Werner: Apropos Bier, Horst, möchtest du noch ein Bier?

Horst: Aber Werner, das hast du doch damals erst kurz nach dem Büstenhalter gefragt.

Werner: Horst, bitte lass gut sein. Ich meinte, ob du jetzt noch ein Bier möchtest?

Yvonne: O.k., ich merke schon, ihr wollt von Horsts Beichte ablenken, aber das wird euch nicht gelingen. Horst, was war mit dem BH?

Horst: Werner hat mich gefragt, ob er Eva einen Büstenhalter schenken könnte.

Yvonne: Und was hast du da gesagt?

Horst: Na ja, also, ich habe meine psychologischen Kenntnisse ausprobiert.

Yvonne: Wie?

Horst: Ich habe ihn gefragt, ob er so ganz unterschwellig, so mehr im Unterbewussten dieser Büstenhalter sein möchte.

Werner: Du etwa nicht?

Horst: Genau, das hast du mich damals gefragt.

Yvonne: Und was hast du geantwortet?

Horst: Jedenfalls nicht die Wahrheit.

Yvonne: Was hast du geantwortet?

Horst: Gar nichts. »Was würdest du denken«, habe ich ihn gefragt, »wenn Eva dir ein Feinripphemd schenken würde?«

Werner: Bei Feinripp sind wir dann auf Herrenunterwäsche gekommen. Horst hat gesagt, dass es durchaus möglich ist, dass eine Dame einem Herren ein Dreierpack Feinrippunterhosen mit Eingriff links schenken kann, dass aber ein Herr einer Dame keineswegs ein Hauch von Nichts mit ...

Horst: Werner, das ist nicht wahr, du hast gefragt, ob du vielleicht so ein Höschen kaufen solltest.

Werner: Nein, das habe ich nicht gefragt.

Horst: Stimmt, du hast gefragt, ob ich es nicht für dich kaufen könnte, weil du dich genierst.

Werner: Auch falsch, ich habe dich gefragt, ob du nicht vielleicht Yvonne bitten könntest, es für mich zu kaufen.

Yvonne: Mich?

Horst: Ja, das hat er, aber ich habe ihm dann doch lieber zu einem anderen Geschenk geraten.

Yvonne: Ich weiß doch die Größe von Eva gar nicht.

Horst: Brauchst du auch nicht, Werner ist dann eben auf Socken verfallen.

Yvonne: Aber Werner, du kannst doch einer Dame keine Socken schenken.

Horst: Das habe ich ihm damals auch gesagt.

Yvonne: Überleg doch mal, so ein Geschenk sagt doch etwas aus. Socken beleidigen eine Dame.

Werner: Na ja, beleidigen will ich Eva natürlich nicht. Ich verstehe aber auch nicht, warum Socken eine Dame beleidigen.

Yvonne: Weil sie aussagen, dass die Dame nun in ein Alter kommt, wo Wärmen wichtiger wird als Reizen.

Werner: Ach so, ja natürlich, Eva hat reizende Füße, und ich Esel wollte sie in Socken verstecken, Yvonne, du bist ein Schatz. *(wirft ihr einen Kuss auf Distanz zu)*

Horst: Werner, ich habe dir geraten, keine Socken zu schenken.

Werner: Soll ich vielleicht sagen: »Horst, du bist ein Schatz?« *(wirft ihm einen Kuss auf Distanz zu)*

Yvonne: Schluss mit Schmeichelei, zurück zur Beichte. Wenn ich richtig verstanden habe, dann habt ihr eine Dame im Geiste entkleidet, damit Werner sie neu einkleiden kann.

Horst: Ich habe ihm dringend vom Neueinkleiden abgeraten.

Werner: Ja, wir haben ihr dann im Geiste die alten Klamotten wieder angezogen.

Yvonne: Warum seid ihr eigentlich nicht auf so unverfängliche Geschenke wie zum Beispiel Blumen gekommen? Jede Frau liebt Blumen.

Werner: Da habe ich ja danach gefragt. Rote Rosen finde ich so schön.

Horst: Und da habe ich gesagt: »Schenke Eva rote Rosen, wenn du von Adam ein Veilchen willst.«

Yvonne: Na gut, jetzt will ich aber noch das Ergebnis eurer Konferenz erfahren.

Werner: Kannst du, liebe Yvonne, kannst du. Es war keine vernünftige Idee dabei. Ich musste mir selbst etwas einfallen lassen, von dem auch Horst nichts weiß.

Yvonne: Und was hast du dir einfallen lassen?

Werner: Frag Horst.

Horst: Du sagtest gerade, Horst weiß es nicht.

Werner: Richtig, und weil du nur Horst deiner ehelichen Inquisition unterziehen kannst, wirst auch du es nicht erfahren.

Horst: Es sein denn, du gehst mit Eva in die Kneipe und lässt es dir erzählen.

Arterhaltung

Dauer: ca. 8 Minuten
Personen: Horst und Yvonne, eine Erzählerin
Requisiten: Reisetasche mit Kleidungsstücken

Eingangsszene: *Während der Feier. Gastgeber sind Adam und/ oder Eva, wer von beiden Geburtstag hat, spielt keine Rolle.*

Erzählerin: Liebes Geburtstagskind, weißt du eigentlich, was du mit der Einladung zu deinem Geburtstag angerichtet hast? Horst und Yvonne werden euch vorspielen, wie das war, als die Einladung ankam. Yvonne ist zu Hause, Horst kommt von der Arbeit.

Horst: *(tritt auf)* Hallo Liebling, da bin ich.

Yvonne: Schatz, ich habe nichts anzuziehen.

Horst: Das macht doch nichts, wenn ich komme, machst du doch sowieso meistens das Gegenteil.

Yvonne: Ja klar, weil es mit dir am schönsten ist, wenn du müde von der Arbeit kommst, dich erschöpft auf den Rücken legst und den Feierabend genießt.

Erzählerin: Hier muss ich kurz erläutern, dass Horst und Yvonne den Johannistrieb für ihr gegenseitiges Wohlbefinden nutzen. Immer, wenn die Natur glaubt, dass ein Individuum in Lebensgefahr schwebt, aktiviert sie der Arterhaltung wegen den Fortpflanzungstrieb. Der Johannistrieb ist der junge Trieb, den ein gefällter Baum noch einmal hervorbringt. Der Begriff Johannistrieb, Johannis, nicht Johannes, das ist ein Unterschied, der Begriff wurde auf einen Trieb des männlichen Menschen übertragen. Nun war der Zustand der Erschöpfung zu der Zeit, als unsere Gene entstanden sind, lebensgefährlich und damit die Fortpflanzungsbereitschaft fördernd, weil müde Männchen leichte Beute eines Säbelzahntigers werden konnten.

Yvonne: Aber heute ist mir nicht danach.

Horst: Schade, heute bin ich nämlich besonders erschöpft.

Yvonne: Erst brauche ich etwas zum Anziehen, dann sehen wir weiter.

Horst: Du hast einen ganzen Schrank voller Kleider.

Yvonne: Adam und *(oder)* Eva haben *(hat)* uns zum Geburtstag eingeladen, und da brauche ich was Neues zum Anziehen.

Horst: Jetzt wollen wir erst mal in deinen Schrank gucken, ob da nicht vielleicht doch was Brauchbares drin ist.

Yvonne: Wenn du meinst, aber die Aussicht auf Erfolg ist sehr gering.

Horst: Wir werden sehen.

(Beide ab)

Erzählerin: Nun ja, liebe Eva, Horst und Yvonne können natürlich jetzt nicht nach Hause gehen, um in ihren Schrank zu gucken. Du wirst nichts dagegen haben, wenn sie deinen nehmen, oder? Gut, das wird nun etwas dauern, die Kleidersuche ist zeitaufwendig, besonders in einem fremden Kleiderschrank, der ja auch viel aufregender ist. Hinzu kommt, dass der Kleiderschrank im Schlafzimmer steht, und der Johannistrieb kann überaus mächtig sein. Du siehst, liebe Eva, Yvonne durchwühlt gerade deinen Kleiderschrank oder dein Bett oder beides.
(Pause)
Es wird wohl noch etwas dauern. Vielleicht sollte ich noch mehr über die Erhaltung der Art erzählen. Also das ist so, bei Lebensgefahr erwacht der Johannistrieb. Schmerz signalisiert Lebensgefahr. Damit ist der Reiz des Masochismus erklärt.

Yvonne: *(von draußen)* Ooooh, aua!

Erzählerin: Vielleicht hätte ich euch das eben doch nicht erzählen sollen, jetzt habt Ihr sündige Gedanken.

Yvonne: *(tritt mit vorsichtigen Schritten auf)* Oh, tut das weh.

Horst: *(tritt ebenfalls auf, bringt eine Reisetasche mit)* Ich habe dir doch gesagt, dass die Schuhe zwei Nummern zu klein sind.

Yvonne: Ja, aber sie sind schön.

Horst: Und wer schön sein will, muss leiden.

Yvonne: Ich leide gern.

Horst: Schön zu hören, dann brauchst du ja kein neues Kleid.

Yvonne: Das Leid wäre denn doch zu groß.

Horst: Na hör mal, du hast hier eine ganze Tasche voll schicker Klamotten. *(zieht eine Jeans aus der Tasche)* Hier zum Beispiel, nagelneu.

Yvonne: Und was soll ich dazu anziehen? *(reißt ein farblich völlig unpassendes T-Shirt aus der Tasche)* Das hier vielleicht? *(wirft das Shirt zu Boden)* Oder das? Oder das? Oder das?

Horst: Okay, zu Jeans hast du nichts anzuziehen. Dann ziehst du eben einen Rock an, *(zieht einen Supermini aus der Tasche)* den hier zum Beispiel.

Yvonne: Horst, bitte, wir sind bei Adam und Eva eingeladen, da kann ich doch nicht diesen Mini anziehen.

Horst: Warum denn nicht? Der würde dir bestimmt stehen.

Yvonne: Oh ja, das kann ich mir denken, dieser Rock würde so manchen Johannistrieb wachsen lassen.

Horst: Meinst du?

Yvonne: Worauf du dich verlassen kannst, bei diesem Rock würde mein Höschen doch ganz wesentlich zu meinem äußeren Erscheinungsbild beitragen.

Horst: Jetzt sag aber bitte nicht, dass du ein neues Höschen brauchst.

Yvonne: Nein, ich brauche ein neues Kleid.

Erzählerin: Merkwürdigerweise spürt Yvonne ihre schmerzenden Füße nicht mehr. Auch das liegt an unseren Genen. Erregung dämpft das Schmerzempfinden, und welche Frau wäre wohl nicht erregt, wenn es um ein neues Kleid geht.

Horst: Erst, wenn das Auto bezahlt ist.

Erzählerin: Mindestens so erregt wie der Mann, wenn er an sein Auto denkt.

Yvonne: Und wann ist das?

Horst: Noch rechtzeitig, Liebling, du kannst dir vor der Geburtstagsfeier noch was Neues kaufen.

Yvonne: Danke, Schatz. *(küsst ihn auf die Wange)*

(Horst und Yvonne ab)

Erzählerin: Dieser Kuss diente nicht der Erhaltung der Art, hat also nichts mit dem Johannistrieb zu tun. Er kennzeichnet die Besitzverhältnisse. So ein Kuss bedeutet: »Ich habe meinen Willen durchgesetzt, bin dir also überlegen, folglich hast du mir zukünftig zu folgen.« Wenn es der erste Kuss dieser Art war, dann weiß der arme Mann das noch nicht, im Laufe des Lebens wird er es aber erfahren, daher der Begriff »Lebenserfahrung«. So, liebes Geburtstagskind, jetzt weißt du, was du mit der Einladung zu deinem Geburtstag angerichtet hast.
(mit getragener Stimme) Du hast einen Johannistrieb geknickt, einen Kleiderschrank ins Chaos geschickt, den Füßen der Frau ein Leid angetan und machtest den Mann der Frau untertan.
(wieder mit normaler Stimme) Vor einem Menschen, der über die Macht verfügt, das Leben seiner Freunde mit einer einfachen Einladung so hochgradig zu beeinflussen, muss man Hochachtung und Respekt haben.

Yvonne: *(tritt auf)* Da das aber alles nicht wirklich passiert ist ...

Horst: *(tritt auf)* ... du diese Macht also gar nicht hast ...

Erzählerin: ... werden wir uns weiterhin damit begnügen, dich einfach gern zu haben. *(zu Horst und Yvonne)* Wie ist das nun mit eurem Johannistrieb?

Yvonne: Du kannst uns mal gern haben.

Der Humanist

Dauer: ca. 9 Minuten
Personen: Claudia, Herbert
Requisiten: ein Tisch, zwei Stühle, evtl. Manuskript

Eingangsszene: *Esszimmer*

Herbert: Willst du reden, oder soll ich?

Claudia: Sie wird sich mehr freuen, wenn ihr von einem Mann geschmeichelt wird. Also fang an.

Herbert: Liebe Elisabeth, danke für die Einladung.

Claudia: Mann!

Herbert: Das weiß ich.

Claudia: *(verwirrt)* Was weißt du?

Herbert: Dass ich ein Mann bin.

Claudia: Danke für die Einladung, wer sagt denn so was?

Herbert: Ich.

Claudia: Das geht so: Herzlichen Dank, auch im Namen meiner lieben Frau, für die Einladung zu deinem Wiegenfest. Gerne sind wir ihr gefolgt, um mit dir auf das neue Lebensjahr anzustoßen.

Herbert: Ich wollte noch am selben Abend fertig werden.

Claudia: Das wirst du schon, dir fällt sowieso nicht viel ein.

Herbert: Wenn du mich noch mal beleidigst, streiche ich »meine liebe Frau«.

Claudia: Untersteh dich.

Herbert: Du wirst schon sehen, dass mir genug einfällt. Pass auf: Nun, wo auch du in das Alter kommst, wo die Kerzen teurer werden als die Torte, möchte ich ein paar Worte verlieren.

Claudia: Sehr geistreich.

Herbert: Und anfangen mit einem Spruch aus Mecklenburg: »De nich old warn will, de mut sik jung ophängn.« *(»Wer nicht alt werden will, der muss sich jung aufhängen.«)*

Claudia: Das macht doch kaum einer.

Herbert: Aber man sagt es. Nun kommt die erste Schmeicheleinheit: Fast hätte ich angefangen mit »Ungebeugt durch die Last der Jahre«. Das hat aber schon mal einer gemacht, und da war zufällig die Presse anwesend, und dann stand am nächsten Tag in der Zeitung: »Ungebeugt durch die Lasterjahre«.

Claudia: Lasterjahre kann ich mir bei Elisabeth nicht vorstellen.

Herbert: So ähnlich will ich es ja ausdrücken. Lasterjahre kann man sich bei Elisabeth irgendwie nicht vorstellen, andererseits hat sie einen Hund als Gefährten, und der hat den Vorteil, dass er nichts ausplaudert.

Claudia: Was soll denn das mit dem Hund?

Herbert: Auf den Hund kommen wir noch, irgendwann kommt jeder auf den Hund.

Claudia: Ich weiß nicht, ob das so gut ist.

Herbert: Es geht auch anders, man kann eine Rede auch mit Glaubensfragen beginnen, etwa so: Elisabeth, ein ursprünglich hebräischer Name, bedeutet »Gott ist vollkommen« oder »mein Gott ist Vollkommenheit«.

Claudia: Oh, da muss man sich natürlich den Satz weiterdenken: »Im Gegensatz zu mir selbst.«

Herbert: Soll ich das sagen?

Claudia: Sie wird es vertragen, wegen Luther.

Herbert: Ach.

Claudia: Die eigene Unvollkommenheit hat Luther in seinen Tischreden recht drastisch formuliert: »Wer im 20. Jahr nicht schön, im 30. nicht stark, im 40. nicht klug, im 50. nicht reich ist, der darf danach nicht hoffen.«

Herbert: Als Lutheraner müsste ich jetzt die Hoffnung aufgeben.

Claudia: Gut, sag das, und dann sagst du weiter: »Und das musst du, liebe Elisabeth, natürlich für dich selbst entscheiden.«

Herbert: ... Oder du hältst es mit Victor Hugo, der sagt: »40 Jahre sind das Alter der Jugend, 50 die Jugend des Alters.«

Claudia: Wenn er sagt: »Die Jugend des Alters«, dann ist es aber schon das Alter.

Herbert: Ja, zum Glück werden aber auch berühmte Leute alt.

Claudia: Und manch einem gefällt das gar nicht. Mark Twain ging das Zählen seiner Jahre gewaltig auf den Senkel, denn er fragte: »Was könnte man dem Menschen antun, der das Feiern von Geburtstagen erfunden hat?«

Herbert: Aber hallo, weißt du, wie das Zitat weitergeht?

Claudia: Klar! »Nur umbringen wäre zu wenig.«

Herbert: Womit wir wieder beim Umbringen wären. Ob sich selbst, wie die Mecklenburger, oder andere, wie Mark Twain, sind doch nur Nuancen.

Claudia: Wusstest du das eigentlich? Mark Twains Wunsch war es, 62 Jahre lang zu leben.

Herbert: Unsinn, wo soll das denn stehen?

Claudia: Das ist verbürgt, er hat gesagt: »Das Leben wäre unendlich viel angenehmer, wenn wir mit 80 geboren würden und langsam auf die 18 zustrebten.« Das sind 62 Jahre.

Herbert: Ja gut, das hat was. Fragt sich nur: Wie lange dürften wir dann 18 bleiben?

Claudia: Mal 'ne andere Frage, kennst du Rebecca West?

Herbert: Nee.

Claudia: Elisabeth hat, zwar unter Vertauschung der Geschlechter, einen Rat von ihr beherzigt. Ein Bankier sagte zu ihr: »Ich würde gerne heiraten. Meine Frau muss mir zuhören können, im rechten Moment zu schweigen verstehen und treu sein.« Rebecca antwortete: »Zuhören! Schweigen! Treu sein! Was wollen Sie mit einer Frau? Schaffen Sie sich einen Hund an.«

Herbert: Oh, jetzt bist du auf den Hund gekommen, das wollte ich doch.

Claudia: Dann sag, was ich eben gesagt habe und fahre fort: »Das haben viele berühmte Menschen auch schon getan. Graham Greene zum Beispiel. Der liebte seinen Hund.«

Herbert: Ich weiß. Eines Winters, als sein Hund ins Wasser gefallen war, sprang er ihm zwischen die Eisschollen nach und rettete ihn.

Claudia: Das hätten viele Leute nicht getan.

Herbert: Genau das bemerkte ein Passant, worauf Greene antwortete: »Für viele Leute hätte ich es auch nicht getan.«

Claudia: Offensichtlich schätzte er den Hund mehr als den Menschen.

Herbert: Aber nun genug des Hundes, schließlich hat nicht ihr Hund Geburtstag, sondern Elisabeth, das tue ich mit einem Sprichwort: »Es ist ein Unterschied zwischen dem Schäfer und seinem Hund.«

Claudia: Wie wahr, wie wahr. Der Hund altert, wir auch, den Hund stört das aber nicht, im Gegensatz zu uns, die wir um den Prozess wissen.

Herbert: Golda Meir hat es so formuliert: »Das Altern ist wie der Flug durch ein Gewitter. Man kann weder die Maschine anhalten noch dem Gewitter Einhalt gebieten. Genauso wenig kann man die Zeit anhalten. Das Beste ist, man schickt sich ins Unabänderliche.«

Claudia: Aber irgendwann sollte man den Rat von Konrad Adenauer annehmen: »Wenn die anderen glauben, am Ende zu sein, muss man erst anfangen.« Allerdings hat er auch gesagt: »Ein Blick in die Vergangenheit hat nur Sinn, wenn er der Zukunft dient.«

Herbert: Der Blick in die Vergangenheit verleiht die Fähigkeit der Gestaltung. Und die braucht man.

Claudia: Warum das denn?

Herbert: Weil Alan Kay gesagt hat: »Die Zukunft kann man am besten voraussagen, indem man sie selbst gestaltet.«

Claudia: Du sagtest vorhin, dass du noch am selben Abend fertig werden wolltest.

Herbert: Na gut, ich schließe. Ich habe fertig. Nur noch zum Trost für uns alle ein letztes Sprichwort: »Es gibt mehr alte Weintrinker als alte Ärzte.«

Claudia: Das war ja wohl nichts. Man endet natürlich mit Goethe. »Mich deucht, das Größt' bei einem Fest ist, wenn man sich's wohl schmecken lässt.«

Erwischt

Dauer: ca. 4 Minuten
Personen: Vater und Tochter
Requisiten: Tageszeitung

Eingangsszene: *Irgendwo in der Wohnung, Vater liest Zeitung.*

Kathrinchen: *(tritt auf)* Papa, darf ich mal was fragen?
Vater: Frage ruhig, Kathrinchen.
Kathrinchen: Papa, hat Oma *(Opa)* wirklich im Winter Geburtstag?
Vater: Ja, sicher, das weißt du doch.
Kathrinchen: Und wenn Oma *(Opa)* im Winter Geburtstag hat, dann ist sie *(er)* doch auch im Winter geboren.
Vater: Ja, natürlich, warum fragst du?
Kathrinchen: Ach, nur so.
Vater: Man fragt doch nicht nur so, Kathrinchen.
Kathrinchen: Ich schon.
Vater: Kathrinchen, dich quält doch was, willst du es mir nicht sagen?
Kathrinchen: Nein, Papa, wirklich, es ist alles in Ordnung.
Vater: Und warum wolltest du unbedingt wissen, ob Oma *(Opa)* wirklich im Winter geboren worden ist?
Kathrinchen: Ich wollte nur wissen, ob du mir auch immer die Wahrheit sagst.
Vater: Natürlich sage ich dir immer die Wahrheit, warum sollte ich auch lügen?
Kathrinchen: *(kriegt Tränen in die Augen)* Papa, das weiß ich doch nicht, warum du lügst.
Vater: *(tröstend)* Kathrinchen, ich würde dich doch nie belügen.
Kathrinchen: Doch, Papa, manchmal doch.
Vater: Nein, Kathrinchen, ich belüge dich nicht. Man darf nämlich nicht lügen.
Kathrinchen: Ich weiß, dass ich nicht lügen darf.
Vater: Na siehst du.

Kathrinchen: Aber du darfst doch auch nicht lügen!
Vater: Natürlich nicht, das darf niemand.
Kathrinchen: Und trotzdem lügst du.
Vater: Kannst du mir das vielleicht mal erklären?
Kathrinchen: Wenn du sagst, dass du nicht lügst, dann lügst du.
Vater: Dann muss ich ja wohl schon einmal die Unwahrheit gesagt haben. Wann soll das denn wohl gewesen sein?
Kathrinchen: Papa, du hast gesagt, dass Oma *(Opa)* im Winter geboren ist.
Vater: Stimmt, das ist nicht gelogen.
Kathrinchen: Du hast gesagt, dass die Störche im Winter in Afrika sind.
Vater: Stimmt auch, das ist auch nicht gelogen.
Kathrinchen: Papa, wo kommen die kleinen Kinder her?
Vater: *(schweigt verlegen)* Erwischt!

Verfassungsgemäß

Dauer: ca. 7 Minuten
Personen: Hubert, Helmut, Susanne
Requisiten: Grundgesetz

Eingangsszene: *Während der Feier, die Darsteller sitzen unter den Gästen. Der Name des Geburtstagskindes sei Fritz. Anmerkung: Die Frau sollte sich erst bei ihrem Stichwort als Mitspielerin zu erkennen geben. Die Überraschung beim Publikum ist dann noch wirkungsvoller.*

Hubert: *(erhebt sich und wendet sich an den Jubilar)* So, lieber Fritz, jetzt bist du 70. Weißt du, was der Bundespräsident Johannes Rau an seinem 70. gemacht hat?
Helmut: Woher soll Fritz das denn wissen? Gefeiert wird er haben.
Hubert: Nee, nicht gleich. Zuerst ist er von seiner Wohnung in Berlin-Schmargendorf zu seinem Amtssitz Schloss Bellevue gefahren

Helmut: Und da hat er gefeiert.

Hubert: Nee, nicht gleich. Um 10 Uhr haben ihm erst mal seine Mitarbeiter gratuliert.

Helmut: Aber dann hat er gefeiert.

Hubert: Nee, nicht gleich! Um 11 Uhr waren die Spitzen von Politik, Wirtschaft und Gesellschaft bei ihm.

Helmut: Und wann hat er gefeiert?

Hubert: Nachmittags.

Helmut: Das wurde dann aber auch Zeit. *(erhebt sich, gegen den Jubilar)* Lieber Fritz, du bist zwar nicht Bundespräsident, und deine Wohnung ist nur unbedeutend kleiner als Schloss Bellevue, aber da ja alle Menschen gleich sind, könntest du Bundespräsident sein. Warum bist du das eigentlich nicht? Wir hätten auch gerne mal im Schloss Bellevue gefeiert.

Hubert: Johannes Rau hat zu Hause in seiner Wohnung gefeiert.

Helmut: Ja? Na ja, dann ist es ja egal, ob du Bundespräsident oder Rentner bist.

Hubert: *(an den Jubilar)* Weißt du eigentlich, was so ein Bundespräsident unter anderem zu tun hat?

Helmut: So weit ich weiß, hat er für die freiheitliche, demokratische Grundordnung einzutreten und die Menschenrechte zu verteidigen.

Hubert: *(an den Jubilar)* Genau, und du lieber Fritz, musst das, weil ja alle Menschen gleich sind, natürlich auch tun. Wir üben das nun mal.

Helmut: *(an den Jubilar)* Und das ist auch ganz einfach, die Menschenrechte stehen ja im Grundgesetz. Da wollen wir doch mal nachlesen, was du zu tun hast. Artikel 1: »Die Würde des Menschen ist unantastbar.«

Hubert: Und was soll er jetzt üben? Er ist in Würde 70 geworden, den Artikel kann er doch schon.

Helmut: Na gut, und was ist mit Artikel 2? »Jeder hat das Recht auf die freie Entfaltung seiner Persönlichkeit.« *(an den Jubilar)* Jetzt müsstest du dafür sorgen, dass wir uns alle entfalten können.

Hubert: *(an den Jubilar)* Genau, du solltest jetzt etwas gegen die Falten tun. Erhöhte Flüssigkeitsaufnahme glättet die Haut. Also?

Helmut: Den Artikel hat er auch ausgezeichnet befolgt, Getränke sind genug da. Also weiter. Immer noch Artikel 2: »Jeder hat das Recht auf Leben und körperliche Unversehrtheit.«

Hubert: Den lassen wir weg, sonst müsste er uns als Fürsorgemaßnahme den Alkohol entziehen.

Helmut: Unsinn, lies doch bei Wilhelm Busch nach: »Rotwein ist für alte Knaben eine von den besten Gaben.« Aufgrund von Artikel 2 hat er uns Männer mit Rotwein zu versorgen.

Hubert: Das Grundgesetz wird mir immer sympathischer.

Helmut: *(erhebt sich)* Halt, halt, halt, so geht das nicht. Artikel 3 sagt: »Alle Menschen sind vor dem Gesetz gleich.«

Hubert: Ja und?

Helmut: Es geht weiter: »Männer und Frauen sind gleichberechtigt.«

Hubert: Ach so, ihr wollt auch was vom Rotwein abhaben.

Helmut: Genau! *(an den Jubilar)* Mal davon abgesehen, dass Wilhelm Busch sich mit diesem Satz nicht auf dem Boden der Menschenrechte bewegt, will ich doch hoffen, lieber Fritz, dass dein Rotweinvorrat reicht.

Hubert: *(an den Jubilar)* Wie willst du eigentlich dafür sorgen, dass wir heute Nacht alle unbeschadet nach Hause kommen?

Helmut: Muss er das?

Hubert: Natürlich, das steht doch im Grundgesetz. Du hast es doch gerade vorgelesen: Jeder hat das Recht auf Leben und körperliche Unversehrtheit.

Helmut: Ja gut, aber da kann doch das Geburtstagskind nichts dafür, wenn einige Gäste zu Fuß nach Hause gehen können und andere weiter weg wohnen.

Hubert: Na und? In Artikel 3 steht: »Niemand darf wegen seines Geschlechtes, seiner Abstammung, seiner Rasse, seiner Sprache, seiner Heimat und so weiter benachteiligt oder bevorzugt werden.«

Helmut: Mit anderen Worten: Jeder darf trinken, so viel er will, niemand darf mehr mit dem Auto fahren, und wer seine Heimat weiter weg hat, darf nicht benachteiligt werden.

Hubert: Ich glaube, die Kosten für die Taxis können wir ihm denn doch nicht zumuten.

Helmut: Das steht aber im Grundgesetz.

Hubert: Ich glaube es aber trotzdem, und das darf ich nach Artikel 4 auch. Da steht nämlich: »Die Freiheit des Glaubens ist unverletzlich.«

Helmut: Ich glaube an den Geist in der Flasche. Er möge in mich kommen.

Hubert: Ich trete deinem Glauben bei.

Helmut: Und keiner kann es uns verwehren, denn die ungestörte Religionsausübung wird gewährleistet. Artikel 4.

Hubert: Jetzt haben wir aber ein Problem: In Artikel 14 steht: »Das Eigentum und das Erbrecht werden gewährleistet.« Die Speisen und Getränke gehören nicht uns, sondern Fritz, und der Erbschaftsfall tritt hoffentlich noch lange nicht ein.

Susanne: Lies mal den nächsten Satz vor.

Hubert: »Eigentum verpflichtet. Sein Gebrauch soll zugleich dem Wohle der Allgemeinheit dienen.«

Helmut: Ehrlich? Das klingt ja nun sehr gut.

Susanne: Ist es auch.

Hubert: Moment, das war noch nicht alles. »Die Entschädigung ist unter gerechter Abwägung der Interessen der Allgemeinheit und der Beteiligten zu bestimmen.«

Susanne: Ja, aber das ist doch selbstverständlich. *(an den Jubilar)* Lieber Fritz, nimm diese unsere Geschenke als kleine Entschädigung deiner vom Grundgesetz genau vorgeschriebenen großzügigen Gastfreundschaft.

Alle: Herzlichen Glückwunsch.

Sketche für Polterabende

Hier wird es richtig lustig. Verliebte Männer, peinliche Verwechslungen, Klatsch und Tratsch – es gibt nichts, was es nicht gibt. Und alles lässt sich auf die Bühne zaubern. Das ist die Gelegenheit! Man kann sich kein besseres Publikum als eine fröhlich feiernde Festgesellschaft wünschen, die Pannen und Hänger mit einem wohlwollenden Schmunzeln »bestraft«.

Ein Hauch von Hollywood

Dauer: ca. 6–8 Minuten
Personen: Johnny, Hollywoodregisseur mit Hawaiihemd, kurzen Hosen, Sonnenbrille, Schirmmütze oder Sonnenhut, Kaugummi kauend und eine Flasche Coca Cola in der einen, einen Klapphocker in der anderen Hand, spricht evtl. mit amerikanischem Akzent.
Diverse Statisten: das zukünftige Brautpaar, die Schwiegermutter in spe und weitere 8–10 Freiwillige
Requisiten: ein Halsband mit Leine, Würfelzucker, ein Klapphocker

Eingangsszene: *Johnny tritt vor das Publikum, nimmt seelenruhig einen Schluck Coke und wartet, bis Stille eintritt.*

Johnny: Guten Abend, meine Damen und Herren, ich habe heute den langen Weg aus Hollywood auf mich genommen, um Ihnen in einer Weltpremiere meine drei neuesten brandheißen Movies – oder wie sagt man hier bei Ihnen: Filme – vorzustellen. Sie werden sie bestimmt noch nicht kennen, davon gehe ich einmal aus. Sie sind ja hier in good old Germany nicht auf der Höhe der Zeit. Leider sind die Filmrollen beim Zoll hängen geblieben, aber ich werde mein Bestes geben, Sie trotzdem nicht zu enttäuschen. Allerdings brauche ich Ihre freundliche Mithilfe. Ich sehe gerade, wir haben nicht einmal einen Vorhang. Das geht bei einer Premiere natürlich nicht. Wenn ich sechs Freiwillige auf die Bühne bitten dürfte!

(Freiwillige melden sich und betreten die Bühne.)

Johnny: Also, das müssen wir erst einmal proben! Stellen Sie sich mal in einer Reihe auf, und wenn ich sage »Vorhang auf!«, dann laufen Sie auseinander. *(ruft)* Vorhang auf! *(Der Vorhang bewegt sich auseinander)* Vorhang zu! *(Der Vorhang schließt sich)* Ganz hervorragend. Das probieren wir gleich noch einmal, und diesmal vielleicht etwas langsamer.

(nimmt seinen Klapphocker, setzt sich an die Seite und lässt das Ganze wiederholen, steht wieder auf.)

Das können wir so lassen.

Kommen wir jetzt zu unserem ersten Film. Ein kleiner Kurzfilm zum Warmwerden. Dafür brauche ich wieder zwei Freiwillige. Ja bitte, der etwas fülligere Herr da hinten und die Dame dort in der ersten Reihe! Wenn Sie bitte auf die Bühne kommen würden! *(Die Brautmutter und der Freiwillige kommen nach vorn und bekommen eine kleine Einweisung. Sie legt ihm das Halsband an, er begibt sich auf alle Viere, und sie zieht ihn hinter sich her)* Ja, genau so muss das aussehen. Und jetzt das Ganze noch einmal. Vorhang bitte aufstellen! Vorhang auf! *(Vorhang geht auf)* Und Action! *(Brautmutter läuft mit Mann »im Schlepptau« über die Bühne und zurück)* Vorhang zu! *(Vorhang schließt sich wieder)* Meine Damen und Herren, der Titel meines ersten Filmes lautet: »Das Krokodil und sein Nilpferd«. Einen kräftigen Applaus für unsere Schauspieler! Ich werde Sie für meinen nächsten Film schon einmal vormerken.

Kommen wir nun zum zweiten Film. Der zukünftige Bräutigam bitte zu mir und noch eine Dame dazu. *(Bräutigam in spe und eine weitere Freiwillige werden eingewiesen. Er hüpft wie ein Affe auf der Bühne herum, sie bückt sich und lockt ihn mit einem Stück Würfelzucker in der Hand zu sich. Sie verfüttert ihm den Zucker aus der offenen Hand. Alles wird wie beim ersten Mal mit Vorhang wiederholt.)* Das, meine Damen und Herren, war der zweite Film: »Gib dem Affen Zucker!« Vielleicht haben Sie es ja geahnt.

Und nun zu meinem letzten Film für heute, die Zeit drängt, ich muss wieder zurück nach Amerika, das Flugzeug wartet schon. Ganz schnell bitte die Braut to be. Und wie wäre es mit dem Herrn da drüben? *(Braut und der letzte Freiwillige kommen vor und werden kurz eingewiesen. Die Braut soll im Galopp über die Bühne laufen und dabei mit der Zunge schnalzen, der Herr läuft hinterher und fängt sie ein. Mit ein paar Worten bringt er sie zur Ruhe. Wie schon zuvor eine Probe und eine Aufführung mit Vorhang)* Meine Damen, meine Herren, »Der Pferdeflüsterer«! Ich hoffe, meine Vorführung hat Ihnen gefallen und Sie sehen sich auch meinen nächsten Film an. Jetzt muss ich aber wirklich weg. Ich wünsche Ihnen noch einen schönen Abend. *(verbeugt sich und macht sich hastig auf den Weg)*

Anmerkung: *Dem Starregisseur steht es selbstverständlich zu, hier und da zu kritisieren, mit nützlichen Kommentaren helfend einzugreifen oder gar selbst vorzumachen, wie es richtig geht. Der Lacherfolg ist garantiert.*

Wichtig: *Die Freiwilligen sollten schon vor der Aufführung angeworben werden, weil es beinahe nichts Schlimmeres gibt als ganz allein auf der Bühne zu stehen und keine Mitspieler zu finden. Sollten sich dann noch zusätzliche Interessenten melden, lassen die sich auch noch mit einbauen, etwa als Vorhang oder als zweite Besetzung. Auch Braut, Bräutigam und Schwiegermutter sollten vorher zumindest kurz informiert werden, dass sie als Mitwirkende benötigt werden, damit es nicht zu unerwünschten Verzögerungen kommt.*

Antrag mit Bedingung

Dauer: ca. 3 Minuten
Personen: Luigi, südländischer Typ, ca. 30, spricht mit italienischem Akzent, gegeltes Haar, Sonnenbrille; Karla, seine Freundin, Mitte zwanzig
Requisite: Verlobungsring

Eingangsszene: *Beide betreten die Bühne, er zupft nervös an seinem Sakko, sie frisiert sich und wirkt unbeteiligt.*

Luigi: *(leidenschaftlich)* Oh cara mia, du bist – ey, wirklich eine Wucht. Die ganze Tag – ey, möchte – ey, ich – ey, fare l'amore mit dir.

Karla: *(lässig)* Na das wäre wirklich mal eine tolle Überraschung!

Luigi: Oh amore, ich werde verruckt – ey! Uberraschung klingt – ey gut – ey, aber du kennst noch nicht deine Luigi.

Karla: Einen ganzen Tag lang! Da werde ich dich schon kennen lernen!

Luigi: *(die Hände vor der Brust faltend mit Blick nach oben)* Oh Mama mia! Du machst – ey – mich so glucklich! Hat – ey – dir also gefallen? War ich gut – ey?

Karla: *(lachend)* Na jedenfalls kann ich mich nicht beklagen!

Luigi: *(zieht den Ring aus der Tasche, nimmt ihre Hand und steckt ihn ihr an den Finger)* Oh Karla! Ich möcht – ey – dich – ey – heiraten! Sag – ey – mir nur noch eins! War – ey – es wirklich das erste Mal für dich?

Karla: *(seufzt)* Ach Luigi! Natürlich war es das erste Mal für mich. *(gibt ihm einen Kuss, dann zum Publikum)* Ich möchte nur wissen, warum immer alle Männer die gleiche Frage stellen.

Der Geizkragen

Dauer: ca. 3–4 Minuten
Personen: Claudia, Mitte 20; Matthias, ihr Verlobter, Anfang dreißig
Mobiliar: Tisch mit weißer Tischdecke, zwei Stühle
Requisiten: Kerze, Blumenvase mit Blumen, Verlobungsring an Claudias linker Hand

Eingangsszene: *Claudia und Matthias sitzen im italienischen Restaurant am festlich gedeckten Tisch mit Kerze und Blumen. Das Essen ist beendet.*

Claudia: Was meinst du, Liebster, wo wir dieses Jahr im Urlaub hinfahren sollen? *(schwärmt)* Ich hätte nicht schlecht Lust, in die Karibik zu fliegen. Sonne, Sand, Meer, immer warm. Einfach mal richtig ausspannen und den Alltag hier vergessen. Wir wohnen im Hotel, gehen jeden Abend zum Essen und brauchen uns um nichts weiter zu kümmern. Ein Traum! Außerdem wollte ich schon immer mal einen Tauchkurs machen. Was hältst du davon?

Matthias: Um ehrlich zu sein: Überhaupt nichts, Claudia. Schöne Flecken gibt es auch woanders. Da muss man nicht so weit weg. Vom Fliegen bin ich gar nicht begeistert. Und ich bin auch der Meinung, das ist nur rausgeschmissenes Geld. Wir können wie jedes Jahr mit unserem Zelt nach Italien fahren. Da ist das Wetter auch schön. Es geht doch nichts über einen gepflegten Campingurlaub. Da weiß man, was man hat, und böse Überraschungen gibt es auch nicht. Und wenn du willst, nehmen wir wieder unsere Taucherbrillen mit und gehen schnorcheln. Klingt doch gut, oder nicht?

Claudia: Wenn es unbedingt sein muss, dann fahren wir eben nach Italien. Das mit der Flugangst kann ich sogar verstehen. Aber dann kaufen wir uns wenigstens ein neues Auto, in dem wir

Platz haben. Unsere alte Schrottkarre macht's nicht mehr lange, und dann bleiben wir unterwegs liegen wie letztes Jahr. Es ist auch furchtbar unbequem, sich zwischen das ganze Gepäck zu quetschen. Da fühlt man sich wie eine Zitrone.

Matthias: So schnell gibt der Wagen den Geist bestimmt nicht auf. Der hält mindestens noch zehn Jahre durch, wenn man nur sorgfältig damit umgeht. Aber wenn es dich beruhigt, lass ich ihn vorher noch mal von Dieter durchsehen. Der kennt sich aus, und er macht es sogar umsonst. Kein Grund zur Panik also.

Claudia: Da komme ich wohl nicht weiter. Lass uns von was anderem reden, sonst rege ich mich gleich furchtbar auf. Wie wäre es jetzt noch mit einem Nachtisch?

Matthias: Lieber nicht! Hinterher ist es mir wieder schlecht, und du solltest auch etwas an deine Figur denken. Lass uns lieber nach Hause gehen und ein wenig fernsehen. Heute läuft doch der neue Schwarzenegger-Film. *(hält kurz inne)* Aber vorher müssen wir noch zahlen. Würdest du das heute ausnahmsweise übernehmen, Liebling?

Claudia: *(wütend, zieht sich den Verlobungsring vom Finger und wirft ihn auf den Tisch)* Jetzt reicht es mir ein für alle Mal. Du bist so geizig, da fehlen mir die Worte, und dann soll ich auch noch das Essen für dich bezahlen. Diese Rechnung hast du ohne den Wirt gemacht. Ich habe etwas Besseres verdient. Deinen Verlobungsring kannst du dir sonst wohin stecken. Mit dir bin ich fertig!

Matthias: *(ungerührt)* Dann gib mir aber auch das Etui zurück.

Immer diese Männer!

Dauer: ca. 3 Minuten
Personen: Brigitte und Petra, zwei Freundinnen
Mobiliar: zwei Stühle
Requisiten: zwei Zeitschriften, zwei Handtücher

Eingangsszene: *Petra und Brigitte im Frisiersalon, Handtücher um den Kopf, blättern in Zeitschriften.*

Brigitte: *(ereifert sich)* Hast du schon das Neueste gehört?
Petra: Nein. Erzähl!
Brigitte: Du kennst doch die Heidi?
Petra: Die aus dem Aerobic-Kurs?
Brigitte: Nein, das ist doch 'ne blöde Kuh! Du weißt schon, Heidi, die Nachbarin von der Vroni.
Petra: Die mit dem süßen Anwalt?
Brigitte: Ja, genau die!
Petra: Und was ist mit der?
Brigitte: Die soll ja durchgebrannt sein mit ihrem Tennislehrer. In die Karibik. Jeden Tag Sonne und Tennisstunden gratis. *(kichert)*
Petra: Doch nicht mit dem Manni?
Brigitte: Ja doch, wenn ich's dir sage!
Petra: Also, der hat's ja faustdick hinter den Ohren.
Brigitte: Wieso denn?
Petra: Na; der ist doch verheiratet. Mit einer Schauspielerin, soweit ich weiß.
Brigitte: Dauernd auf Tournee, diese Schauspieler. Und treiben es ganz schön bunt. Man hört ja so einiges.
Petra: Und eine Tochter in der Schweiz. Eliteinternat! Höhere Töchterschule!
Brigitte: *(mitleidig)* Das arme Kind!
Petra: Du sagst es! Kein anständiges Familienleben. Und etwas seltsame Neigungen soll sie ja auch haben.

Brigitte: Wie meinst du das?
Petra: Na hör mal, nur Mädchen um sich herum und ausschließlich Erzieherinnen! Da kann man sich seinen Teil denken.
Brigitte: *(empört)* Du willst doch wohl nicht sagen ...?
Petra: Du sagst es!
Brigitte: Ist ja unglaublich! *(bleibt beim Blättern auf einer Seite hängen)* Ach! Das ist ja interessant! *(liest vor)* »Frau erschießt Ehemann, weil sie ihn beim Durchwühlen ihrer Handtasche erwischt.«
Petra: Also das ist ja unerhört! Da fehlen mir die Worte! Das ist wirklich das Letzte!
Brigitte: Ja meine Liebe, da muss ich dir zustimmen! Dass Männer ihre Nase immer in die intimsten Dinge stecken müssen, die sie wirklich nichts angehen!

Der Heirats-Kandidat

Dauer: ca. 10 Minuten
Personen: Vater, ca. 50; Tochter, ca. 30; Kandidat, zwischen 40 und 60. Der Kandidat soll langsam sprechen, damit das Publikum »mitdenken« kann.
Mobiliar: zwei Stühle
Requisiten: eine Handtasche

Eingangsszene: *Vater und Tochter sitzen sich gegenüber.*

Vater: *(nervös auf die Uhr blickend)* Wo er nur bleibt?
Tochter: Wer?
Vater: Na, hör mal! Der Kandidat, der sich auf deine Heiratsanzeige hin gemeldet hat.
Tochter: Meine Hochzeitsanzeige? Vater, die hast DU für mich aufgegeben. Also, wenn's nach mir ginge, hätte das noch etwas Zeit ...

Vater: Papperlapapp! Du gehst jetzt auf die Dreißig zu, und es wird Zeit, dass du unter die Haube kommst. Was der Herr da in seinem Brief schreibt, klingt ganz vernünftig.

Tochter: Dabei will ich doch nur meine Ruhe haben! Ich fühle mich ganz wohl ohne Mann …

Vater: Sollst du ja, sollst du ja, meine liebste Annabella! *(zum Publikum gewandt, leiser)* Ich hoffe, ICH habe endlich meine Ruhe, wenn sie mal aus dem Haus ist. *(wieder lauter)* Aber anschauen kannst du ihn ja wenigstens. *(zögernd)* Ich meine: Trotzdem …

Tochter: *(hellhörig)* Trotzdem? Trotz wessen??? Vater, da stimmt was nicht. Mit diesem Typ ist irgendwas los. Gestehe, du weißt etwas.

Vater: *(abwehrend)* Nein, nein, mit dem ist gar nichts los.

Tochter: Das fängt ja schon gut an.

Vater: Nein, so meine ich das nicht, Annabella. Ich meine, ich hab mich ein wenig erkundigt. Und der Herr hat, sagen wir, hat eine kleine Besonderheit.

Tochter: Und die wäre?

Vater: *(zögernd, dann peinlich berührt)* Er kann nicht »A« sagen?

Tochter: Wie bitte? Ja, was sagt er denn, wenn er »A« sagen muss?

Vater: U.

Tochter: U?

Vater: Ja, U. Er sagt U statt A.

Tochter: *(schlägt die Hände zusammen)* Na, das kann ja heiter werden. Wie heißt er eigentlich?

Vater: Schulz.

Tochter: *(ironisch)* Du meinst bestimmt Schalz … *(es klopft)*

Vater: *(aufgeregt zischelnd)* Da kommt er schon. Benimm dich! *(lauter)* Herein!

Schulz: Guten Tug!

Vater: *(ausgesprochen süßlich)* Guten Tag, lieber Herr Schulz! Bitte treten Sie ein. Darf ich vorstellen: meine Tochter Annabella.

Schulz: *(verbeugt sich, deutet Handkuss an)* Ungenehm!

Vater: *(verlegen)* Tja, ich lasse Sie jetzt mal ein wenig allein und lese in der Küche die Zeitung ...

Tochter: *(sarkastisch)* Ja, ja, lass mich nur allein ...

Schulz: Dus mucht doch nichts ... *(Vater verlässt das Zimmer, bzw. zieht sich in den Hintergrund des Raumes zurück)*

Tochter: *(versöhnlich)* Na, wenn Sie schon da sind, Herr Schalz, äh, Herr Schulz, dann nehmen Sie doch Platz. Darf ich Ihnen einen Kaffee oder ein Glas Wasser anbieten?

Schulz: Kuffee ist schlecht fürs Herz, uber uin Glus Wusser nehme ich gern ... *(Schulz setzt sich und springt gleich wieder auf)* Uuuuuuuuuh!

Tochter: Haben Sie sich wehgetan?

Schulz: *(hält sich das Hinterteil)* Uin Nugel! Ich hube mich uff uinen Nugel gesetzt! Huben Sie Hummer und Zunge ?

Tochter: Ein paar belegte Brötchen kann ich Ihnen gern machen. Aber ich glaube, wir haben nur noch Käse im Haus. Hummer gibts bei uns eigentlich nur selten ...

Schulz: *(deutet auf den Stuhl und zeigt, dass er gern einen Nagel entfernen würde)* Nuin!!! Ich muine Hummer und Zunge!

Tochter: *(begreift endlich)* Ach so! Hammer und Zange!

Schulz: Genuu!

Tochter: Hmm, vielleicht nehmen Sie vorläufig einen anderen Stuhl.

Schulz: Dunke.

Tochter: Ich muss mal schnäuzen. Wo hab ich denn meine Handtasche?

Schulz: Du!

Tochter: Du?? *(droht ihm kokett mit dem Zeigefinger)* Na, Sie sind aber ein Flotter! Aber meinetwegen: Ich heiße Annabella.

Schulz: Unnubellu, wus für ein schöner Nume! Uber ich wullte Ihnen, ich wullte – dir – nicht zu nuhe treten: Ich wullte dir nur duine Tusche zeigen. Du, über der Stuhllehne. Ju. Ich huisse Udum.

Tochter: *(peinlich berührt, lacht verlegen)* U dumm? Äh, ach, Adam! Jetzt verstehe ich. Ich muss mich erst ein wenig in Sie, in dich – sagen wir – hineindenken. *(kurze Gesprächspause)* Sag, leben deine Eltern noch?

Schulz: Nuin, Puppu und Mummu sind schon lunge tot. Ich hube nur noch uine Putentunte.

Tochter: Eine was??? Ach so – eine Patentante! Du meine Güte, ist das kompliziert mit dir!

Schulz: Glub mir, wenn du mich erst mul kunnst, gewöhnst du dich schnell un mich.

Tochter: *(wechselt das Thema)* Sag mal, was machst du denn beruflich?

Schulz: Ich bin Bussist.

Tochter: Bussist? Du meinst Busfahrer? Wie interessant …

Schulz: Nuin, nuin, ich spiele in uiner Kupelle den Buss.

Tochter: *(völlig verwirrt)* Du verkuppelst Busse?

Schulz: *(tut, als ob er Bass spielen würde)* Nuin: Ich muche Musik. Ich spiele Kontrubuss!

Tochter: Ach jetzt kapiere ich: Kontrabass! Da kommt man aber ganz schön rum in der Welt. Wo warst du denn schon überall?

Schulz: Oh ju, wir muchen viele Tourneen mit dem Orchester. Itulien, Spunien, Frunkruich, Griechenlund, Ufriku, Umeriku und und und. Ich wur schun uff den Kunuren, in Muduguskur. *(kurze Pause. Er mustert Annabella auffällig von oben bis unten)* Du bist sehr schön ungezogen.

Tochter: Also, Adam, ich muss doch bitten. Ich wüsste nicht, dass ich mich irgendwie, äh, falsch benommen hätte.

Schulz: Ich meine: Du hust uin sehr hübsches Kluid un.

Tochter: Ach, jetzt begreife ich. Das ist aber auch zu komisch mit dir. Aber danke für das Kompliment.

Schulz: *(verlegen)* Ich würde dir jetzt gern uinen Schmutz geben.

Tochter: Spinnst du? Was will ich denn mit Schmutz?

Schulz: Nuin, nuin, ich muine, uinen Kuss uff die Bucke.

(Sie zögert, er geht vor ihr auf die Knie. In diesem Moment erscheint der Vater wieder)

Schulz: *(erhebt sich schnell)* Durf ich … durf ich um die Hund Ihrer Tuchter unhultun?

Vater: *(verständnislos)* Was wollen Sie??? Wir haben doch gar keinen Hund!

Tochter: *(lacht)* Er meint, er will meine Hand?

Vater: Hmmm, das geht aber schnell. *(zum Publikum)* Schneller, als ich dachte, aber umso besser. *(wieder laut)* Na, lieber Herr, Schulz, das freut mich aber. Also, ich habe nichts dagegen.

Schulz: *(erfreut)* Oh, dus ist sehr schön. Und du, Unnubellu?

Tochter: Na ja, langweilig wird's mit dir vermutlich nicht werden. Da gibt's irgendwie immer was zu raten. *(mustert ihn wohlwollend)* Na ja, sonst scheinst du ja, äh, ganz normal zu sein. Na denn: Also gut! *(die beiden umarmen sich)*

Schulz: Wunderbur, nu dunn: Nicht lung gefuckelt. Schwiegervuter, wie wärs mit uinem Schnups?

Vater: Na denn: Prost! *(hebt auffordernd sein Glas zum Publikum)*

Wer's glaubt ...

Dauer: ca. 3–4 Minuten
Personen: Sven und Simone, beide Mitte 20, verlobt und sportlich gekleidet; Herr Nimmersatt, Ende 30 und im Bademantel
Requisiten: Golfschläger, Golfball, Tonscherben
Ton: Geräusch einer klirrenden Scheibe, Türklingel

Eingangsszene: *Sven und Simone beim Golf. Er schwingt den Schläger, kurz darauf Geräusch einer klirrenden Scheibe. Sven und Simone gehen ab. Herr Nimmersatt kommt von der anderen Seite, in einer Hand einen Golfball, in der anderen Hand ein Paar Tonscherben. Es klingelt an seiner Tür, er öffnet, und Sven und Simone treten ein.*

Sven: *(in der Hand den Golfschläger)* Entschuldigen Sie bitte vielmals, es ist mir unendlich peinlich, aber mein Abschlag ist mir wohl etwas zu gut gelungen. Für den Schaden werde ich selbstverständlich aufkommen. Sind Sie der Herr des Hauses?

Herr Nimmersatt: O gütigster Herr, ich bin keineswegs der Herr des Hauses, und für das, was du für mich getan hast, bin ich dir auf ewig verbunden. Ich bin ein alter Flaschengeist, und durch dein Geschick hast du mich aus meinem Gefängnis befreit. Zur Belohnung hast du drei Wünsche frei. Aber sag mir doch, wer du bist, und vor allem: Wer ist deine entzückende Begleiterin?

Sven: Also sowas! Glück muss der Mensch haben. Mein Name ist Sven, und dies hier ist meine Verlobte Simone.

Simone: Freut mich, Sie kennen zu lernen!

Herr Nimmersatt: *(mit einer leichten Verbeugung)* Ganz meinerseits! *(zu Sven)* Nun, hast du dir schon etwas überlegt?

Sven: Also mein erster Wunsch liegt auf der Hand. Ich will der reichste Mann der Welt werden, damit ich mir und meiner Liebsten alles kaufen kann, was das Herz begehrt.

Herr Nimmersatt: So sei es denn. Morgen früh, wenn du erwachst, wird dein Wunsch erfüllt sein. Und was darf es sonst noch sein?

Sven: Als Nächstes wünsche ich mir ewige Jugend für mich und meinen Schatz.

Herr Nimmersatt: Auch dieser Wunsch sei dir gewährt. Morgen früh, wenn ihr erwacht, beginnt für euch ein neues Leben? Und nun dein letzter Wunsch!

Sven: Als Letztes wünsche ich mir, dass mich nie etwas von meiner Simone trennen kann. Ich will auf ewig mit ihr verbunden sein.

Herr Nimmersatt: So hast du denn gesprochen, und auch dieser Wunsch wird wahr. Warte nur, bis du morgen früh erwachst. Aber gestatte mir, dass auch ich einen Wunsch äußere.

Sven: *(großzügig)* Einen kleinen Wunsch werde ich dir wohl kaum abschlagen können.

Herr Nimmersatt: Seit über tausend Jahren war ich eingesperrt und habe nichts von der Welt gesehen, geschweige denn schöne Frauen. Und nun juckt es mich an allen Enden. Wenn du mir nur eine einzige Nacht mit deiner bezaubernden Freundin zugestehen könntest, würde ich dir das nie vergessen.

Sven: *(entsetzt)* Aber! Was? Wieso denn? Ich weiß nicht so recht. Vielleicht. Was meinst du, mein Schatz?

Simone: *(leicht sauer)* Das ist deine Entscheidung!

Sven: Eine einzige Nacht? Das kann nicht viel ausmachen. Und außerdem ist es ja ein Geist. Da ist es nicht so schlimm. Vielleicht sollten wir ihm diesen Gefallen tun.

Simone: Wenn du meinst, dann habe ich auch nichts dagegen.

Sven: *(geht ab)*

Herr Nimmersatt: *(grinst)* Sagen Sie mal, hat Ihr Verlobter einen Schatten oder ist er wirklich so naiv? Glaubt doch allen Ernstes noch an Gespenster. Seien Sie froh, dass Sie das noch rechtzeitig erfahren haben! *(küsst Simone, die sich das – nach kurzem Nachdenken – gefallen lässt)*

Männerkenner 7.0

Sketchdauer: ca. 4–5 Minuten
Personen: Verena Wunder, Erfinderin im weißen Doktorkittel, die Haare kurz oder in einem Pferdeschwanz zusammen gebunden, Stift hinter dem Ohr, Brille; Männerkenner 7.0, gesprochen sieben Punkt null, ein Androide in Form einer Frau mit aufreizendem Kleid und Roboter-Stakkato-Sprache und -Bewegungen; Heidi Hektisch, Messeverkäuferin in Business-Anzug und Krawatte, mit Zeigestock; Willi Wichtig, der fragende Messebesucher; Anke Engel, eine weitere Fragerin; ein Promotiongirl mit Sweatshirt und Baseballkappe mit der Aufschrift »MÄNNERKENNER 7.0«; fünf bis sieben Statisten als weitere Messebesucher
Mobiliar: ein Tisch mit Prospekten
Requisiten: Zeigestock, Umhängetasche, Mikrophon

Eingangsszene: *Vera Wunder und Heidi Hektisch stehen hinter dem Messetisch, in eine Unterhaltung vertieft, Männerkenner regungslos daneben. Willi Wichtig, Anke Engel und die Statisten laufen auf der Bühne durcheinander, das Promotiongirl verteilt Prospekte, Heidi Hektisch nimmt das Mikrophon und beginnt im Stil einer Marktschreierin.*

Heidi Hektisch: Eine Riesensensation, eine Riesensensation! Meine Damen und Herren, wenn ich kurz um Ihre Aufmerksamkeit bitten dürfte! *(Messebesucher versammeln sich langsam im Halbkreis um den Stand)* Unserer Firma »Frauenglück« ist im letzten Monat der ultimative Durchbruch auf dem Gebiet der geheimnisvollen Männerentschlüsselung gelungen *(zeigt mit ihrem Zeigestock auf Männerkenner)*. Mit dem Modell »Männerkenner 7.0« ist es uns endgültig möglich, den langjährigen Frauenwunsch zu erfüllen, die Männer richtig zu verstehen. Heute bei uns hier am Stand Frau Vera Wunder, die Projektleiterin in unserer »Männerkenner-Reihe« und Erfinderin des Modells »sieben Punkt null«. Frau Wunder, wenn Sie unseren Besuchern kurz die Einsatzmöglichkeiten und Funktionsweise unseres Produktes erklären würden!

Vera Wunder: Das Prinzip unseres Androiden ist denkbar einfach. Er oder auch sie, wenn Sie möchten, ist dazu konzipiert, die Sprache der Männer zu entschlüsseln. Die Idee dahinter ist folgende: Männer halten mit ihren Gefühlen quasi immer hinter dem Berg und sprechen beinahe niemals aus, was sie wirklich denken. Maßlose Übertreibungen einerseits und kleine Lügen auf der anderen Seite sind die Folgen, die uns Frauen das Leben unnötig schwer machen. Der »sieben Punkt null«-Prozessor speichert zunächst alle Spracheingaben, unterzieht sie anschließend einer Plausibilitätsprüfung und errechnet den Wert, der dem Gemeinten am nächsten kommt. Dieser Wert wird dann im Sprachausgabemodul in ein akustisches Signal umgewandelt – und das war es auch schon. Aber leichter verständlich wird das Ganze mit einer kleinen Demonstration. *(legt zum Einschalten einen imaginären Schalter am Rücken von »Männerkenner« um)* Traut sich irgendjemand von Ihnen?

Willi Wichtig: *(ruft dazwischen)* Ich habe Hunger!

Vera Wunder: Nun Männerkenner, dann zeig mal, was du kannst!

Männerkenner: *(mit einer Computerstimme, jedes Wort einzeln betont)* Ich – habe – Hunger!

Willi Wichtig: *(empört)* Das ist ja Betrug!

Männerkenner: Warum – konnte – ich – so – etwas – nicht – erfinden?

Willi Wichtig: *(schmeichlerisch)* Scheint ja eine recht originelle Erfindung zu sein!

Männerkenner: Verdammte – Weiber!

Willi Wichtig: Ha! Ha! Ist ja wirklich sehr witzig!

Männerkenner: Ich – will – jetzt – heim – zu – meiner – Mama!

(Lachen vonseiten der Umherstehenden)

Vera Wunder: Wie Sie sehen, es klappt ganz ausgezeichnet.

Anke Engel: Ist ja wirklich beeindruckend! Aber kann sie denn auch noch mehr? Was ist, wenn es um die pikanten Dinge geht, sagen wir einmal: »Ich liebe dich«?

Männerkenner: Lass – es – uns – tun! Jetzt – sofort!

Anke Engel: Und wie sieht es aus mit »Kann ich dich zum Essen einladen?«

Männerkenner: Ich – will – Sex – mit – dir!

Anke Engel: Und »Gehen wir ins Kino?«

Männerkenner: Ich – will –Sex – mit – dir!

Anke Engel: Und was ist mit »Ich langweile mich«?

Männerkenner: Willst – du – mit – mir – schlafen?

Heidi Hektisch: Habe ich Ihnen zu viel versprochen? Schon unser Prototyp funktioniert absolut fehlerfrei, und ab nächster Woche gehen wir in Serienproduktion. In einem halben Jahr ist »Männerkenner 7.0« auch im Geschäft Ihrer Wahl erhältlich. Machen wir noch einen kleinen Test zum Abschluss! Was bedeutet der Satz »Ja, deine neue Frisur gefällt mir wirklich«?

Männerkenner: Dreißig – Euro – hätte – ich – sinnvoller – angelegt!

Heidi Hektisch: Aber was ist mit »Ich bin müde«?

Männerkenner: Ich – will – deine – faltige Haut – heute – nicht – sehen.

Heidi Hektisch: Und jetzt noch einen allerletzten Satz! Was bedeutet es, wenn ein Mann sagt, Frauen können besser Auto fahren als Männer?

Männerkenner: Fehler – Fehler – Fehler! Falsche – Eingabe! *(schneller werdend)* Fehler – Fehler – Fehler … *(lässt den Kopf hängen und verstummt)*

So ein Theater

Dauer: ca. 8 Minuten
Personen: Gretel; Großmutter; Prinzessin; Wachtmeister
Bühne: improvisiertes Kasperletheater. Als Vorhang ein Tuch, an zwei Stangen befestigt und von zwei Freiwilligen gehalten, etwa einen Meter fünfzig hoch
Requisiten: Kopftuch für die Großmutter, »fast echtes« Diadem und evtl. Schleier für die Prinzessin, blonde Zöpfe für Gretel, Polizeimütze, ggf. Schlagstock für den Wachtmeister

Eingangsszene: *Gretel, Großmutter und Prinzessin unterhalten sich, der Wachtmeister bleibt hinter dem Vorhang versteckt.*

Gretel: *(nachdenklich)* Also der Kasper ist in der letzten Zeit ganz merkwürdig still geworden. Ob da wohl etwas nicht in Ordnung ist?

Prinzessin: *(besorgt)* Ja, wirklich! Irgendetwas kann da nicht stimmen. Früher gab es jede Woche eine Party. Immer war was los. Laute Musik und unzählige Besuche.

Großmutter: *(moralisierend, mit erhobenem Zeigefinger)* Und bei den vielen jungen Mädels hat man schon einmal den Überblick verloren.

Gretel: Ob da etwas im Busch ist? *(alle drei tauchen ab, ein kurzer Moment Pause, eine nach der anderen taucht auf. Zum Publikum:)*

Großmutter: Weiß man's?
Prinzessin: Darf man das wissen?
Gretel: Muss man das wissen? *(alle drei tauchen ab, kurze Pause)*
Wachtmeister: *(taucht auf; spielt mit seinem Schlagstock, pragmatisch zum Publikum)* Ja, ich wüsste es schon, aber mich fragt ja keiner. *(ab: Frauen tauchen wieder zusammen auf)*
Gretel: *(nachdenklich)* Vor dem Haus steht jetzt immer ein Auto mit einer fremden Autonummer.
Prinzessin: *(besorgt)* Das gehört doch der, die jetzt regelmäßig beim Kasperle ein und aus geht. Eigentlich ein ganz nettes Ding. Jedenfalls grüßt sie immer so freundlich.
Großmutter: *(moralisierend)* Und hübsch ist die! Ein wahrer Augenschmaus. Die kann einem Mann schon ganz schön den Kopf verdrehen.
Gretel: Ob da wohl mehr ist? Am Ende ist es vielleicht noch etwas Ernstes.
Großmutter: Weiß man's?
Prinzessin: Darf man das wissen?
Gretel: Muss man das wissen? *(alle ab)*
Wachtmeister: *(wie vorher)* Ja, ich wüsste es schon, aber mich fragt ja keiner. *(ab)*
Gretel: *(lobend)* Etwas Gutes hat es schon auch. Der Kasper ist viel ordentlicher geworden, und man sieht ihn jetzt auch regelmäßig bei der Hausarbeit.
Prinzessin: *(schwärmerisch)* Ach ja! Das stimmt! Letztens hat er eine Stunde lang die Treppe geputzt. Es ist schon ein Vergnügen, ihm zuzusehen.
Großmutter: *(belehrend)* Na, wenn das mal nicht der Einfluss einer starken Frauenhand ist?
Gretel: So war er früher nie, aber schaden kann's ja nicht.
Großmutter: Weiß man's?
Prinzessin: Darf man das wissen?
Gretel: Muss man das wissen? *(alle ab)*
Wachtmeister: *(wie vorher)* Ja, ich wüsste es schon, aber mich fragt ja keiner. *(ab)*

Gretel: *(spöttisch)* Ich hätte ihn ganz anders eingeschätzt. Ein ganzer Kerl, der weiß, wo es lang geht. Der soll sich zähmen lassen?

Prinzessin: *(wehmütig)* Ja, wirklich ein toller Typ, der Kasper. Aber seit kurzem nur noch Augen für seine neue Flamme. Es ist schon ein Jammer!

Großmutter: *(begeistert)* Wo die Liebe hinfällt …! Es ist doch schön, wenn zwei Herzen sich finden und das Glück Einzug hält.

Gretel: Vielleicht ist es auch mehr als Glück. Vielleicht hat sie ihm ja etwas ins Essen gemischt.

Großmutter: Weiß man's?

Prinzessin: Darf man das wissen?

Gretel: Muss man das wissen? *(alle ab)*

Wachtmeister: *(wie vorher)* Ja, ich wüsste es schon, aber mich fragt ja keiner. *(ab)*

Gretel: *(amüsiert)* So geht es doch immer. Man verliebt sich und hat jede Menge Spaß miteinander. Am Ende weiß dann man gar nicht mehr, was man tut.

Prinzessin: *(schnippisch)* Aber manchmal vergeht das auch wieder.

Großmutter: *(schwärmerisch)* Es gibt doch nichts Schöneres auf der Welt, als den richtigen Menschen zu finden.

Gretel: Und ehe man sich versieht, ist es mit dem lustigen Leben vorbei.

Großmutter: *(begeistert)* Die beiden heiraten bestimmt.

Prinzessin: *(verzweifelt)* Aber die dürfen doch nicht einfach heiraten!

Gretel: *(forschend)* Vielleicht müssen sie ja heiraten?

Wachtmeister: *(wie immer)* Also, das weiß wirklich keiner.

Bescheidene Ansprüche

Dauer: ca. 1–2 Minuten
Personen: ein verliebtes Paar
Requisiten: eine Halskette

Eingangsszene: *Das Pärchen schlendert Hand in Hand auf und ab. Er bleibt stehen und zaubert eine Halskette hervor, die er ihr umhängt.*

Sie: *(die Halskette betrachtend)* Ach mein Liebster! Diese Kette war bestimmt sündhaft teuer. *(säuselt)* Ein echter Diamant!

Er: Aber Schatz, du weißt doch, dass du mir das wertvollste Schmuckstück auf der ganzen Welt bist. Für dich ist mir nichts zu teuer.

Sie: *(süßlich)* Das hast du aber lieb gesagt. Komm, lass dich umarmen! *(drückt ihn kurz und lässt dann wieder los)* Und du meinst das wirklich ernst?

Er: Mir war in meinem ganzen Leben noch nie etwas so ernst, mein Schatz.

Sie: Aber das ist ja wundevoll! Kannst du mir einen Wunsch erfüllen?

Er: Jeden!

Sie: Versprochen?

Er: Versprochen!

Sie: Ich möchte, dass du mich an drei ganz besonderen Stellen küsst, an denen mich kein anderer küssen darf.

Er: *(verträumt)* Nichts täte ich lieber als das! Willst du mir auch verraten, welche Stellen das sind?

Sie: Zuerst in Australien, dann auf den Seychellen und dann noch auf Hawaii.

Torschlusspanik

Dauer: ca. 2 Minuten
Personen: ein Paar im gefährlichen Alter, er fast 40, sie etwas jünger

Eingangsszene: *Die Tanzrunde ist gerade beendet. Er begleitet sie von der Tanzfläche, sie hakt sich bei ihm ein.*

Sie: *(neckisch)* Du Schatzi! Liebst du mich noch?
Er: Aber natürlich liebe ich dich.
Sie: Dann beweise mir, wie sehr du mich liebst!
Er: Aber das mache ich doch schon den ganzen Abend. Immerhin tanze ich nur mit dir.
Sie: Aber das ist doch kein Beweis!
Er: Na, du müsstest dich nur mal tanzen sehen.
Sie: *(nach einer kurzen Pause)* Du Schatzi! Liebst du mich wirklich?
Er: Aber das sagte ich dir bereits.
Sie: Wie viele Frauen hattest du eigentlich vor mir? *(da er schweigt, nach einer kurzen Pause)* Du bist jetzt hoffentlich nicht beleidigt!
Er: Nein, ich zähle.
Sie: Schatzi! Bist du dir auch ganz sicher, dass du mich liebst?
Er: *(genervt)* Es ist doch kaum zu glauben, dass immer die dümmsten Bauern die besten Frauen abbekommen.
Sie: *(begeistert)* Ach Schatzi! Das ist das schönste Kompliment, das du mir je gemacht hast. Jetzt weiß ich, dass du mich liebst. Willst du mich heiraten?
Er: *(platzt beinahe vor Wut)* Sag mal! Was Besseres fällt dir nicht gerade ein?
Sie: *(etwas traurig)* Doch schon! Aber die anderen wollen mich ja alle nicht.

Sketche für Hochzeitsfeiern

Was lässt sich nicht alles in einem Hochzeitssketch darstellen: die kleinen Macken der Brautleute, ihre mal romantische, mal komische Geschichte oder auch ihr Vorleben ...
Erlaubt ist, was gefällt, denn so manche(r) wird sich bestimmt wiedererkennen!

Die Überraschungstorte

Dauer: ca. 10 Minuten
Personen: zwei Köche, zwei Küchenhilfen und der Küchenchef
Requisiten: Tische mit Töpfen und Pfannen, Gemüse und Obst, Kochmützen und Koch-/Küchenkleidung
Ton: Geschrei und Geschepper, aufgeregte, durcheinander redende Stimmen

Eingangsszene: *Die beiden Köche stehen über ihren jeweiligen Tisch gebeugt und rühren in Töpfen und Pfannen. Die beiden Küchenhilfen schälen Gemüse, zerschneiden Obst und unterhalten sich dabei. Plötzlich kommt der Küchenchef wütend angerannt. Man hört Geschrei und Geschepper …*

Küchenchef: *(aufgeregt)* Hört ihr, wie sie toben? Wer ist für die Hochzeitstorte verantwortlich? *(Alle hören schlagartig mit ihren Tätigkeiten auf und sehen ihn verwundert an. Keiner spricht. Der Küchenchef wird noch aufgeregter)* Ich will sofort wissen, wer sich von euch um die Hochzeitstorte für diese Hochzeit gekümmert hat!!

1. Koch: *(beschwichtigend)* Die Torte hat doch unser Konditor …

Küchenchef: *(ihn unterbrechend)* Es geht nicht um die Torte selbst! Wer hat die Überraschung organisiert?

1. Küchenhilfe: *(schüchtern)* Aber es wurde doch ausdrücklich eine Überraschungstorte bestellt.

2. Küchenhilfe: *(ihr zur Hilfe eilend)* Ja, ich war dabei, als die Brauteltern das in Auftrag gaben.

Küchenchef: Schon gut, schon gut! Wer aber ist denn gerade auf diese Art von Überraschung gekommen?

2. Koch: Na, so originell ist es doch nun auch wieder nicht, jemanden in einer Hochzeitstorte zu verstecken.

1. Koch: Meistens finden alle die Größe der Torte aufregender als den Inhalt selbst!

2. Koch: *(lachend)* Und zwar deshalb, weil dann jeder ein besonders dickes Stück ergattern kann!

Küchenchef: Das war heute jedenfalls nicht der Fall. Diese Überraschung hätte jede Tortengröße in den Schatten gestellt!

2. Küchenhilfe: Hat Sabine den Gästen denn nicht gefallen? *(da alle sich in ihre Richtung drehen, etwas zögerlich)* Die Brauteltern wollten doch eine besondere Überraschung, und da dachte ich sofort an meine kleine zierliche Freundin Sabine, die sich schon einmal auf einer Hochzeitsfeier in einer Torte versteckt hat und plötzlich auf ein Zeichen hin herausgesprungen kam. *(etwas trotzig)* Das fanden damals alle ganz toll, und es war der Höhepunkt der ganzen Party!

1. Küchenhilfe: *(zustimmend)* Ich finde das auch eine tolle Idee. Ein echter Höhepunkt! *(Alle außer der Küchenchef nicken zustimmend)*

Küchenchef: *(verächtlich)* Ja, ein echter Höhepunkt war es allerdings! Aber eher der Höhepunkt der Unverschämtheit!

1. Koch: Findest du nicht, dass du jetzt etwas übertreibst? Worüber haben sich die Gäste denn so aufgeregt?

2. Koch: *(anzüglich)* War das zierliche Sabinchen etwa nackt?

Küchenchef: *(abwinkend)* Wenn es das nur gewesen wäre!

2. Koch: *(interessiert)* Hat sie die Gäste beschimpft?

1. Koch: *(eifrig)* Oder war sie betrunken, weil sie zu viel an den in Kirschlikör getränkten Tortenwänden geknuspert hat?

2. Küchenhilfe: *(entrüstet)* So etwas würde Sabine niemals tun!

1. Koch: *(noch eifriger)* Vermutlich ist sie jemandem versehentlich ins Gesicht gesprungen!!

Küchenchef: *(ironisch)* Das kommt der Sache schon etwas näher, obwohl »versehentlich« nicht der passende Ausdruck ist.

2. Küchenhilfe: *(sachlich)* Was soll denn nun das ganze Theater, wem ist sie denn ins Gesicht gesprungen, und warum?

Küchenchef: *(mit erhobenen Händen)* Theater? Eure kleine zierliche Sabine ist vor lauter Wut dem Bräutigam ins Gesicht gesprungen. Sie ist nämlich seine heimliche Geliebte! Allerdings wusste sie bis heute davon genau so wenig wie von seinen Hochzeitsplänen.

Eine ganz besondere Hochzeit

Dauer: ca. 12 Minuten
Personen: Miriam und Odile, beide ca. 30
Requisiten: Zwei Telefone und zwei Sitzgelegenheiten
Ton: Telefonklingeln

Eingangsszene: *Die Bühne ist zweigeteilt. Rechts und links steht jeweils ein Sessel o. Ä. zum Publikum gerichtet. Miriam setzt sich und wählt die Nummer ihrer Freundin. Es klingelt. Odile läuft zum Telefon, nimmt das Gespräch entgegen und setzt sich ihrerseits.*

Odile: Hallo?

Miriam: Hallo Odile, ich bin's, Miriam. Gut, dass du da bist. Ich muss dir unbedingt etwas erzählen!

Odile: Ich habe schon auf deinen Anruf gewartet! Ihr seid doch gestern aus den USA zurückgekommen, oder?

Miriam: Ja, gestern Mittag. Ich hätte dich am liebsten sofort angerufen, aber ich musste erst einmal mit dem Jetlag fertig werden und ein bisschen schlafen.

Odile: Verstehe! Wie war denn die Hochzeit? Bestimmt war es für alle ein einmaliges und unvergessliches Erlebnis!

Miriam: *(kichernd)* Unvergesslich war es auf jeden Fall, aber einmalig …

Odile: *(leicht verwirrt)* Was meinst du? Ich glaube kaum, dass es sich Bernd und Andrea noch ein zweites Mal leisten werden, alle Verwandten und Freunde an die Ostküste einfliegen zu lassen um sich an den Niagarafällen trauen zu lassen. *(seufzt)* Wie romantisch und wie ausgefallen!

Miriam: *(ironisch)* Ja, die beiden wollen ja immer etwas ganz besonders Ausgefallenes sein und tun!

Odile: Ich weiß, dass du dich über ihre Art und Weise manchmal etwas ärgerst, aber dieses Mal scheint ihnen das doch mit ihrer Idee wirklich gelungen zu sein.

Miriam: *(bissig)* Eine tolle Idee, sicher. Nur kam es leider nicht zur Trauung!

Odile: Nicht? Was ist denn passiert? Erzähl mal!

Miriam: *(genüsslich)* Also – zunächst hatten erst einmal einige Flüge Verspätung und die Hochzeitsgäste waren entsprechend gelaunt.

Odile: Naja, Launen ändern sich doch aber meistens wieder schnell.

Miriam: *(ihren Einwand ignorierend)* Zweitens hast du in den Nachrichten vielleicht von dem unerwarteten Schneefall im Staat New York gehört. Alle froren also wie die Schneider, und es war nichts mit netten Kostümchen und hochhackigen Schuhen.

Odile: Konnte man denn nicht ein paar warme Mäntel und Strickjacken auftreiben?

Miriam: Doch, ein paar schon! Aber nicht für die ganze 40-köpfige Gesellschaft!

Odile: Das ist natürlich ärgerlich, aber …

Miriam: *(sie unterbrechend)* Wart's ab. Das ist noch längst nicht alles! Stell dir also die leicht übermüdete und durchgefrorene Hochzeitstruppe vor, wie sie hinter dem ebenso gestimmten Pfarrer zu den Wasserfällen schleicht, immer vorsichtig darauf bedacht, nicht auszurutschen und mit dem Gesicht im Neuschnee zu landen. *(kichert)*

Odile: Du bist wirklich gehässig!

Miriam: Nun komm schon, ich habe nur etwas Sinn für Humor! Schließlich war ich doch auch dabei!

Odile: Sind denn wenigstens alle wohlbehalten und sicher am Zielort angekommen?

Miriam: O ja, nur leider war der für die Trauung vorgesehene Platz so zugeschneit, dass wir uns einen anderen Ort suchen mussten.

Odile: Auch das noch! Ihr musstet also weiter durch die Kälte laufen?

Miriam: Ja, aber das war noch der lustigste Teil, denn einige Gäste verteilten zur Besserung der Stimmung singend Schlückchen aus ihren mitgebrachten Flachmännern.

Odile: Habt ihr dann wenigstens bald einen besseren und vielleicht auch einen etwas wärmeren Platz für die Zeremonie gefunden?

Miriam: O ja, einen viel besseren Platz, ein bisschen windgeschützt und viel weniger Schnee!

Odile: *(aufatmend)* Na, dann konnte es wohl doch noch losgehen!

Miriam: Ja, es konnte schon losgehen. Leider war es aber so laut an unserem neuen Plätzchen, dass nur das Rauschen der Niagarafälle zu hören war.

Odile: Also konnte keiner den Pfarrer hören!?

Miriam: Ausgeschlossen! Zunächst versuchte er, lauthals das Tosen zu übertönen, aber die Natur Gottes ist eben stärker als der kleine Mensch …

Odile: Ja, und dann?

Miriam: Nach dreimaligem Anlauf wollte er es pantomimisch versuchen, aber Bernd mochte sich zunächst nicht darauf einlassen. Er glaubte wohl, dass eine Trauung ohne Worte später angefochten werden könnte. Dazu kam noch, dass einige Gäste herumnörgelten, sie könnten weder etwas sehen noch hören.

Odile: Das ist ja ein Albtraum von einer Trauung!

Miriam: *(triumphierend)* Hab ich dir zu viel versprochen?

Odile: Wie ging denn alles aus?

Miriam: Schließlich gab Bernd nach, wir ließen die Nörgler auf die besten Stehplätze und der Pfarrer mühte sich mit Händen und Füßen ab, so gut er konnte. Ich glaube, das meiste wurde auch verstanden *(betont langsam)*, bis …

Odile: *(ungeduldig)* Bis was?

Miriam: Bis es zum Ringaustausch kam!

Odile: Ist dabei denn auch etwas schiefgegangen?

Miriam: *(lachend)* Schief gegangen? Nun, man könnte es so nennen! Die Hände des Trauzeugen waren durch die Kälte so klamm, dass ihm die Ringe bei der Übergabe an den Bräutigam in den Schnee fielen!

Odile: Um Himmels willen! Das ist ja der Gipfel! Wie haben denn die Gäste und das Brautpaar darauf reagiert?

Miriam: Alles schrie auf, der Bräutigam fiel in Ohnmacht, und der

Pfarrer musste – wie ein Hirte seine Lämmchen – die aufgeregte Hochzeitsgesellschaft zurück in die warme Sicherheit ihrer Hotels führen.

Odile: Und gestern sind dann alle wieder abgereist?

Miriam: Die Gäste schon, aber das Brautpaar sucht wohl immer noch nach den Brillanten im Schnee!

Im Ring

Dauer: ca. 15 Minuten
Personen: Braut und Bräutigam, Pfarrer, Trauzeuge
Kostüme: Hochzeitskleid und -schleier, Hochzeitsanzug, Pfarrerkleidung und festliche Kleidung für den Trauzeugen
Requisiten: Brautstrauß, Ring in kleiner Schmuckschatulle, ein Tisch mit zwei festlichen Blumengestecken
Ton: Musik des Hochzeitsmarsches

Eingangsszene: *Links auf der Bühne und seitlich zum Publikum aufgestellt befindet sich ein Tisch, vor dem der Pfarrer wartend steht. Der Hochzeitsmarsch erklingt, und das Brautpaar schreitet feierlich Seite an Seite zum Pfarrer. Die Braut schaut dabei schüchtern auf den Brautstrauß in ihren Händen, der Bräutigam sieht mit erhobenem Kopf nach vorn.*

Pfarrer: Liebes Brautpaar, liebe Brautgemeinde! Wir haben uns heute hier zusammengefunden, um miteinander ein festliches Ereignis zu begehen. *(schaut wohlwollend zum Brautpaar)* Elisa Dorfmann und Henrik Baier haben sich von Gott bestimmt zusammengefunden, um miteinander den heiligen Bund der Ehe einzugehen und einander in guten wie in schlechten Zeiten zu lieben und zu ehren. Wenn ich in die Gesichter dieser lieben Kinder Gottes sehe, dann sehe ich nur beidseitige Eintracht und tiefe Freude. Was ER aus guten Gründen zusammengeführt hat, das soll von nun an für ewig zusammenbleiben. Und sollte es jemanden geben, der einen Einwand gegen dieses Bündnis hat, dann spreche er jetzt oder schweige für immer! *(Das Brautpaar zieht in diesem Moment zusammen die Schultern hoch und hält die Luft an. Keiner spricht, alles ist still. Sie entspannen sich wieder. Der Pfarrer legt seine Hände auf ihre Köpfe)* Dann segne ich euch im Namen Gottes und mache euch zu Mann und Frau. Steckt euch jetzt zum Zeichen eurer gegenseitigen Verbundenheit die Ringe an!

Braut: *(leise)* Der Ring! Na endlich! *(Der Trauzeuge kommt zum Hochzeitspaar und überreicht dem Bräutigam eine kleine Schmuckschatulle. Der Bräutigam öffnet sie. Die Braut beugt sich mit einer ruckartigen Kopfbewegung über das Kästchen und prallt mit einem kleinen, spitzen Schrei zurück)* Ah! Das kann doch nicht wahr sein!

Bräutigam: *(irritiert)* Was?

(Der Pfarrer schaut ebenfalls höchst überrascht auf die Braut)

Braut: *(aufschreiend)* Ein Halbedelstein!!!

Bräutigam: *(stolz)* Ja, ich dachte, zur Feier des Anlasses …

Braut: *(entsetzt)* Das ist er nicht!

Bräutigam: *(perplex)* Was meinst du?

Braut: *(aufgebracht auf den Ring zeigend)* Das ist nicht der Ring, den wir ausgesucht haben!

Bräutigam: *(beschwichtigend)* Natürlich ist es der Ring!

Braut: *(kopfschüttelnd)* Nein, ist es nicht! Ich wollte den Smaragd, und das hier ist ein Türkis!

Pfarrer: *(beunruhigt)* Ist irgendetwas nicht in Ordnung?

Bräutigam: *(beschwichtigend)* Nein, nein, alles ist in bester Ordnung. *(zur Braut)* Jetzt nimm dich bitte zusammen!

Braut: *(stur)* Das ist ein Türkis, und ich wollte den Ring mit dem Smaragd!

Bräutigam: Aber er ist doch sehr hübsch – und so schön blau!

Braut: *(aufgebracht)* Ich bin nicht farbenblind! Türkise sind immer blau, und Smaragde sind grün!

Bräutigam: Aber beim Juwelier hast du doch gesagt ...

Braut: *(ihn unterbrechend)* Ich weiß genau, was ich beim Juwelier gesagt habe!

Bräutigam: Du fandest den Türkisring auch ganz hübsch!

Braut: *(zischend)* Ja, ganz hübsch für Leute, die sich nicht den Smaragdring leisten können!

Bräutigam: *(unsicher)* Aber du hast gesagt ...

Braut: *(wütend)* Ich habe gesagt, dass der Türkisring ein netter ERSATZ für ein Hochzeitspaar sei, das sparen muss, weil es nur ein kleines Gehalt hat. Das habe ich gesagt! Von uns war keine Rede!

Bräutigam: Aber auch wir müssen ...

Braut: *(noch wütender, reißt sich den Schleier vom Gesicht und brüllt den Bräutigam an)* Na, das fängt ja gut an! Wir sind noch nicht einmal verheiratet, und schon denkst du daran, Geld zu sparen!

Bräutigam: *(flehend mit Blick auf den entsetzten Pfarrer)* Ich bitte dich! Nun beruhige dich doch ! So war das doch gar nicht gemeint!

Braut: *(schluchzend)* Ich fasse es nicht! An meinem Ehrentag muss ich mir so etwas bieten lassen! Ein Halbedelstein! Was für eine furchtbare Blamage!

Bräutigam: *(hilflos)* Also, wenn ich gewusst hätte, dass dir so viel daran liegt ...

Braut: *(lauter schluchzend)* So viel daran liegt? Wie stehe ich denn jetzt vor den anderen dar? Mechthilds Hochzeitsring besteht aus lauter kleinen Brillanten, und Heidis Ring ist ein Gedicht aus Platin und Rubinen!

Bräutigam: Aber ich wusste doch nicht ...

Braut: *(schluchzend)* Wie oft habe ich davon in den letzten Tagen gesprochen! *(lauter schluchzend)* Wie kann mein zukünftiger Mann nur so unsensibel sein! *(schniefend)* Und dabei wollte ich doch nur ein einziges Mal heiraten ...

Bräutigam: *(plötzlich wachsam)* Was meinst du mit nur ein einziges Mal heiraten?

Braut: *(weniger schluchzend)* Ein Ring bedeutet doch Einigkeit und Verbundenheit und *(mit einem Blick zu ihm)* eben alles zwischen zwei Menschen! Und wenn der Bräutigam schon hier so kleinlich ist, dann war es eben vielleicht doch nicht so eine gute Idee …

Bräutigam: *(nervös)* Moment, so darfst du das aber nicht gleich sehen!

Braut: *(ziemlich gefasst und sich mit dem Ärmel ihres Hochzeitskleides die Tränen trocknend)* Naja, dann eben beim nächsten Mal!

Bräutigam: Bei welchem nächsten Mal??? *(lässt das Ringkästchen wieder zuschnappen und dreht sich zum Trauzeugen um)* Peter, bitte lauf schnell zu Juwelier Reinsfeld und tausch diesen Ring gegen den grünen in der Vitrine links aus. Er wird sich schon noch an mich erinnern, und *(wühlt in seiner Jackentasche)* hier ist meine Kreditkarte! *(Die Braut küsst den Bräutigam mit einem Juchzer, und der Pfarrer fällt in Ohnmacht!)*

Alte Bräuche

Dauer: ca. 15 Minuten
Personen: Die beiden Freunde Giovanni und Alexander, 25–30
Kostüme: Alltagskleidung
Requisiten: Ein Tisch, zwei Bier- oder Weingläser mit Inhalt
Ton: Hintergrundmusik nach Belieben

Eingangsszene: *Die beiden Freunde sitzen einander gegenüber am Tisch. Giovanni macht einen deprimierten Eindruck. Er hält den Kopf in die Hände gestützt und blickt missmutig vor sich hin. Alexander trinkt einen Schluck und stellt das Glas wieder auf den Tisch zurück.*

Alexander: Heute bist du aber wirklich in schlimmster Stimmung! Ich weiß schon gar nicht mehr, was ich noch erzählen soll, um dich ein bisschen aufzuheitern.

Giovanni: *(missmutig)* Hm.

Alexander: Kannst du nicht wenigstens mal andeuten, was dich in diesen trübseligen Zustand versetzt hat? Sonst bist du immer in so guter Stimmung!

Giovanni: Ach, lass mal. Nicht so wichtig. Ich werde wohl lieber nach Hause gehen. *(trinkt sein Glas aus)*

Alexander: *(protestierend)* Kommt überhaupt nicht in Frage! So lasse ich dich nicht allein! Irgendein Thema wird es wohl geben, das dich ein bisschen aufbaut … *(überlegend)* Ja! Was ist denn eigentlich mit deiner Angelina? *(Giovanni zuckt bei der Nennung dieses Namens zusammen)* Habe lange nichts mehr von ihr gehört, und du warst doch so Feuer und Flamme für sie. *(Giovanni bedeckt sich die Augen mit den Händen und stöhnt gequält auf)* Du wolltest sie am liebsten vom Fleck weg heiraten! *(triumphierend)* Aha! Da liegt also der Hund begraben! Was ist denn passiert?

Giovanni: Darüber will ich gar nicht sprechen!

Alexander: *(aufmunternd)* Du denkst doch sowieso die ganze Zeit daran. Komm, erzähl mal ein bisschen. Das hilft!

Giovanni: Sie will mich nicht mehr sehen.

Alexander: *(ungläubig)* Was? Ich denke, sie war ebenfalls ganz begeistert von dir? Sagtest du nicht, es sei Liebe auf den ersten Blick bei euch beiden gewesen?

Giovanni: *(traurig)* Dachte ich ja auch.

Alexander: Was ist denn passiert? Warst du nicht aufmerksam genug? *(besserwisserisch)* Frauen brauchen viel Aufmerksamkeit, weißt du!

Giovanni: *(grollend)* Das brauchst du mir nicht zu sagen! Meine Eltern sind Italiener, und mein Vater erzählt mir seit meinem fünften Lebensjahr, wie ein Mann einer Frau anständig den Hof zu machen hat!

Alexander: Ja, und hast du seine Ratschläge denn nicht berücksichtigt?

Giovanni: Eben doch!

Alexander: *(unverständig)* Das verstehe ich nicht!

Giovanni: *(stöhnend)* Also, zuerst habe ich ihr ein Ständchen unter ihrem Fenster dargebracht.

Alexander: *(skeptisch)* Aber du bist doch völlig unmusikalisch und kannst keinen Ton halten!

Giovanni: *(mürrisch)* Ich weiß! Aber mein Vater sagt immer: Der Weg zum Herzen einer Frau geht durch ihr Ohr!

Alexander: *(stirnrunzelnd)* Habe ich noch nie gehört! Das muss ein italienisches Sprichwort sein.

Giovanni: Jedenfalls haben ihre Eltern die Polizei gerufen, um den angeblichen lärmenden Trunkenbold abholen zu lassen, und ich musste die halbe Nacht Konversation mit einem der Beamten machen.

Alexander: *(lachend)* Das ist wirklich nicht witzig.

Giovanni: Als Nächstes und um alles wieder gut zu machen, habe ich sie in das neue thailändische Restaurant eingeladen, von dem alle schwärmen.

Alexander: Ins Bangkok Palace? Wow! Eine tolle Idee!

Giovanni: *(abwinkend)* Vergiss es! Sie hasst alles mit Kokosmilch, Ingwer und Koriander, und Zitronengras erinnert sie an Gestrüpp.

Alexander: *(mitfühlend)* Also auch hier kein Erfolg!

Giovanni: Nicht wirklich, abgesehen von der Erfahrung, 10 Euro für eine Hühnerbeinsuppe ausgegeben zu haben, die die Dame am Ende gnädigerweise dann doch noch mit Todesverachtung zu sich nahm.

Alexander: Jeder kann mal ein bisschen danebenliegen! Das ist doch aber kein Grund, dich gar nicht mehr sehen zu wollen!

Giovanni: *(seufzend)* Nie mehr, hat sie gesagt!

Alexander: Also wirklich! Was ist das denn für eine Frau!

Giovanni: *(entschuldigend)* Vielleicht hätte sie es sich ja noch einmal überlegt, wenn dann nicht noch die Sache mit dem Baumstamm passiert wäre!

Alexander: Die Sache mit dem Baumstamm? Hattet ihr einen Unfall?

Giovanni: So ungefähr … Mein Vater hat mir erzählt, dass der Verehrer seiner Angebeteten früher heimlich einen Baumstamm vor ihre Zimmertür legte, um zu prüfen, wie ernst es ihr mit ihm sei.

Alexander: Davon habe ich auch schon einmal gehört. Wenn sie seine Liebe erwidert, dann nimmt sie den Stamm mit in ihr Zimmer, wenn nicht, dann findet er ihn am nächsten Morgen von der Zimmertür weggerollt. War es nicht so?

Giovanni: *(nickend)* Genau!

Alexander: Und?

Giovanni: Ich habe den ganzen Abend gebraucht, um ihr unbemerkt den Hausschlüssel abzuluchsen, habe mich dann nach Mitternacht mit dem dicken Stamm heimlich bis vor ihr Zimmer hochgeschlichen und ihn dort so leise wie möglich abgelegt.

Alexander: Hat sie dich gehört?

Giovanni: Nein!

Alexander: Bist du von ihren Eltern entdeckt worden?

Giovanni: Nein!!

Alexander: Dann bleibt nur noch eins: Sie hat den Baumstamm nicht ins Zimmer geholt!

Giovanni: *(zerknirscht nickend)* Richtig! Das konnte sie aber auch nicht mehr, nachdem sie nachts beim Pinkeln darüber gefallen ist und sich dabei beide Beine gebrochen hat!

Chinesische Hochzeitsgäste

Dauer: ca. 7 Minuten
Personen: Gertrud und ihr Mann Werner, ca. 35
Kostüme: Bequeme Hauskleidung
Requisiten: Zwei Sessel oder eine Couch, Couchtisch, eine Einladungskarte mit Kuvert, Buch

Eingangsszene: *Gertrud und Werner sitzen gemütlich auf dem Sofa oder in ihren Sesseln. Er liest in einem Buch, sie wedelt mit einem Kuvert hin und her, aus dem sie eine Karte zieht.*

Gertrud: Schau mal, was heute mit der Post gekommen ist!
Werner: *(kurz aufblickend)* Hm, eine Karte. Die kommen meistens mit der Post.
Gertrud: Sehr witzig! Es ist aber keine normale Karte!
Werner: *(weiter lesend)* Was kann denn an einer Karte anormal sein?
Gertrud: *(die Augen verdrehend)* Ich meine, es ist eine ganz besondere Karte! Eine Einladung.
Werner: *(das Buch aus der Hand legend und interessierter)* Eine Einladung? Wer hat uns denn eingeladen?
Gertrud: Franziska und Fabian. *(neckend)* Und rate mal wozu!
Werner: *(enttäuscht)* Ach, die beiden! Bestimmt zu einem ihrer berühmt-berüchtigten Schottendinners, auf denen es den ganzen Abend *(Fabians Stimme nachäffend)* witzigerweise nur Salzstangen und Mineralwasser gibt!
Gertrud: *(lachend)* Keine Angst! Es ist ein anderer Anlass.
Werner: *(neugierig)* Welcher denn?
Gertrud: Sie heiraten!
Werner: *(erstaunt)* Wie bitte? Seit Jahren jammert Fabian doch immer über die hohen Kosten von Hochzeiten, sobald Franziska das Thema anschneidet! Haben sie etwa ein Preisausschreiben oder im Lotto gewonnen?
Gertrud: Jetzt bist du aber wirklich gemein!

Werner: Von wegen! Woher nur dieser plötzliche Sinneswandel ...

Gertrud: Ich denke, Franziska hat ihm nach sieben Jahren Geduld endlich die Pistole auf die Brust gesetzt und gesagt: Entweder du heiratest mich noch dieses Jahr, oder ein Anderer wird es tun!

Werner: Der alte Geizhals wird trotzdem versuchen, sich irgendwie um die Kosten für die Feier zu drücken!

Gertrud: Ich wüsste nicht wie! Auf der Einladung steht jedenfalls nicht, dass die Gäste Essen und Getränke selbst mitzubringen haben *(dreht die Einladung hin und her)*, und eine Liste mit Geschenken, die man gut wieder verkaufen kann, um damit die Hochzeitskosten nachträglich zu bestreiten, finde ich auch nirgends.

Werner: *(auf die Karte deutend)* Da steht aber noch etwas Kleingeschriebenes auf der Rückseite!

Gertrud: *(abwinkend)* Ach, das ist nur die Gästeliste – im Miniaturformat: platzsparend!

Werner: Vor allem kostensparend! Wer ist denn eingeladen?

Gertrud: *(mit zusammengekniffenen Augen langsam die Schrift entziffernd)* Ich kann es kaum lesen! Überhaupt sehen die Namen fast alle chinesisch aus.

Werner: *(mit einem Aufschrei)* CHINESISCH! Ich hab's gewusst!!!

Gertrud: *(erstaunt)* Was hast du gewusst? Fabian erzählt doch immer von seiner chinesischen Arbeitskollegin ...

Werner: *(spürsinnig)* Du hast aber nicht von nur einem chinesischen Namen gesprochen, sondern gesagt, es stünden fast nur chinesische Namen auf der Gästeliste.

Gertrud: *(laut überlegend)* Vielleicht hat diese Arbeitskollegin ja eine große Familie, die sie nach alter chinesischer Tradition zu der Hochzeitsfeier mitbringen wollte!

Werner: *(sarkastisch)* Sicher! Und weißt du, warum Fabian in seiner unschlagbaren Gastfreundschaft von dieser Idee begeistert war?

Gertrud: Warum?

Werner: Weil nach altem Brauch viele chinesische Gäste dem Brautpaar in rote Tütchen verpackte Geldscheine zur Finanzierung der Hochzeit mitbringen!

Das Hochzeitskleid

Dauer: ca. 3 Minuten
Personen: Mutter und Tochter
Requisiten: zwei Stühle, ein Häkelkleid (oder eine Häkeldecke) im Karton

Eingangsszene: *Mutter und Tochter sitzen sich gegenüber.*

Mutter: Ingrid, du musst jetzt ganz tapfer sein.
Ingrid: *(unruhig)* Was ist denn, Mutter? Hat es etwas mit meiner Hochzeit morgen zu tun? Ist irgendetwas bei euren Vorbereitungen schiefgelaufen?
Mutter: *(zögernd)* Ich würde nicht direkt sagen schiefgelaufen.
Ingrid: *(leicht ungeduldig)* Warum siehst du mich dann so an?
Mutter: *(zögernd)* Es geht um dein Kleid.
Ingrid: *(laut)* Mein Kleid? Du hast mir doch noch gestern Abend versichert, dass Maria es fertig genäht hat!
Mutter: *(zuckt zusammen)* Ich dachte doch auch ...
Ingrid: *(ärgerlich)* Also ist es nicht fertig geworden? Hättet ihr mir das nicht gestern Abend sagen können? *(wütend gestikulierend)* Woher soll ich jetzt noch bis morgen ein Kleid bekommen?
Mutter: *(beschwichtigend)* Du hast mich falsch verstanden. Deine Schwester hat das Kleid fertig gemacht!
Ingrid: *(erstaunt)* Ja, was ist dann das Problem? Hat sie sich vernäht?
Mutter: Nun ... Das ist genau der Punkt! Es ist eben nicht genäht!
Ingrid: *(verständnislos)* Nicht genäht?
Mutter: Maria musste für ihre Abschlussarbeit in diesem Jahr etwas zum Thema »Häkel-Chic« entwerfen, und da dachte sie ...
Ingrid: *(aufstöhnend)* Das darf nicht wahr sein! Sie hat mir ein Hochzeitskleid gehäkelt!
Mutter: *(zieht das Häkelkleid aus dem Karton)* Ingrid, bitte! Sie wollte diesen Tag für dich doch nur unvergesslich machen!
Ingrid: *(verzweifelt)* O ja, diesen Tag werde ich nie vergessen!

Kleine Pannen in der Hochzeitsnacht

Dauer: ca. 12 Minuten
Personen: das Hochzeitspaar
Kostüme: hübsche Nachthemden oder Pyjamas
Requisiten: Bett oder Bett simulierende Matratze bzw. Decke, Kopfkissen und Bettdecken, Kerzen, die neben dem Bett brennen und für eine romantische Stimmung sorgen sollen
Ton: Diverse Störgeräusche wie Scheppern, Gekicher und Gelächter, Geräusche von umfallenden Gegenständen und wegeilenden Schritten

Eingangsszene: *Das Hochzeitspaar liegt Seite an Seite im Bett unter der Bettdecke. Sie wendet sich ihm zu.*

Braut: Was für ein wunderschöner Tag! Die ganze Feier war wirklich toll! Aber jetzt bin ich froh, dass wir endlich allein sind!

Bräutigam: *(ihre Haare streichelnd)* Ich auch! Bist du denn gar nicht müde nach allem?

Braut: *(sich näher an ihn kuschelnd)* Keine Spur! Auf diesen Moment habe ich den ganzen Abend gewartet. *(Man hört Gekicher und Geschepper)*

Bräutigam: *(steht auf, läuft an ein imaginäres Fenster auf der linken Bühnenseite und hält Ausschau)* Es sieht ganz so aus, als ob nicht nur du den ganzen Abend auf diesen Moment gewartet hättest!

Braut: *(besänftigend)* Sie sind schon wieder weg! *(verführerisch)* Kommst du wieder ins Bett?

Bräutigam: Ja, sofort. *(geht zurück zum Bett, tritt dabei aber in eine der auf dem Boden stehenden Kerzen und stößt einen Schmerzensschrei aus, bevor er humpelnd ins Bett fällt)*

Braut: *(besorgt)* Du Armer! Hast du dich sehr verbrannt?

Bräutigam: *(wimmernd)* Das wird bestimmt eine Verbrennung zweiten Grades!

Braut: *(unter die Decke tauchend, seinen Fuß begutachtend und dann wieder zum Vorschein kommend)* Es sieht weniger schlimm aus, als es sich anfühlt ... *(kuschelt sich wieder an ihn)* Geht es wieder?

Bräutigam: *(mit schmerzvoll verzogenem Gesicht)* Ja, ich denke schon.

Braut: *(gurrend)* Habe ich dir denn heute gefallen in dem neuen Kleid?

Bräutigam: *(abgelenkt)* Und wie! *(nimmt ihre Hand in seine)* Du bist überhaupt die Allerschönste *(küsst einen Finger)*, Allerschlauste *(küsst den zweiten Finger)*, Allernetteste *(küsst den dritten Finger)*, Allerallerbeste *(küsst wilder werdend ihren vierten Finger)* von allen ... *(Geräusche von laut umfallenden schweren Gegenständen und erneutes Gekicher unterbrechen seine schwärmerischen Ausführungen, sodass er wütend aus dem Bett fährt)* Jetzt ist aber Schluss! Kann man denn nicht einmal in der eigenen Hochzeitsnacht seine Ruhe haben?

Braut: *(kichernd)* Lass sie doch und mach lieber weiter!

Bräutigam: *(kommt verärgert ins Bett zurück, legt sich steif auf den Rücken und faltet die Hände)* Ich kann nicht!

Braut: *(enttäuscht)* Im Ernst? Es ist doch nur ein traditioneller Spaß!

Bräutigam: *(mürrisch)* Eine schöne Tradition! Zu wissen, dass da jemand hinter verschlossenen Türen lauscht und sich über uns amüsiert ... Das macht mich ganz nervös!

Braut: *(übermütig)* Das wollen wir natürlich nicht! Und wenn es die verschlossenen Türen sind, die dich abhalten ... *(springt aus dem Bett, öffnet eine imaginäre Tür rechts von der Bühne und ruft laut hinaus)* Wir haben euch gehört, und ihr könnt jetzt ruhig hereinkommen. Plätze in allen Preiskategorien sind noch reichlich vorhanden!

Das Hochzeitsfoto

Dauer: ca. 15 Minuten
Personen: Der Hochzeitsfotograf, das Brautpaar, die Brautmutter, der Bräutigamsvater, ein Neffe, eine Nichte, der Opa der Braut, eine Freundin, ein Freund
Kostüme: Hochzeitskleidung für das Brautpaar, Festtagskleidung für die Gäste, Alltagskleidung für den Fotografen
Requisiten: Brautstrauß, Stativ und Fotoapparat

Eingangsszene: *Der Fotograf steht über sein Stativ gebeugt und prüft die Aufstellung der Gruppe, die schlecht angeordnet ist: Die Kinder stehen hinten, Braut und Bräutigam nicht zusammen, der Opa der Braut fehlt, die Freundin steht zu weit entfernt von allen … Alle sprechen durcheinander, und es herrscht Unruhe.*

Fotograf: *(sich aufrichtend und zu der Festgesellschaft)* So geht das nicht! Sie müssen sich anders aufstellen! *(gestikuliert hin und her)* Die Braut bitte nach vorn neben den Bräutigam *(Braut und Bräutigam stellen sich nebeneinander in der ersten Reihe auf)*, daneben bitte die Kinder. *(Die Kinder werden nach vorne geschubst)*

Neffe: Wie lange dauert es noch?

Nichte: Mann, ist das langweilig hier!

Fotograf: *(auf Freund und Freundin zeigend)* Einen Moment! So, jetzt noch die Dame und der Herr dort hinter das Brautpaar …

Brautmutter: *(verärgert aus dem Hintergrund)* Und die Eltern stehen wohl in der letzten Reihe?

Bräutigamsvater: *(verärgert)* Wer hat denn schließlich die Hochzeit bezahlt, hm?

Braut: *(nach hinten zischend)* Aber, Vater!

Fotograf: Die Brauteltern bitte zusammen an die Seite des Brautpaars …

Nichte: Ich will aber nicht neben Oma stehen. Die riecht immer so komisch! *(Der Bräutigam stößt sie ermahnend in die Seite, schmollend zu ihm)* Sagst du doch auch immer, wenn sie nicht da ist!

Neffe: *(unruhig von einem Bein auf das andere trippelnd)* Wie lange noch? Ich habe Hunger!

Freundin: *(flüstert der Braut etwas ins Ohr, und beide fangen an zu lachen.)*

Bräutigamsvater: *(dreht sich skeptisch um, argwöhnisch)* Macht ihr euch etwa über mich lustig?

Freundin: *(unaufrichtig)* Aber nein! *(Die Kinder fangen an, sich gegenseitig zu ärgern, sich an den Haaren zu ziehen und die Zunge herauszustrecken. Die Braut versucht, sie zu trennen, indem sie mit dem Brautstrauß zwischen sie schlägt)*

Fotograf: *(stöhnend)* Können Sie jetzt bitte alle eine Minute ruhig sein und stehen bleiben, damit ich das Foto machen kann? *(Der Tumult beruhigt sich etwas. Der Fotograf beugt sich erneut über seine Kamera und will gerade das Bild machen ...)*

Braut: *(aufschreiend)* MOMENT!

Alle: *(laut und überrascht)* Was?

Braut: *(aufgeregt)* Opa fehlt!

Bräutigam: *(mit rollenden Augen nach allen Seiten rufend)* Oooooopaaaaaa!

Braut: Wo steckt er nur?

Brautmutter: Vielleicht musste er noch einmal aufs Örtchen ...

Neffe und Nichte: *(fangen an zu kichern und sich zu necken)*

Bräutigamsvater: Ich sehe mal nach, wo er steckt! *(geht ab)*

Brautmutter: *(aufstöhnend)* Mir ist plötzlich ganz schlecht!

Freundin: *(besorgt)* Soll ich Ihnen ein Glas Wasser holen?

Freund: *(beruhigend)* Das ist nur die Aufregung! *(zu ihr)* Na, geht es wieder?

Brautmutter: *(nickend)* Ich denke schon. *(Der Fotograf hat inzwischen, von allen unbemerkt, seine Sachen gepackt und ist kopfschüttelnd verschwunden. Der Bräutigamsvater kommt mit dem Opa wieder)*

Opa: *(strahlend)* Wie lieb, dass ihr auf mich gewartet habt! Wo soll ich denn stehen? *(stellt sich in die erste Reihe. Alle laufen durcheinander, um die vom Fotografen ursprünglich angeordnete Aufstellung wieder einzunehmen. Schließlich stehen alle richtig, und auch der Opa hat einen besseren Platz. Sie schauen alle betont fröhlich und schlagartig grinsend nach vorne)*

Brautmutter: *(laut und wachsam)* Irgendetwas fehlt!

Braut: *(mit scharfer Stimme zu der Gruppe)* Keiner rührt sich!!! *(zum Bräutigam)* Fred, hol das Branchentelefonbuch, aber schnell! *(wieder zu der Gruppe)* Wehe, einer rührt sich weg! *(zum Bräutigam, der zögernd dasteht)* Was wartest du denn? Hol das Branchentelefonbuch und ruf schnell die Fotografennotrufzentrale an! Sag, es ist ein Notfall!

Heißer Flirt am kalten Büfett

Dauer: ca. 10 Minuten
Personen: Gäste im Hintergrund, die sich miteinander unterhalten, eine junge Frau, ein junger Mann mit Pomade im Haar, der übertrieben galant auftritt
Requisiten: aufgebautes Büfett mit Tellern und Schüsseln etc., kleine Teller mit Häppchen o. Ä., Sektgläser, festliche Kleidung
Ton: Hintergrundmusik nach Belieben

Eingangsszene: *Die Frau steht allein vor dem Büfett und schaut konzentriert auf die Häppchen und Speisen vor ihr, von denen sie dann zögerlich das eine und andere auf ihren Teller legt. Plötzlich kommt mit schwungvoll ausladenden Schritten der junge Mann auf sie zu, stellt sich nahe neben sie und starrt sie ungläubig an. Sie weicht automatisch einen Schritt zur Seite, wobei versehentlich das Häppchen, das sie sich gerade aus einer Schüssel genommen hat, in diese zurückfällt. Mit einer Mischung aus Erstaunen und Ärger schaut sie ihn an.*

Mann: *(vor ihr auf die Knie fallend)* Gnädige Frau! Verzeihen Sie mir, aber ich bin *(betont)* entzückt! Noch nie hat eine Frau schon von Weitem derartige Gefühle in mir ausgelöst. *(greift nach ihrer Hand)* Und als ich dann beobachtet habe, mit welcher Anmut Sie sich am Büfett bewegten … Da hielt mich einfach nichts mehr, und ich musste zu Ihnen eilen!

Frau: *(peinlich berührt ihre Hand wegziehend)* Stehen Sie sofort auf! Sie machen sich ja völlig lächerlich!

Mann: *(mit großen Augen und reuevoll)* Natürlich haben Sie recht! *(steht auf)* Mein Verhalten ist ganz und gar unverzeihlich. Darf ich Ihnen denn wenigstens einen schönen Teller mit ein paar dieser Köstlichkeiten zurechtmachen?

Frau: *(winkt ab)* Bitte, bemühen Sie sich nicht. Ich komme schon allein klar!

Mann: *(legt schwärmerisch seine Hand aufs Herz)* Bitte! Sie würden mir so eine große Freude erweisen! Zu wissen, dass in Ihrem rosenknospigen Mund im Laufe des Abends einige Delikatessen schmelzen werden, die meine Wenigkeit Ihnen jetzt zu dieser Stunde ausgewählt hat … *(stöhnt und verdreht die Augen)*

Frau: *(angewidert)* Bitte gehen Sie jetzt auf der Stelle. Ich suche mir meine Häppchen lieber allein aus!

Mann: *(eifrig mit beiden Händen über den Schüsseln und Platten auf dem Büfett gestikulierend)* Wie wäre es mit etwas Entenleberpastete oder einem Scheibchen Lachs? *(legt etwas von beidem auf einen Teller)*

Frau: Ich bin …

Mann: *(sie unterbrechend)* Oder ist Ihnen eher nach den Wildschweinmedaillons und diesen niedlichen kleinen marinierten Hühnerbeinen? *(legt auch davon etwas auf den Teller)*

Frau: Ich bin …

Mann: *(sie wieder unterbrechend und schelmisch mit dem Zeigefinger der freien Hand drohend)* Aha, Sie wollen auch das vorhin heruntergefallene Häppchen! *(schaut in die betreffende Schüssel)* Na, da haben Sie sich aber vertan. Sieht aus wie Senfgemüse!

(wendet sich einer anderen Platte zu) Da sieht doch die eingelegte Rinderzunge wesentlich besser aus. Und für Sie *(dreht sich mit einer Verbeugung zu ihr)* nur das Beste: die Zungenspitze! *(legt auch diese auf den übervollen Teller, den er ihr dann entgegenstreckt)*

Frau: *(die Hände hinter den Rücken versteckend und sich vor Ekel schüttelnd)* Ich habe eigentlich noch gar keinen richtigen Appetit! *(sieht sich nach allen Seiten Hilfe suchend um)* Ach, ich glaube, die Braut hat mir gerade ein Zeichen gemacht. Ich muss schnell zu ihr …

Mann: *(folgt ihrem Blick und schaut sie dann wieder schmachtend an)* Glauben Sie mir! Sie sind noch tausend Mal hübscher als Ihre junge Brautschwester! Und was würden Sie erst für eine bezaubernde Braut abgeben …

Frau: *(wütend und laut)* Jetzt reicht's mir aber! Gehen Sie mir sofort aus den Augen, sonst landet der Inhalt Ihres liebevoll zusammengestellten Delikatessentellers nicht in meinem Rosenknospenmündchen, sondern auf Ihrem behaarten Schädel. Und dann noch etwas: Ich bin Vegetarierin, habe eine Vorliebe für Senfgemüse, und die Braut ist nicht meine Schwester, sondern meine Mutter!

Brautsuche am PC

Dauer: ca. 5–7 Minuten
Person: Kai-Uwe, ein junger Mann um die 30
Kostüm: Schlampige Jogginghose und T-Shirt
Requisiten: Computer(attrappe) und Tastatur
Mobiliar: Arbeitstisch und Stuhl

Eingangsszene: *Kai-Uwe sitzt vor seinem Computer und starrt mit entschlossenem Gesichtsausdruck auf den Bildschirm.*

Kai-Uwe: *(zu sich selbst)* Denen werd ich's zeigen! Ich werde schon noch eine Braut finden bis zum Jahresende! Bis dahin muss ich nämlich verheiratet sein, sonst wird es nichts mit Onkel Ludwigs Erbe. *(schnalzt mit der Zunge)* Und das wäre doch ganz furchtbar ärgerlich!!! *(konzentriert sich auf den Bildschirm und beginnt zu tippen)*
So, dann mal los: Was will diese Agentur denn wissen? Geschlecht! Meinen die meins oder ihrs? Na, ich gebe vorsichtshalber weiblich ein. *(tippt)* Alter? Zwischen 18 und 40, wegen der größeren Auswahl. *(tippt nickend weiter)*
Haar-, Haut- und Augenfarbe? Ist mir egal! *(tippt)* Typ? O Gott! Was soll ich denn da eingeben? Ich klicke mal auf Hilfe ... Aha, hier gibt es eine Auswahl. Fünf Typen darf ich angeben ... Am besten nehme ich gleich die ersten fünf: Also treue Seele *(klickt auf der Tastatur)*, lebhaftes Naturell *(ein erneutes Klicken)*, mutige Kämpfernatur *(ein Klick)*, redegewandte Gesprächspartnerin *(klickt nickend)* und ... *(stockt kurz)* süßes Vögelchen. Hört sich nett an, nehmen wir auch! ... *(klickt ein letztes Mal)* Weiter geht's zur Bildgalerie. Jetzt bin ich aber gespannt, wen sie mir da ausgesucht haben! *(tippt auf die Tasten und schaut gespannt auf den Bildschirm)* Das dauert aber lange! Wahrscheinlich kommen viele Frauen für mich infrage ... *(reibt sich in freudiger Erwartung die Hände)* Ha, jetzt kommen die Bilder ..., obwohl... *(kneift die Augen zusammen und beugt sich näher zum Bildschirm)* es ist eigentlich nur eins, und das sieht ziemlich komisch aus!
Ganz fertig ist es auch noch nicht ... doch, jetzt! *(schreit auf)* Aber was ist denn das??? Ich sehe wohl nicht richtig! DAISY DUCK!!!

Sketche für Hochzeitstage

Hochzeitstage müssen einfach gefeiert werden. Und nichts ist dabei unterhaltender als kleine lustige Rückblicke auf die bisherige gemeinsame Zeit – und natürlich auch komische Ausblicke auf die noch kommenden (Ehe-)Jahre.

Baumwolle statt Seide

Dauer: ca. 3 Minuten
Personen: die Freundinnen Anke und Stefanie, ca. 30 Jahre alt
Requisiten: Couch, Couchtisch und Sessel oder Tisch und Stühle, zwei gefüllte Weingläser
Kostüme: Freizeitkleidung oder bequeme Alltagskleidung nach Belieben

Eingangsszene: *Die beiden Freundinnen sitzen zusammen. Anke sieht die kummervoll vor sich hinstarrende Stefanie interessiert-besorgt an und beugt sich ihr entgegen.*

Anke: *(sanft)* Was ist denn los, Steffi?
Steffi: *(abwehrend)* Ach, lass mal! Ich habe nur schlechte Laune heute. Das gibt sich gleich wieder. Erzähl mal, was es bei dir Neues gibt. *(trinkt einen Schluck)*
Anke: *(wendet sich etwas von Stefanie ab)* Also, in der Klinik läuft alles ganz gut momentan. Meine neue Assistentin hat sich wirklich ganz ausgezeichnet eingearbeitet und nimmt mir eine Menge Arbeit ab. Peter und ich hatten vor zwei Tagen unseren fünften Jahrestag, und er hat mir einen Flug nach Paris geschenkt. Alles war sehr romantisch.
Steffi: *(müde)* Na, das ist doch toll!
Anke: Ich hatte eigentlich einen Heiratsantrag erwartet.
Steffi: *(aufstöhnend)* Um Gottes Willen! Lieber nach Paris!
Anke: *(erstaunt)* Moment mal! Du warst doch immer diejenige, die unbedingt heiraten wollte!
Steffi: Ich weiß.
Anke: Und ich dachte, alles sei im letzten Jahr so gut verlaufen zwischen dir und Bernd.
Steffi: Ist es ja auch!
Anke: Hattet ihr nicht vor Kurzem euren ersten Hochzeitstag?

Steffi: *(trinkt hastig einen großen Schluck Wein aus ihrem Glas und stellt dieses dann ziemlich unsanft auf den Tisch zurück)* EBEN!

Anke: Bernd hat ihn doch nicht etwa vergessen?

Steffi: Nein.

Anke: *(nachhakend)* Hat er dir nichts geschenkt?

Steffi: *(sarkastisch)* O doch!

Anke: Es lag also am Geschenk, ja?

Steffi: *(wütend)* Bingo!

Anke: *(neugierig)* Womit konnte er dich denn nur so verärgern?

Steffi: *(genüsslich ihre Wut auskostend)* Rate doch mal!

Anke: *(grübelnd)* Ein läppischer Blumenstrauß von der Tankstelle?

Steffi: Falsch!

Anke: Klebrige Pralinen, bei denen man schon vom Blick auf die Packung zunimmt?

Steffi: Auch nicht!

Anke: Unanständige Unterwäsche aus Seide und Spitze?

Steffi: *(aufbrausend)* Eben nicht!

Anke: *(aufhorchend)* Eben nicht? Wie meinst du das?

Steffi: *(hochfahrend)* Von wegen Seide und Spitze! Bernd hat mir zu unserem allerersten Hochzeitstag drei riesige Baumwollschlüpfer mit Zwickel geschenkt, damit ich mich – wie er sagte – bis zur goldenen Hochzeit niemals verkühle!!!

Ganz allein zu zweit

Dauer: ca. 7–10 Minuten
Personen: ein junges Ehepaar, ca. 30, in Abendgarderobe
Requisiten: Tisch und zwei Stühle, mehrere Teller und Gläser, Tischtuch, Servietten, Besteck und Blumendekoration (alles sehr elegant und stilvoll wie in einem teuren Restaurant)

Eingangsszene: *Die beiden sitzen sich gegenüber, halten über den Tisch hinweg Händchen und sehen einander tief und verliebt in die Augen.*

Er: *(liebevoll)* Gefällt es dir hier?

Sie: *(sich glücklich im Raum umschauend)* Und wie es mir hier gefällt! Was für ein tolles Restaurant! Romantisch und stilvoll zugleich. Einen besseren Ort für unseren Hochzeitstag hättest du gar nicht aussuchen können. *(drückt seine Hand und lächelt ihn an)*

Er: *(zufrieden)* Das freut mich! Es soll ja auch ein besonders schöner Abend werden!

Sie: *(wohlig aufseufzend und sich zurücklehnend)* Das ist es auch! Der erste Hochzeitstag seit Jahren, den wir mal wieder ganz in Ruhe ohne die Kinder verbringen. *(da er nickt, schnell beteuernd)* Natürlich vermisse ich die beiden, und es hat mir auch wirklich nichts ausgemacht, in den letzten Jahren gemütlich zu viert zu Hause zu bleiben. *(drückt wieder seine Hand über den Tisch hinweg)* Aber so allein zu zweit ist es eben auch sehr schön!

Er: *(etwas in Gedanken)* Ganz allein.

Sie: *(lächelnd)* Zu zweit!

Er: *(etwas unkonzentriert)* Ganz allein zu zweit. Zu Hause.

Sie: *(etwas angespannt lächelnd)* Ich meinte eigentlich: Ganz allein zu zweit hier!

Er: *(sich konzentrierend und tapfer lächelnd)* Ja, natürlich!

Sie: *(runzelt die Stirn, entzieht ihm ihre Hand)* Du machst dir doch nicht etwa Sorgen um die beiden?

Er: *(etwas zu laut und nachdrücklich)* Natürlich nicht! Sie sind ja alt genug, um einmal ein paar Stunden allein zu bleiben.

Sie: *(etwas unruhig)* Tim ist immerhin acht und hat vorher schon manches Mal ein paar Stunden am Nachmittag auf Annette aufgepasst.

Er: *(nickend, leise)* Genau. *(wieder nachdenklich vor sich hinsprechend)* Manches Mal. Am Nachmittag.

Sie: *(unruhiger)* Und außerdem wollte Frau Maikowski im Laufe des Abends auch einmal nach den beiden schauen.

Er: *(fragend)* Frau Maikowski?

Sie: *(erklärend)* Unsere nette, alte, gehbehinderte Nachbarin von unten, erinnerst du dich nicht an sie?

Er: *(zwischen zusammengebissenen Zähnen)* Ja, alt und gehbehindert …

Sie: *(nervös mit den Fingern auf einen der Teller trommelnd)* Für alle Fälle gibt es ja auch noch das Telefon!

Er: *(aufblickend)* Hast du Timmy denn auch unsere Handynummern in der Eile vorhin richtig aufgeschrieben?

Sie: *(beruhigend)* Ja, alle beide!

Er: Und du hast sie gut sichtbar neben das Telefon gelegt?

Sie: Natürlich! *(zögert kurz)* Vielleicht habe ich den Zettel auch neben das Aquarium gelegt, als ich mir noch schnell die Haare geföhnt habe …

Er: *(erstarrend und mit schneidender Stimme)* Den Fön neben das Aquarium?

Sie: *(panisch)* Was? Fön? Aquarium!!! *(Beide springen plötzlich hektisch auf und stürmen von der Bühne)*

Das verflixte Siebente

Dauer: ca. 10 Minuten
Personen: Linda und Björn, beide ca. 30, Lindas Eltern
Requisiten: Couch, Armbanduhr
Kostüme: schicker Hausanzug o. Ä. für Linda, eher schlampige Freizeitkleidung für Björn

Eingangsszene: *Linda und Björn sitzen einvernehmlich und in inniger Umarmung auf der Couch.*

Björn: *(nimmt ihre Hand)* Du glaubst gar nicht, wie glücklich ich mit dir bin!
Linda: *(ihn anlächelnd)* Ich bin auch sehr glücklich mit dir!
Björn: *(nachdrücklich)* Ich meine das ganz ernst! Die letzten sieben Jahre mit dir waren wirklich die schönsten meines Lebens!
Linda: Ich bin noch so verliebt wie am ersten Tag! Kaum zu glauben, dass wir schon sieben Jahre miteinander verheiratet sind!
Björn: *(nickend)* Auf den Tag heute genau sieben Jahre! *(küsst ihren Handrücken. Beide schweigen einen Moment. Versonnen)* Weißt du, was ich so an dir liebe?
Linda: *(in Gedanken)* Ich denke schon.
Björn: *(überrascht)* Was denn?
Linda: *(selbstsicher)* Meine kleinen Überraschungen!
Björn: *(lächelnd)* Die weniger ... Nein, ich dachte eher an deine einfühlsame Art.
Linda: Bin ich einfühlsam?
Björn: *(eifrig nickend)* O ja! Keiner versteht mich so wie du! Du weißt immer ganz genau, was ich mag und brauche!
Linda: *(bescheiden)* Wir sprechen ja auch viel über unsere Wünsche.
Björn: Aber auch wenn ich nichts sage, weißt du immer, was ich meine.
Linda: Hm.
Björn: Ein Beispiel ist unser heutiger Hochzeitstag!
Linda: *(aufhorchend)* Inwiefern?

Björn: Obwohl wir gar nicht weiter darüber geredet haben, wusstest du ganz genau, was ich heute am liebsten machen würde!

Linda: *(interessiert)* Und das wäre?

Björn: Andere Frauen hätten wahrscheinlich essen gehen, einen besonderen Ausflug, eine kleine Reise planen oder diesen besonderen Tag sogar mit ein paar Leuten feiern wollen ...

Linda: *(sich räuspernd)* Das sind ja auch alles gute Ideen, oder?

Björn: *(nickend)* Auf jeden Fall! Aber du kennst mich eben so gut und weißt, dass ich mir aus diesen Dingen nichts mache.

Linda: *(rückt etwas von ihm ab)* Du nicht, aber ...

Björn: *(sie wieder an sich ziehend)* In deiner einfühlsamen Art weißt du eben auch ohne meine Worte, wie es in mir aussieht. *(lächelt sie an)* Und zu zweit sind diese Tage eben einfach am allerschönsten, nicht wahr? *(Linda schweigt und lächelt nur etwas gequält. Aufmerksam nachhakend)* Das findest du doch auch, oder?

Linda: *(sich räuspernd)* Ja, obwohl man nach sechs Hochzeitstagen zu zweit auch einmal etwas anderes machen könnte.

Björn: *(beschwichtigend)* Sicher. Wir haben ja auch noch so viele gemeinsame Hochzeitstage vor uns!

Linda: Was nicht heißt, dass wir bis zur Silberhochzeit warten müssen!

Björn: Wenn schon! *(küsst sie)* Zu zweit ist's doch am gemütlichsten! *(steht auf)* Jetzt hol ich uns erstmal was zu trinken!

Linda: *(auffahrend)* Du darfst aber nicht in die Küche!

Björn: *(verständnisvoll)* Da hast du wohl eine kleine Überraschung für mich versteckt, was? *(sieht sie liebevoll an)* Du bist immer so einfühlsam! Keine Sorge, ich schaue nicht in die Speisekammer, sondern hole etwas *(augenzwinkernd)*, was ich vorhin im Kühlschrank nur für uns beide kalt gestellt habe.

Linda: *(laut und ihn am Ärmel zurückhaltend)* Nein, das geht nicht!

Björn: *(überrascht)* Warum nicht? Wollen wir denn zur Feier des Tages nicht ein Glas Champagner zusammen trinken?

Linda: *(sich windend)* Doch schon, aber nicht sofort!

Björn: *(etwas ungeduldig)* Du kannst ja noch warten, aber ich hol mir schon jetzt ein Gläschen. *(will wieder losgehen)*

Linda: *(ihn erneut zurückhaltend und auf ihre Armbanduhr schauend)* Warte doch nur noch einen kleinen Moment!

Björn: *(verständnislos)* Worauf denn? Es ist schon gleich acht Uhr, wir haben nichts geplant und können es uns den ganzen Abend allein zu zweit gemütlich machen! *(Linda klammert sich stärker an seinen Ärmel, um ihn am Weggehen zu hindern, und lässt dabei ihre Armbanduhr nicht aus den Augen. Beunruhigt und leicht verärgert, versucht Björn, sich von ihr loszumachen)* Was ist denn los mit dir, und warum schaust du die ganze Zeit auf die Uhr?

Linda: *(ihn plötzlich loslassend, wobei Björn ins Schwanken gerät und beinahe fällt)* Jetzt ist es acht!

(In diesem Moment kommen Lindas Eltern einträchtig eingehakt auf die Bühne. Die Mutter schaut ihnen strahlend entgegen. Der Vater schwenkt ein Paar Schlüssel)

Vater: *(lachend)* Gut, dass wir eure Wohnungsschlüssel haben!

Mutter: *(glücklich)* Was für eine nette Idee von euch, uns zu eurem siebten Hochzeitstag einzuladen!

Hundertprozentig himmlisch

Dauer: ca. 10 Minuten
Personen: Ehepaar mittleren Alters
Mobiliar: Frühstückstisch und zwei Essstühle
Requisiten: Frühstücksgeschirr und Frühstück nach Belieben, Zeitung
Kleidung: bequeme Bademäntel

Eingangsszene: *Die beiden sitzen am Tisch, frühstücken und sind in ihre Zeitungsseiten vertieft.*

Sie: *(frustriert)* Es ist echt deprimierend!
Er: *(weiter lesend)* Was denn?
Sie: *(seufzend)* Wir scheinen zu der immer mehr vom Aussterben bedrohten Gruppe der Ehepaare zu gehören, die ihr 25-jähriges Hochzeitsjubiläum noch gemeinsam verbringt. Es ist einem ja schon fast peinlich zuzugeben, dass man seit 25 Jahren noch mit derselben Person verheiratet ist.
Er: Glücklich verheiratet!
Sie: *(seufzend)* Davon scheint in dieser Umfrage keine Rede zu sein!
Er: Was ist denn das für eine Umfrage?
Sie: Es geht um Ehepaare nach einigen gemeinsamen Ehejahren … hör mal hier: Jede dritte Ehe wird heutzutage geschieden, Tendenz zunehmend. 80 % aller Ehepaare unterhalten sich durchschnittlich nur noch zehn Minuten täglich miteinander, und 70 % unternehmen nur noch am Wochenende oder im Urlaub etwas Gemeinsames, abgesehen vom Essen!
Er: *(Kopf schüttelnd)* Das hört sich ja furchtbar an!
Sie: *(fortfahrend)* 85 % gaben zu, dass sie nur mit ihrem Partner zusammenblieben, weil sie Angst vor dem Alleinsein hätten, und 78 % gaben an, dass sie hin und wieder bis regelmäßig von Seitensprüngen träumten …
Er: *(Kopf schüttelnd)* Was für ein Elend!
Sie: *(seufzend)* 68 % fühlen sich voneinander häufig genervt oder ignoriert oder beides, 82 % erinnern sich schneller an den Namen ihres ersten Haustieres als an den zweiten Vornamen ihres Ehepartners, und …
Er: *(sie unterbrechend)* Grauenhaft! Gibt es denn keine aufbauenden Ergebnisse in deiner Untersuchung?
Sie: *(eifrig die Seiten ihrer Zeitung durchblätternd, zögernd)* Aufbauend …? Ich weiß nicht … Hier steht etwas …
Er: *(auffordernd)* Lies mal vor!
Sie: *(zögerlich)* Also eigentlich finde ich hier nur noch zwei Zahlen: 80 % glauben, dass sie ohne Humor ihre Ehe nicht überleben würden …

Er: *(bemüht)* Na, das ist doch schon etwas positiver!

Sie: Und alle 100 % sind der Meinung, dass sie nach den Mühen der Ehe später in den Himmel gelangen müssten.

Er: *(erfreut)* Na bitte! 100 % glauben also, die Ehe sei trotz allem ein himmlischer Zustand! Volltreffer!

Sie: *(skeptisch)* Ich weiß nicht, ob das so gemeint war …

Er: *(überzeugt)* Na, wie denn sonst! *(nimmt ihr die Zeitungsseiten aus den Händen und beugt sich zu ihr über den Esstisch)* Jetzt vergiss diese dumme Untersuchung und lass uns lieber zusammen überlegen, was wir morgen zu unserem 25-jährigen Hochzeitstag unternehmen können. *(Sie schaut ihm etwas verzweifelt entgegen. Er nimmt ihre Hand)* Mach dir mal keine Sorgen um unsere Ehe! Auf jeden Fall werden wir auch morgen noch länger als zehn Minuten miteinander reden *(verschmitzt)* – und sei es auch nur, um herauszufinden, wie mein erster Goldhamster hieß … nicht wahr, Sophie Charlottchen?

Ruhig und entspannt

Dauer: ca. 3 Minuten
Personen: Sascha, ca. 50, und Monika, seine Frau
Requisiten: geknotetes Lendentuch, Kerze

Eingangsszene: *Sascha sitzt mit dem Gesicht zum Publikum in Yogi-Haltung auf dem Boden: Die Beine sind verschränkt, die aufgerichteten Ellenbogen ruhen auf den Knien, in jeder Hand berühren sich Zeigefinger, Mittelfinger und Daumen und weisen nach oben. Saschas Oberkörper ist unbekleidet, er trägt nur ein knappes Lendentuch. Vor ihm steht eine brennende Kerze.*

Sascha: *(mit geschlossenen Augen halblaut)* Ich bin ganz ruhig und entspannt. *(atmet laut ein und aus, wobei sich sein Brustkorb hebt und senkt)* Ich denke an nichts … *(hält plötzlich den Atem an)* Naja, abgesehen von meinem Hochzeitsjubiläum morgen …, *(schlägt kurz die Augen auf)* aber eigentlich *(atmet wieder aus)* bin ich *(gedehnt)* ganz entspannt … *(schließt die Augen wieder und murmelt schnell)* Nur eigentlich, Monika ist seit Tagen ein Nervenbündel wegen der vielen Gäste, die Kinder sind wie immer nur mit ihren eigenen Dingen beschäftigt, Opa und Oma erzählen uns von früh bis spät lustige Anekdoten von Pannen auf anderen Hochzeitsjubiläen, und unseren Kater kann auch keiner mehr finden in dem Chaos! *(zieht die Schultern hoch, neigt den Kopf von einer Seite zur anderen und atmet wieder ein und aus, wobei sich sein Brustkorb deutlich hebt und senkt. Mit geschlossenen Augen, langsam, dann immer schneller)* Ich bin ganz ruhig und entspannt, ganz ruhig und entspannt, ganz ruhig und entspannt …, zum Teufel! Ganz konfus und verspannt!!! *(schlägt sich mit einer Hand aufs Knie, öffnet die Augen und sackt etwas nach vorne. Nervös)* Hoffentlich hat Monika die Tischordnung noch einmal umgestellt! Wie konnte sie nur auf die Idee kommen, Onkel Heinz neben Tante Mary zu setzen! Das gibt doch Mord und Totschlag! *(reißt sich zusammen und nimmt wieder seine gerade Ausgangshaltung ein. Um Ruhe bemüht)* Mich stört das ja alles nicht, denn ich bin *(betont)* gaaaaaanz ruuuuuuhig und entspaaaannt! *(zuckt kurz zusammen und greift sich ans Herz. Mit gequältem Gesichtsausdruck)* Diese Nervosität wird mich am Vortag meiner silbernen Hochzeit noch umbringen! *(nimmt mühsam seine Position ein und beginnt wieder ein- und auszuatmen. In diesem Moment kommt Monika auf die Bühne gestürmt)*

Monika: *(wütend)* Hier bist du! *(ihn entsetzt musternd)* Ist denn das zu fassen? Die ganze Familie weiß nicht mehr, wo ihr der Kopf steht bei all der Arbeit für morgen, und du sitzt hier mit leerem Kopf und meditierst ganz ruhig und entspannt!

Einzigartig und unvergänglich

Dauer: ca. 10 Minuten
Personen: Reinhart und seine Frau Stefanie, beide Ende 40
Requisiten: Wohnzimmereinrichtung nach Belieben

Reinhart: *(aus dem Off)* Hallo Schnäuzchen, ich bin es!

Stefanie: *(aufgeregt)* Schön, dass du kommst.

Reinhart: Bin schon da! *(kommt schwungvoll ins Zimmer, geht auf sie zu und küsst sie)* Alles Liebe und Gute zum Hochzeitstag!

Stefanie: *(sich an ihn schmiegend)* Das wünsche ich dir auch!

Reinhart: Ich habe etwas ganz Besonderes für dich, Liebling! Einzigartig und unvergänglich wie unsere Liebe!

Stefanie: *(freudig)* Unvergänglich und einzigartig? *(aufgeregt)* Ein Diamantenhalsband?

Reinhart: *(abwinkend)* Viel besser!

Stefanie: *(nervös von einem Fuß auf den anderen tretend)* Ein Brillantring?

Reinhart: *(leicht vorwurfsvoll)* Einzigartig und unvergänglich, habe ich doch gesagt!

Stefanie: Aber Diamanten und Brillanten sind doch …

Reinhart: *(unterbricht sie, siegessicher)* Darauf kommst du nie!

Stefanie: *(mit suchendem Blick)* Wo ist es denn? Ich sehe gar kein Päckchen …

Reinhart: *(laut und triumphierend)* Es gibt auch kein Päckchen! *(reißt seinen Pullover hoch und enthüllt seine nackte Brust, auf die quer von links nach rechts der Schriftzug STEFANIE FOREVER tätowiert ist. Stefanie starrt entsetzt darauf und fällt dann mit einem spitzen Schrei in Ohnmacht)*

Aus der Ferne

Dauer: ca. 10 Minuten
Personen: Frau Hedwig und Frau Bogner, beide ca. 50
Kostüme: normale Straßenkleidung
Requisiten: gefüllte Einkaufskörbe oder -tüten

Eingangsszene: *Frau Hedwig und Frau Bogner kommen vom Einkaufen und treffen in der Mitte der Bühne aufeinander. Sie stellen ihre Einkaufstüten oder -körbe ab und beginnen ein Gespräch.*

Frau Hedwig: *(schnaufend)* Was für ein Geschleppe jedes Mal!

Frau Bogner: *(die Hand in die Hüfte gestützt)* Das können Sie laut sagen! Hätte ich gewusst, dass es so viel wird, hätte ich das Rad genommen!

Frau Hedwig: *(nickend)* Meins ist immer noch kaputt, und mit dem Auto bekommt man ja nie einen Parkplatz.

Frau Bogner: *(neugierig auf die Tüten zeigend)* Erwarten Sie Besuch am Wochenende?

Frau Hedwig: Nein, eigentlich nicht. Mein normaler Wochenendeinkauf ist dieses Mal nur etwas ausgeufert.

Frau Bogner: *(nickend)* Ich dachte nur. Letzte Woche habe ich meine Nachbarin, Frau Schube, im Supermarkt getroffen. Sie glauben gar nicht, was die alles eingekauft hat! Drei volle Einkaufswagen hat sie zur Kasse geschoben. Eine echte Zumutung für die anderen Käufer!

Frau Hedwig: *(verständnisvoll)* Bestimmt hat sie ein großes Fest vorbereitet.

Frau Bogner: *(eifrig nickend)* Ihre silberne Hochzeit!

Frau Hedwig: Na sehen Sie. Wahrscheinlich kamen viele Gäste, und sie brauchte eine ganze Menge!

Frau Bogner: *(eifrig)* 75 Personen habe ich gezählt! Das muss man sich erst einmal leisten können! Und sogar ihr Exmann mit seiner neuen Frau und den drei Kindern war da.

Frau Hedwig: Hm.

Frau Bogner: Zwei der Kinder sehen ihm und seiner Frau ja sehr ähnlich, aber das kleine Mädchen ist ziemlich dunkel. *(verschwörerisch)* Wer weiß, von wem die Frau das hat!

Frau Hedwig: *(etwas angewidert)* Man sollte aber vorsichtig sein mit solchen Unterstellungen.

Frau Bogner: *(die Augenbrauen hochziehend)* Ich hab da nur so ein komisches Gefühl, zumal seine Frau auch die ganze Zeit um Frau Schubes jüngeren Bruder herumscharwenzelte, während ihr Mann am Büfett stand.

Frau Hedwig: Waren Sie denn auch dort?

Frau Bogner: Ja! Alle! Die ganze Sippe ist aus Australien extra für das 25. Jubiläum angeflogen. Und dabei ist ihr Bruder doch seit Monaten arbeitslos, und seine Frau hat auch nur eine Halbtagsstelle, wegen der Kinder. Bestimmt haben die Schubes alle Flüge bezahlt. Naja, die haben's ja!

Frau Hedwig: Ich meinte eigentlich, ob Sie *(zeigt auf Frau Bogner)* auch dort waren? Ich wusste gar nicht, dass Sie Ihre Nachbarin so gut kennen.

Frau Bogner: *(überrascht)* Wer? Ich?

Frau Hedwig: Ja, weil Sie alles so genau wissen und alle Kleinigkeiten beobachten konnten!

Frau Bogner: *(eifrig)* A propos beobachten: Sie glauben gar nicht, wie die Gäste sich die Teller vollgeladen haben. Man freut sich ja, wenn es allen schmeckt, aber diese Leute waren wirklich peinlich. Frau Schubes Vater hat sich auf einen Schlag sechs Scheiben Lachs genommen, was seinem Cholesterinspiegel bestimmt gar nicht gut tut, und seine Frau hat mindestens drei Stück Torte verdrückt, davon sogar eins von der, die links außen auf dem Büfett stand und *(sich angeekelt schüttelnd)* voller Buttercreme war! Vor den Augen aller anderen! Und dabei ist sie schon so dick!

Frau Hedwig: *(sich distanzierend)* Vielleicht essen die beiden sonst nicht so gute Dinge, und schließlich ist eine silberne Hochzeit ja auch eine Ausnahme. Wenn Sie alle Leute dort so schrecklich fanden, warum sind Sie denn dann nicht nach Hause gegangen?

Frau Bogner: *(überrascht)* Nach Hause? Aber da war ich doch!

Frau Hedwig: *(erstaunt)* Wie konnten Sie denn dann aus der Ferne jede Einzelheit von nebenan erkennen?

Frau Bogner: *(drucksend)* Naja, … aus der Ferne sieht man auch so einiges, … wenn man lange genug …

Frau Hedwig: *(nachforschend)* Aber man kann von Haus zu Haus ja wohl kaum die Lachsscheibchen auf den Gästetellern zählen oder eine Buttercremetorte im Handumdrehen identifizieren!

Frau Bogner: *(einlenkend)* Naja, nicht mit bloßem Auge natürlich, das stimmt!

Frau Hedwig: *(entsetzt)* Aber Frau Bogner! Was wollen Sie denn damit sagen?

Frau Bogner: *(schnippisch)* Was ist denn schon dabei? Ich vertreibe mir die Zeit eben manchmal mit meinem kleinen Fernglas, das mir mein Mann zu unserer eigenen Silberhochzeit vor einem Jahr geschenkt hat. Eigentlich war es für gemeinsame Naturerkundungen gedacht, aber er hat ja immer so viel zu tun, und ich finde es sowieso viel spannender, das Leben in der Stadt zu beobachten als irgendwelche Vögel und Käfer im Wald! *(Frau Hedwig schaut sie mit offenem Mund entsetzt an, woraufhin Frau Bogner ihre Einkaufstüten nimmt und eilig mit erhobenem Kopf an ihr vorbeigeht. Im Vorbeigehen:)* Wir sehen uns bestimmt demnächst!

Frau Hedwig: *(sarkastisch)* Aber dann hoffentlich wieder von Angesicht zu Angesicht und nicht aus der Ferne!

Ach, Bärbel

Dauer: ca. 12–15 Minuten
Personen: Thorsten und Ruth, ein Ehepaar mittleren Alters, ihre Zwillinge Ute und Tim, 7
Mobiliar: Wohnzimmereinrichtung
Kostüme: festliche Abendkleidung für das Ehepaar, Schlafanzüge für die Kinder
Requisiten: Handtasche für Ruth, zwei Gläser, ein Teller mit einem belegten Brot, eine Tasse

Eingangsszene: *Die Eltern schleichen über die Bühne. Thorsten legt einen Finger an die Lippen, Ruth nickt verständnisvoll.*

Ruth: *(flüsternd)* Ich glaube, wir können jetzt gehen!
Thorsten: *(nickend)* Ich habe gerade noch einmal nachgeschaut. Bärbel liest ihnen noch eine Geschichte vor, und die beiden werden gleich eingeschlafen sein. *(Sie gehen langsam weiter)*
Ute: *(Schrei aus dem Off)* Mami!
Ruth: *(stehen bleibend)* Zu früh gefreut! *(geht in Richtung der Stimme über die Bühne zurück. Ute kommt ihr entgegen)*
Ute: *(sich verschlafen die Augen reibend)* Ich habe Hunger!
Ruth: *(überrascht)* Aber wir haben doch erst vor einer halben Stunde zusammen Abendbrot gegessen!
Ute: *(müde)* Ich habe aber noch Hunger!
Thorsten: *(ermahnend)* Du hast doch aber schon zwei Brote gegessen!
Ute: *(nörgelnd)* Ich habe aber immer noch Hunger!!
Ruth: *(besänftigend)* Also gut, ich hole dir schnell noch ein Brot *(ab)*
Thorsten: *(Ute in den Arm nehmend)* Das Brot isst du aber in deinem Zimmer mit Bärbel, einverstanden! Sie ist extra gekommen, um heute Abend auf euch aufzupassen! *(Ute nickt. Ruth kommt mit einem Teller zurück, auf dem ein belegtes Brot liegt)*
Ruth: *(freundlich, aber bestimmt)* Hier, mein Schatz! *(reicht Ute den Teller und klopft ihr auf den Po)* Jetzt aber ab ins Bett!

(Ute geht ab. Zu Thorsten) Jetzt aber los, sonst kommen wir noch zu spät zur silbernen Hochzeit von Onkel Jürgen und Tante Inge. *(Thorsten nickt, und die beiden machen sich wieder auf den Weg. Plötzlich läuft Tim auf die Bühne)*

Tim: *(weinerlich)* Das ist fies!

Thorsten: Tim! Du solltest längst schlafen!

Tim: *(protestierend)* Es ist aber ungerecht!

Ruth: Was ist fies und ungerecht?

Tim: Ute hat noch etwas zu essen bekommen und ich nicht!

Ruth: Wir dachten ja auch, dass du schon schläfst!

Tim: *(nörgelnd)* Das habe ich ja auch, aber sie hat so laut geschmatzt, dass ich wieder aufgewacht bin! Jetzt habe ich auch Hunger, aber sie gibt mir nichts ab!

Ruth: *(seufzend)* Gut, ich mache dir auch noch schnell ein Brot!

Thorsten: *(kopfschüttelnd)* Wo ist denn eigentlich Bärbel? *(Ruth nimmt Tim an die Hand und geht mit ihm ab. Kurze Zeit später kommt sie allein zurück)*

Ruth: Ich kann Bärbel nicht finden. Wahrscheinlich ist sie auf der Toilette. Die beiden essen jetzt ihre Brote, und dann ist Bärbel ja wieder bei ihnen! *(Sie wollen losgehen. Ute und Tim laufen wieder auf die Bühne)*

Ute: Mami, ich habe Durst!

Tim: Ich auch! Können wir Saft haben?

Thorsten: *(verärgert)* Das ist ja kein Wunder nach all den Broten heute Abend!

Ruth: *(nervös auf die Uhr schauend)* Ja, aber schnell jetzt! *(nimmt beide Kinder an die Hand und geht mit ihnen ab)*

Thorsten: *(zu sich)* Mal sehen, was den beiden als nächstes einfällt!

Ruth: *(kommt zurück)* So, jetzt ist alles in Ordnung! Ich weiß wirklich nicht, was Bärbel so lange im Badezimmer macht …

Thorsten: *(ärgerlich)* Wofür bezahlen wir eine Babysitterin, wenn sie im richtigen Moment nicht zur Stelle ist?

Ruth: *(einlenkend)* Die letzten Male hat doch immer alles gut geklappt! *(Thorsten brummt, und die beiden machen sich wie-*

der ans Fortgehen, woran sie jedoch wiederum durch lautes Rufen gehindert werden)

Ute: Mami, ich muss mal!

Thorsten: *(laut und genervt)* Hach!

Ute: *(läuft auf die Bühne, hält die Hand zwischen die zusammengepressten Beine)* Ich muss mal Pipi! *(Tim läuft mit gleicher Gestik auf die Bühne und stellt sich neben seine Schwester)*

Ruth: *(streng)* Du auch? *(zu beiden)* Warum seid ihr nicht vorhin auf die Toilette gegangen?

Ute: *(weinerlich)* Das konnten wir doch nicht!

Thorsten: *(streng)* Und warum nicht?

Tim: *(mit verzerrtem Gesicht und von einem Bein aufs andere trippend)* Bärbel ist doch im Badezimmer!

Thorsten: Dann wartet ihr eben einen kurzen Moment, bis sie fertig ist, und geht dann ins Bad!

Ruth: *(die beiden Kinder nach draußen schiebend)* Genau! Wir müssen jetzt jedenfalls wirklich los, es ist schon sehr spät, und Tante Inge wird schon ganz wütend sein! *(Die Kinder sträuben sich)*

Ute: *(schluchzend)* Dann muss ich mir eben wieder in die Hosen machen!

Tim: *(störrisch)* Wie bei den letzten Malen!

Ruth: In die Hosen machen? Bei welchen letzten Malen?

Thorsten: *(skeptisch)* Ich habe noch nie nasse Sachen bei euch gesehen!

Tim: Wir hängen sie immer aus dem offenen Fenster, damit sie schnell trocknen!

Thorsten: *(entsetzt)* Aus dem offenen Fenster? Wir wohnen in der 12. Etage!!! Wo war denn Bärbel …?

Tim: *(verächtlich abwinkend)* Ach, Bärbel!

Ute: *(erklärend)* Die schließt sich doch immer sofort im Badezimmer ein, nachdem ihr gegangen seid, und liest die ganze Nacht Krimis! *(Das Ehepaar sieht sich entsetzt an)*

Schön offen lassen!

Dauer: ca. 15 Minuten
Personen: Zahnarzt Dr. Weichelt, seine Helferin Brigitte und die Patientin Frau Pilz, ca. 40–50
Requisiten: nach hinten verstellbarer »Zahnarztstuhl« oder »-sessel«, kleiner Beistelltisch, kleine zahnmedizinische Geräte, z. B. Mundspiegel, kleiner Bohrer bzw. Attrappen davon, Zahnbürste, Mundspülbecher, kleine Tiegel und Fläschchen auf dem Beistelltisch, Karteikarte und Stift
Kostüme: weiße Kittel für Arzt und Helferin, zwei Paar Gummihandschuhe

Eingangsszene: *Die Helferin Brigitte stellt sorgfältig Fläschchen und Tiegel auf dem Beistelltisch zusammen. Dr. Weichelt und Frau Pilz betreten die Bühne.*

Dr. Weichelt: Es freut mich, dass wir doch noch einen Ersatztermin in dieser Woche finden konnten.

Frau Pilz: *(temperamentvoll, laut und schnell)* Ja, mich auch! Tut mir Leid, dass ich den Termin letzte Woche so kurzfristig absagen musste, aber vor unserer silbernen Hochzeit gab es dann doch noch *(verdreht die Augen theatralisch)* soooo viel zu erledigen.

Dr. Weichelt: *(überrascht)* Ihr 25-jähriges Hochzeitsjubiläum haben Sie gefeiert? *(drückt ihr die Hand)* Herzlichen Glückwunsch! Hatten Sie eine schöne Feier, viele Gäste? *(weist auf den Stuhl)* Bitte, nehmen Sie Platz!

Frau Pilz: *(sich auf den Stuhl setzend, Atem schöpfend und begeistert gestikulierend)* Ach, es war ganz wunderschön. Obwohl am Anfang …

Dr. Weichelt: *(sie unterbrechend)* Mund öffnen, bitte. *(zu seiner Assistentin)* Es kann losgehen, Brigitte. *(zieht sich ein Paar Handschuhe über und reicht das andere Brigitte, die es ihm nachtut. Frau Pilz öffnet den Mund. Passende Instrumente wählend und die*

Zähne seiner Patientin sorgfältig inspizierend) Eine schöne Feier also, hm? Am Anfang ist man natürlich etwas besorgt, ob auch alles richtig klappt, sich alle verstehen, das Büfett rechtzeitig eintrifft, die Getränke kalt genug sind ... *(Frau Pilz versucht zu sprechen und dabei den Mund offen zu halten, was zu unverständlichem Gemurmel führt)* Schön offen lassen, bitte. Auch mit der festgelegten Sitzordnung kann es ja Probleme geben, denn so mancher Onkel will nicht neben der Schwiegermutter sitzen oder umgekehrt, und die kleinen Krabbler und Schreier in der Familie müssen ja auch irgendwo untergebracht werden. Bestimmt hatten Sie eine Menge Gäste! *(Frau Pilz nickt lebhaft und versucht wieder, etwas zu sagen. Tadelnd)* Nicht sprechen und schön offen lassen! Man darf bei solchen Feierlichkeiten ja auch keinen vergessen, das stimmt schon. Das gibt dann nur übles Getratsche im Nachhinein! *(Frau Pilz meldet sich mit dem Finger, um etwas zu sagen. Nickend)* Verstehe schon! Das ist also trotz Ihrer guten Vorsätze passiert! Ach, was soll's! Manche Mitglieder der Familie verhalten sich einfach unmöglich auf solchen Festen und wenn sie diese dann gar nicht erst einladen, ersparen Sie sich eine Menge Ärger! Hatten Sie denn Hilfe bei den Vorbereitungen? *(zu Brigitte)* Bitte mal Wasser in den Becher! *(Brigitte drückt auf einen imaginären Knopf auf dem Beistelltischchen neben dem Mundspülbecher. Zu Frau Pilz)* Bitte mal spülen!

Frau Pilz: *(schnell spülend und dann übersprudelnd zu Dr. Weichelt)* Ja, meine Schwester, mit der ich mich ja sonst gar nicht so gut ...

Dr. Weichelt: *(sie wiederum unterbrechend)* Schön zurücklehnen, Frau Pilz, und den Mund wieder weit öffnen! *(drückt sie schnell, aber sanft und freundlich lächelnd in die Stuhllehne zurück und kommt auch sogleich mit seinem Besteck näher. Frau Pilz gibt nach und öffnet den Mund. Er klopft jetzt mit einem kleinen Hämmerchen o. Ä. ihre Zähne ab, wobei Frau Pilz jedes Mal kurz zusammenzuckt)* Die liebe Schwester hat also alles organisiert? Obwohl Sie beide früher immer Rivalinnen gewesen sind?

(besserwisserisch) Das kommt bei Geschwistern mit geringem Altersunterschied, besonders bei Mädchen, ja häufiger vor! *(Frau Pilz versucht wieder zu sprechen, was ihr aber nicht gelingt. Tadelnd)* Mund offen lassen! In wichtigen Momenten kann man sich dann aber doch auf die engste Familie verlassen, nicht wahr? *(Frau Pilz hebt eine Hand und winkt widersprechend von rechts nach links)* Trotzdem ging vieles schief? Schlechtes Essen, keiner wollte am Unterhaltungsprogramm teilnehmen, und die bestellten Musiker sagten im letzten Moment ab? Das ist natürlich schlimm, aber das hätte Ihre Schwester doch auch nicht ahnen können! *(Frau Pilz gestikuliert jetzt mit beiden Händen und versucht wieder zu sprechen)* Nicht sprechen, Frau Pilz, und schön offen lassen! Ich verstehe schon, dass Sie wütend sind und ihrer Schwester die Schuld an allem geben, aber sie hat diese Pannen doch nicht beabsichtigt! Die Organisation einer solchen Feier ist bestimmt nicht einfach, und insgesamt wurde es doch trotzdem noch eine schöne Feier. *(ihr beruhigend die freie Hand auf die Schulter legend)* Das haben Sie doch selbst gesagt! *(Frau Pilz lässt resigniert die Hände sinken. Aufmunternd auf ihre Schulter klopfend)* Machen Sie sich nichts aus diesen kleinen Pannen! Die gehören doch mit dazu und *(betont fröhlich)* bei Ihrer goldenen Hochzeit erinnert sich dann kein Mensch mehr daran! *(Frau Pilz bleibt stumm. Zu Brigitte)* Brigitte, geben Sie mir bitte mal das Stäbchen mit der Lösung. *(Brigitte reicht ihm ein Stäbchen, das sie vorher in ein Fläschchen getaucht hat)* So, Frau Pilz. Alles ist soweit in Ordnung. Ich möchte Ihnen nur noch ein paar Tropfen dieser Lösung auf Ihre sehr empfindlichen Zahnhälse geben – schön offen lassen, den Mund –, und dann sind wir fertig. *(bepinselt die Zahnhälse seiner Patientin und gibt das Stäbchen dann an Brigitte zurück. Mit gestraffter Haltung)* So, das war's für heute, Frau Pilz! *(Frau Pilz steht auf, holt tief Luft und macht den Mund auf, um etwas zu sagen, aber er legt sofort beschwörend einen Zeigefinger an seine Lippen)* Pst! Die

Tinktur muss jetzt erst einmal fünf Minuten einwirken. Nicht sprechen, und den Mund schön geschlossen halten! *(legt väterlich einen Arm um ihre Schulter und geleitet sie über die Bühne. Frau Pilz hat die Lippen zusammengekniffen und läuft mit herabhängenden Schultern neben ihm her. Ihr freundlich die Hand zum Abschied reichend)* Wir sehen uns dann in einem halben Jahr wieder! Bis dahin alles Gute, Frau Pilz! *(Frau Pilz geht ab, und Dr. Weichelt kommt kopfschüttelnd zurück zu Brigitte, die inzwischen wieder Ordnung auf dem Tischchen hergestellt hat und eine Karte ausfüllt)* Was die Patienten immer für Geschichten zu erzählen haben!!! *(kopfschüttelnd)* Ganze Bücher könnte ich damit füllen.

Alles im Griff!

Dauer: ca. 7 Minuten
Personen: Frau Ralf und ihr Mann, ihre beiden Kinder Sarah und Toni, 6 und 5, Beate, eine Freundin der Ralfs
Kostüme: festliche, nachmittägliche Ausgehkleidung
Requisiten: Seile, Mullbinden, Handschellen
Ton: Türklingeln

Eingangsszene: *Aus dem Off ertönt ein Türklingeln. Frau und Herr Ralf laufen gemeinsam über die Bühne ins Off und kommen mit ihrer Freundin Beate zurück auf die Bühne.*

Frau Ralf: *(erfreut zu Beate)* Schön, dass du uns mitnehmen kannst!
Herr Ralf: *(nickend)* Das ist wirklich nett!
Beate: Das ist doch gar kein Problem! Eure Wohnung liegt ja nun wirklich auf meiner Strecke, und genug Platz habe ich auch im Auto. *(zu Frau Ralf)* Du willst sicher auf dem Rücksitz sitzen und kannst dann eins der Kinder auf den Schoß nehmen.

Frau Ralf: *(etwas verbissen)* Ich soll nach hinten?

Beate: *(verwundert)* Ja, ich dachte nur ... Mir ist das natürlich egal ... *(zu Herrn Ralf)* Du kannst sonst auch ...

Herr Ralf: *(schroff)* Auf keinen Fall werde ich hinten sitzen! Das habe ich letztes Mal, als sie mitmussten. *(zu Frau Ralf)* Heute bist du dran!

Frau Ralf: *(ergeben, nicht erfreut)* Schon gut! *(zu der erstaunten Beate)* Keine Sorge, es wird schon alles gut gehen!

Herr Ralf: *(wieder entspannt und ebenfalls beruhigend zu Beate)* Es ist ja auch nur ein ganz kurzer Weg!

Beate: Eigentlich könnten wir ja laufen bei diesem schönen Wetter!

Frau und Herr Ralf: *(energisch aus einem Munde)* Auf keinen Fall!

Beate: *(belustigt)* Ich dachte, die beiden sind schon aus dem Krabbelalter raus! Geht ihr denn nie zusammen zu Fuß irgendwohin, wenn zum Beispiel wie heute der Wagen kaputt ist?

Frau und Herr Ralf: *(aus einem Munde)* Niemals!

Beate: *(unwohl)* Ach so! *(sieht sich suchend um)* Wollen wir dann langsam los? Ich habe nämlich keinen Parkschein gelöst, und bis ihr mit den Kindern fertig seid ...

Herr Ralf: *(schnell)* Die Kinder sind fertig!

Frau Ralf: *(mit einem fragenden Seitenblick)* Sind sie das?

Herr Ralf: *(stolz nickend)* Jawohl! Ich habe alles vorbereitet!

Beate: *(bemüht)* Märchenkassetten und ein paar Bilderbücher habe ich auch noch im Auto!

Herr Ralf: *(abschätzig)* Märchenkassetten und Bilderbücher! *(Beate schaut ihn verwundert und ein bisschen beleidigt an)*

Frau Ralf: *(einlenkend ihren Arm tätschelnd)* Lieb gemeint, aber wir haben dieses Mal wirklich an alles gedacht.

Beate: *(verwundert)* Ihr tut so, als seien die beiden kleine Monster! Auf Bärbels Taufe war ja wohl so einiges los mit den beiden, wie mir erzählt wurde, aber so schlimm kann es doch auch wieder nicht gewesen sein!

Frau Ralf: *(weinerlich)* Hast du eine Ahnung!

Herr Ralf: *(ebenfalls weinerlich)* Das kann sich keiner vorstellen!

Frau Ralf: *(Haltung annehmend und zu ihrem Mann)* Jetzt hol sie mal, sonst kommen wir noch zu spät!

Herr Ralf: *(sich die Ärmel aufkrempelnd, in die Hände spuckend)* An die Arbeit! *(geht entschlossenen Schrittes über die Bühne. Beate schaut immer verwunderter)*

Frau Ralf: *(lächelnd)* Dieses Mal haben wir wirklich alles im Griff! Eine Taufe ist ja schon ein feierlicher Anlass, aber die goldene Hochzeit meiner Eltern wird nicht wieder so ein Reinfall werden! *(Beate wieder den Arm tätschelnd)* Wir haben wirklich alles im Griff, keine Sorge! *(laut ins Off rufend)* Kommst du klar?

Herr Ralf: *(mit angestrengter Stimme aus dem Off, wie unter großer körperlicher Belastung)* Ja, ich schaff das schon! *(kommt über die Bühne auf die beiden Frauen zu. Unter jedem Arm trägt er ein Kind, das gefesselt und geknebelt ist und unverständliche Töne ausstößt)* Wir sind soweit! Es kann losgehen!

Große Pläne

Dauer: ca. 10–15 Minuten
Personen: Vater, Mutter, Tochter Doris und Sohn Tobias, ca. 17 und 12
Requisiten: Wohnzimmereinrichtung, z. B. Couch mit Sesseln und Ablagetisch, Esstisch mit Stühlen und ein Telefon, zwei Bücher, Gläser und/oder Tassen, Stifte, Malblock, Computerspiel o. Ä.
Kostüme: Alltagskleidung nach Belieben
Ton: leise Hintergrundmusik nach Belieben, Telefonklingeln

Eingangsszene: *Die Familie sitzt einträchtig zusammen, und jeder geht seiner Beschäftigung nach: Vater und Mutter lesen in ihren Büchern, Tobi spielt mit seinem Computerspiel, dessen Piepsgeräusche den anderen Familienmitgliedern Anlass zu*

Murren und Stöhnen gibt. Doris malt am Tisch auf einem Block. Etwas entfernt steht das Telefon.

Vater: *(legt sein Buch beiseite und schaut von einem zum anderen)* Da wir gerade einmal vollzählig versammelt sind, sollten wir uns endlich über Opas und Omas goldene Hochzeit Gedanken machen. *(Die drei anderen nicken schweigsam vor sich hin. Keiner blickt hoch oder unterbricht seine Tätigkeit. Bekräftigend)* Nun kommt schon! Viel Zeit haben wir nicht mehr für die Planung.

Mutter: *(legt seufzend ihr Buch beiseite und wendet sich ihrem Mann zu)* Ich finde, du hast Recht. In knapp vier Wochen feiern die beiden ihren 50. Hochzeitstag, und wir wollten doch etwas organisieren.

Doris: *(aufblickend)* Was denn? Eine Reise?

Vater: *(abwinkend)* Nein, das Risiko, dass etwas passieren könnte, ist zu groß in ihrem Alter.

Tobias: *(weiter mit seinem Spielzeug beschäftigt)* Aber sie unternehmen doch noch eine ganze Menge, sagt Oma immer.

Mutter: Das sagt Oma nur, weil sie nicht will, dass wir uns um sie Sorgen machen. Am wohlsten fühlen sich die alten Herrschaften doch in den eigenen vier Wänden.

Doris: *(enttäuscht)* Och, dann hocken wir dort also wieder den ganzen Tag bei Kaffee und Kuchen herum?

Vater: *(besänftigend)* Nein, doch nicht an ihrem 50. Hochzeitstag! Da machen wir etwas Besonderes mit den beiden, damit sie auch einmal ein bisschen Abwechslung und Aufregung haben.

Mutter: *(zustimmend)* Nur eben nicht zu viel! *(nachdenklich)* Wie wäre es denn mit einem netten Essen irgendwo draußen?

Doris: *(aufspringend)* Au ja, Eisessen bei Paolo!

Mutter: *(lachend)* Das verträgt Opas Magen nicht mehr!

Doris: *(enttäuscht)* Schade!

Tobias: *(mit Blick auf seinen Computer)* Dann gehen wir eben zu McRonald's!

Vater: *(ebenfalls lachend)* Oma isst doch kein Fleisch!

Doris: McRonald's hat auch Pommes und Gemüseburger.

Vater: Fast Food scheint mir außerdem nicht das passende Essen für einen so feierlichen Anlass zu sein!

Doris: *(zuckt mit den Schultern)* Dann eben nicht!

Mutter: *(beschwichtigend)* Spaß beiseite! Ich dachte eher an ein leichtes Essen im *Fröhlichen Landmann*.

Tobias: *(gelangweilt)* Muss man dort lange hinfahren?

Vater: *(streng)* Pst!

Mutter: Wir könnten eine Musikband mit netter Tanzmusik bestellen. Ein paar von Omis und Opis Freunden und Bekannten sind doch noch ganz fit!

Vater: Eine gute Idee!

Doris: Oma hat ja auch neulich etwas von einem Tanzverein erzählt.

Vater: Wahrscheinlich hat sie es aus dem Seniorenprogramm im Fernsehen. Aber Musik und Tanz mochte sie schon immer gern.

Tobias: Und Opa?

Vater: *(unsicher)* Das weiß ich nicht. Habe ihn noch nie danach gefragt.

Mutter: Ansonsten kann Opa sich ja auch mit seinen alten Freunden Kurt und Paul unterhalten. Jugendfreunde haben sich immer viel über die guten alten Zeiten zu erzählen.

Vater: Das wird Opa bestimmt viel Freude machen.

Mutter: *(nickt zufrieden)* Genau! Also einigen wir uns auf den *Fröhlichen Landmann*?

Vater: Ja, ich versuche gleich einmal eine telefonische Reservierung für diesen Tag zu bekommen. Mehr als 20 Personen werden es ja wohl nicht werden oder?

Mutter: Nein, auf keinen Fall! Das wäre für die beiden auch zu anstrengend und für uns alle zu aufwendig! *(Der Vater geht zum Telefon, Mutter und die Kinder nehmen ihre Beschäftigungen von vorher wieder auf. Als der Vater nach dem Hörer greifen will, klingelt das Telefon. Alle schauen erstaunt hoch, der Vater nimmt den Hörer ab)*

Vater: Hallo? Ach, Opa! *(schnipst mit den Fingern, um die Aufmerksamkeit seiner Familie auf sich zu lenken)* Wir haben gerade von euch gesprochen! *(begeistert)* Ja, genau davon! Wir dachten, dass ihr an diesem Ehrentag etwas wirklich Tolles machen solltet. Das findet ihr auch? Gut, also wir dachten … *(Pause)* Nach euren Wünschen? *(sich großherzig an die Brust schlagend und den anderen zuzwinkernd)* Aber natürlich! Wir dachten uns also … *(lässt plötzlich den Arm herunterfallen und stottert)* Wie bitte? Was?? 120 Gggäste aus Ooomas Tttttanzverein und dem … Pokerclub, den du mit Ppp…Paul und Karl gegründet hast? Hotelschiff Astoria mit Übernachtung und … Sieben-Gänge-Menü?? Ein Mimimitternachtsfeuerwerk und … *(entsetzt und laut)* VATER!!! Nacktbaden bei Vollmond im Swimmingpool auf dem Ddddeck??? *(lässt den Hörer zu Boden baumeln und starrt entsetzt in Richtung seiner Familie. Die Mutter starrt ebenso entsetzt zurück, die Kinder kichern hinter vorgehaltenen Händen)* Die beiden sind wohl über Nacht völlig durchgedreht!!!

Ein besonderes Ereignis

Dauer: ca. 15 Minuten
Personen: Fred, ca. 9, und seine Mutter
Kostüme: Alltagskleidung nach Belieben
Requisiten: Wohnzimmertisch und zwei Stühle, evtl. andere passende Einrichtungsgegenstände, Block und Stifte, Hefte und Füller, Bücher

Eingangsszene: *Mutter und Sohn sitzen am Tisch und sind mit Schreiben und Malen beschäftigt, wobei die Mutter die nach und nach fertiggestellten Hausarbeiten und Bilder ihres Sohnes liest, anschaut und hier und da korrigiert.*

Fred: Du, Mami …

Mutter: *(nicht von ihrem Heft aufblickend, in dem sie gerade liest)* Mm.

Fred: Paul hat doch am Wochenende Geburtstag, und wir wollten eine Fahrradrallye und ein Picknick danach machen. Kann ich bei ihm übernachten?

Mutter: *(immer noch in Gedanken vertieft)* Mm.

Fred: *(erfreut)* Toll, danke! *(nimmt sich ein leeres Blatt Papier und farbige Stifte und beginnt zu malen)*

Mutter: *(hochblickend)* Was hast du gesagt?

Fred: *(stirnrunzelnd und vorwurfsvoll)* Du hast mir gar nicht zugehört!

Mutter: Entschuldige. Ich war gerade so in deine Aufgaben hier vertieft. *(zeigt auf das Heft)* Du hast übrigens wirklich wenig Fehler gemacht! *(nickt anerkennend)* Sehr schön!

Fred: Dafür darf ich dann auch bei Paul am Wochenende übernachten, ja?

Mutter: *(wieder mit den Aufgaben vor ihr beschäftigt und ein wenig abgelenkt und langsam)* Nein, an diesem Wochenende geht das leider nicht, aber nächste Woche vielleicht.

Fred: *(schmeißt seinen Malstift auf das Blatt, sodass seine Mutter erschrocken zusammenzuckt)* Er hat doch aber an diesem Wochenende Geburtstag!

Mutter: *(ruhig)* Fred, an diesem Wochenende feiern wir die goldene Hochzeit von Opa und Oma. Davon sprechen wir doch schon seit Monaten! Dieses Mal hast *du* wohl nicht richtig zugehört!

Fred: Ich wusste nicht, dass die Hochzeit an Pauls Geburtstag ist!

Mutter: *(verständnisvoll)* Ich verstehe ja, dass du enttäuscht bist, aber eine goldene Hochzeit ist eben ein ganz besonderes Ereignis, das hat Vorrang!

Fred: *(mit vor der Brust verschränkten Armen und trotzig)* Pauls Geburtstag ist für mich auch ein ganz besonderes Ereignis!

Mutter: *(immer noch geduldig)* Aber Fred! Du kannst doch nicht irgendeinen beliebigen Geburtstag deines Freundes mit dem 50-jährigen Hochzeitstag deiner Großeltern vergleichen!

Fred: *(trotzig)* Es ist nicht irgendeiner, sondern sein zehnter Geburtstag, und eine Fahrradrallye mit Picknick habe ich auch noch nie mitgemacht!

Mutter: Das könnt ihr an einem anderen Tag mit euren Freunden noch einmal nachholen.

Fred: Woher weißt du denn überhaupt, dass sie so etwas noch einmal machen, dass dann alle anderen auch Zeit haben und eingeladen sind, dass es nicht vielleicht regnet …

Mutter: *(ihn unterbrechend)* Jetzt übertreibst du aber! Eine Fahrradrallye und ein Picknick kann man wiederholen, ein 50-jähriger Hochzeitstag ist aber ein besonderes Ereignis …

Fred: *(murrend)* Besonderes Ereignis, besonderes Ereignis …

Mutter: *(fortfahrend)* … zu dem die ganze Familie *(betont) vollzählig* erscheinen wird.

Fred: *(patzig)* Ich will aber viel lieber …

Mutter: *(ihn unterbrechend und etwas strenger)* Fred! Jetzt ist Schluss! Du wirst am Wochenende mit uns allen die goldene Hochzeit deiner Großeltern feiern, Paul nachträglich ein schönes Geschenk machen und seinen Geburtstag mit ihm nachfeiern – basta! *(Fred schweigt trotzig. Einlenkend)* Nun komm schon! Ich schenke euch auch zwei Kinogutscheine!

Fred: *(traurig)* Ich will nicht ins Kino, sondern zur Rallye!

Mutter: *(leicht verzweifelt und etwas genervt)* Das wird wohl nicht möglich sein an diesem Wochenende, es sei denn *(ironisch)*, die Rallye findet morgens statt und du bist pünktlich um 13 Uhr zum Mittagessen zur Stelle!

Fred: *(aufhorchend)* Wo findet denn das Mittagessen statt?

Mutter: *(erleichtert)* Aha, wenn es um's Essen geht, wird die goldene Hochzeit plötzlich interessanter, was? Wir haben einen Saal in einem Landgasthof direkt am Fluss reserviert, ungefähr eine halbe Stunde von hier entfernt.

Fred: *(interessiert)* Mit dem Auto oder zu Fuß?

Mutter: *(leicht verwundert)* Mit dem Auto! Zu Fuß bräuchte man viel länger, aber du fährst natürlich mit uns!

Fred: Ich würde lieber mit meinem Fahrrad fahren.

Mutter: Wieso denn?

Fred: Ich mag eben frische Luft und fahre ja auch sonst überall mit dem Rad hin.

Mutter: *(lachend)* Darüber werden wir noch reden.

Fred: Und wo genau ist das Gasthaus und wie heißt es?

Mutter: Plötzlich kannst du es ja gar nicht erwarten, und noch vor zwei Minuten wolltest du überhaupt nicht kommen! Es ist in der Rosenallee 12, neben der Heringsbrücke *(Paul nickt und notiert sich sorgfältig die Adresse auf einem Stück Papier)*, und heißt …

Fred: *(begeistert und laut)* Ich weiß! Wir waren schon mal dort. Es heißt *Picknick am Fluss.*

Mutter: *(erstaunt)* Ja, das war wohl der Name! Ich wusste gar nicht, dass du dich so gern an diesen Besuch erinnerst …, es ist ja auch schon ein paar Monate her.

Fred: *(aufgeregt auf seinem Stuhl hin- und herrutschend)* Ich hatte es auch eigentlich vergessen, aber durch das Picknick …

Mutter: *(lachend)* Ach, jetzt verstehe ich! Du überlegst dir also als Ersatz für Pauls Geburtstag am Wochenende deine eigene Version von Fahrradrallye und Picknick!

Fred: *(entschlossen)* Wieso Ersatz? Du hast doch gesagt, ich muss um 13 Uhr zum Mittagessen im Restaurant sein, oder?

Mutter: *(unsicher)* Ja?

Fred: Paul wohnt doch hier an der Ecke, und wenn wir allen 20 Kindern Bescheid sagen, pünklich zu kommen, und die Rallye wirklich früh am Morgen starten, dann schaffen wir es auch, um 13 Uhr rechtzeitig zum Picknick bei euch zu sein!

Mutter: *(entsetzt)* Alle … zum Picknick … bei uns???

Fred: *(selbstbewusst)* Ja, im *Picknick am Fluss! (steht auf, aufgeregt auf dem Weg nach draußen)* Ich rufe jetzt schnell Paul an und sage ihm, dass ich zwar nicht bei ihm übernachten kann und dass wir früher starten müssen, dass seine Eltern aber kein Picknick vorbereiten müssen!

50-jähriges Jubiläum

Dauer: ca. 7 Minuten
Person: Werner, zwischen 70 und 80
Mobiliar: gemütlicher (Ohren-)Sessel, Couchtisch
Kostüm: Bequeme Hauskleidung, z. B. Strickjacke und Jogginghose, nach Belieben
Requisiten: Fotorahmen mit Bild, Pfeife, ein Glas Wein oder Bier, ausgestopftes Reptil in einer Kiste

Eingangsszene: *Werner sitzt gemütlich in seinem Sessel und raucht Pfeife. Vor ihm auf dem kleinen Tisch steht ein Glas Wein und ein Bilderrahmen, der so gestellt ist, dass das Publikum das Foto nicht sehen kann. Unter dem Tisch steht ganz unauffällig eine Kiste.*

Werner: *(an seiner Pfeife ziehend)* Genau heute vor 50 Jahren habe ich sie das erste Mal gesehen! Kaum zu glauben, wie die Zeit vergeht. *(schüttelt den Kopf, nimmt den vor ihm stehenden Bilderrahmen in die Hand und betrachtet liebevoll das Foto)* Ich kann mich noch ganz genau daran erinnern, wie ich in das Zoogeschäft kam und eigentlich nach einem kleinen Häschen für meine damalige Freundin … *(nachdenklich)* Wie hieß sie doch noch gleich? Frieda? Klärchen? Nein, Klärchen war die aus der Schule. *(abwinkend und den Bilderrahmen zurück auf den Tisch stellend)* Ist ja auch egal! Als ich an diesem Tag in ihre jadegrünen Augen blickte, war Frieda oder wer auch immer jedenfalls auf der Stelle vergessen, und es gab nur noch sie *(zeigt mit dem Finger auf das Foto, trinkt einen Schluck und lehnt sich in wohliger Erinnerung wieder zurück in den Sessel)* Und es beruhte wohl auf Gegenseitigkeit, denn sie ließ mich eigentlich nie aus den Augen – nicht nur dort, sondern auch später zu Hause. *(zieht wieder an seiner Pfeife)* Auf Schritt und Tritt schien sie mich zu beobachten, sogar beim

Essen, ihrer Lieblingsbeschäftigung! *(lacht in sich hinein)* Und was habe ich mir für Köstlichkeiten ausgedacht, um sie bei Laune zu halten, diese kleine Feinschmeckerin! Kein Feinkostgeschäft war mir zu teuer, keine Leckerei unbekannt! Wenn ich nur an diesen glücklich-satten Blick denke, nachdem sie mit ihrem süßen langen Zünglein alles genüsslich aufgezischelt hat ... das war wirklich jede Mühe wert! *(seufzt)* Und mühelos war sie ja nun auch nicht gerade! *(tippt gespielt vorwurfsvoll mehrmals mit dem Zeigefinger auf den Bilderrahmen)* Manchmal ließ sie sich nicht anfassen und war furchtbar kalt! Und wie oft hat sie sich vor mir versteckt, und ich habe sie stundenlang angstvoll gesucht, wenn ich abends nach Hause kam und sie nicht gleich fand. Brachte ich ihr einmal keine besondere Leckerei mit, was äußerst selten vorkam, dann spielte sie tagelang die Beleidigte und verschmähte jegliche Nahrung, bis sie ganz zerknittert und dünn aussah und ich vor lauter Sorge fast umkam! *(trinkt wieder einen Schluck und zieht ein bisschen stumm an seiner Pfeife)* Manchmal war ich mir gar nicht sicher, ob sie auch so glücklich mit mir war wie ich mit ihr. Vielleicht hat sie sich ja etwas einsam mit mir gefühlt. Keine Kinder, wenig Besuch ... *(nachdenklich)* Mir reichte eben ihre Gegenwart, und ich brauchte keine andere! *(aufseufzend)* Natürlich war mir von Anfang an klar, dass sie nicht so lange leben würde! Bei ihren Anlagen! *(traurig)* Aber trotzdem wäre es doch schön gewesen, sie heute zu unserem 50-jährigen Jubiläum richtig bei mir zu haben und es nicht allein bei einem einsamen Glas feiern zu müssen. *(trinkt das Glas aus und fängt dann verschmitzt an zu kichern, leicht beschwipst)* Obwohl sie mir ja gar nicht sooooo fern ist ... *(greift unter den Couchtisch nach der Kiste und holt das ausgestopfte Reptil hervor, das er neben den Bilderrahmen stellt; liebevoll)*

Sketche für Partys und Familienfeste

Ein Partyspaß mit Lach-Garantie: kleinere und größere Probleme des Alltags, der Partnerschaft und Verwandtschaft werden mit einem zwinkernden Auge auf die Schippe genommen. Denn was wäre das Leben ohne Freunde und die liebe Familie?

Zwang

Bis heute ist nicht eindeutig geklärt, ob der Musikgeschmack eines Menschen klare Rückschlüsse auf seinen Charakter zulässt. Auch wenn der vorliegende Fall einen kausalen Zusammenhang von Rockmusik und Rebellion nahelegt, so ist noch lange nicht erwiesen, dass Pop-Hörer langweilige Konformisten sind. Mag sein, dass die Mehrheit unter ihnen die Ordnung dem Chaos vorzieht, hierin aber gerade die Ursache für Letzteres sehen zu wollen, grenzt an infame Rabulistik.

Sie: Das ist nicht dein Ernst, nicht wahr?

Er: Was denn, mein Schatz?

Sie: Du willst nicht im Ernst bestreiten, dass es in unserer Wohnung allmählich wie im Lager eines Medienkonzerns aussieht. Jeder freie Platz ist zugestellt mit CDs, Büchern, Zeitschriften und Videos. Ich kann das Fortschreiten deiner Krankheit mittlerweile an der Krümmung unserer Regalbretter ablesen.

Er: Welche Krankheit denn, bitteschön?

Sie: Ich meine dein krankhaftes Sammeln, Ordnen und Archivieren von Dingen, die kein normaler Mensch wirklich braucht.

Er: Wir brauchen also weder Bücher noch Musik?

Sie: Doch, aber nicht alles doppelt und dreifach. Nimm doch nur mal die Beatles. Jedes auch noch so profane Geräusch, das die Jungs jemals von sich gegeben haben, wird von dir wie selbstverständlich angeschafft, es könnte sich ja um einen Meilenstein der Musikgeschichte handeln.

Er: Die Beatles waren schließlich die größte Band aller Zeiten.

Sie: Ach nee, schon mal was von den Stones gehört, mein Lieber? I can't get no satisfaction? Als deine Tanzcombo artig ihre Fönfrisuren vorführte, da hatte Mick Jagger längst den Nerv der rebellierenden Jugend getroffen, und die Faszination hält bis heute an, wie du unschwer an den ausverkauften Konzerten feststellen kannst.

Er: Grundsätzlich ist ja nichts dagegen zu sagen, wenn ältere Herrschaften ihren Lebensabend aktiv zu gestalten versuchen, dennoch steht zweifellos fest, dass vor allem Lennon/McCartney die Weichen in der Popmusik gestellt haben und dass ihre Hits bis heute unerreicht sind.

Sie: Hilfe!

Er: Genau, das ist ein gutes Beispiel für einen der genialen Songs, die ich meine.

Sie: Na schön, für Leute, die ihre CDs strikt alphabetisch ordnen und ihre Bücher präzise Rücken an Rücken ausrichten, dürfte dieses anämische Liedgut aufregend genug sein. Du bist also entschuldigt, mein Lieber, aber nur, was deinen infantilen Musikgeschmack angeht. Dein Komplettierungszwang dagegen bedarf professioneller Hilfe. Erklär mir doch bitte mal, wozu wir sämtliche Woody-Allen-Filme in fünffacher Ausführung haben.

Er: Nun, da gibt es nicht viel zu erklären, da ist das Kaufvideo in deutscher Sprache, dann das gleiche im amerikanischen Original, dann der Fernsehmitschnitt in Zweikanalton und schließlich die Fassung mit Hinweisen für Blinde und die mit Untertiteln für Hörgeschädigte.

Sie: Und für Hirngeschädigte gibt's keine Fassung? Du solltest dich dringend nach und nach von allem Überflüssigen trennen.

Er: Das geht leider nicht, weil es doch damals hieß: »... bis dass der Tod euch scheidet.« – *(zum Publikum)* Auch in unserer Beziehung gibt es »Späße«, die man sich besser verkneift. Es bedurfte schon einiger Anstrengung und Zugeständnisse, um meine Frau wieder halbwegs versöhnlich zu stimmen. Mit dem Versprechen, in nächster Zeit einmal gründlich auszusortieren, war der häusliche Friede wiederhergestellt. Und dann klingelte der Postbote und brachte ein Riesenpaket der Firma Music & More. Ich gab ihm kein Trinkgeld.

Feng Shui

Wer Chop Suey mit fernöstlicher Heilkunst verwechselt und Qi Gong am liebsten süß-sauer mit Stäbchen isst, der wird Feng Shui möglicherweise für eine asiatische Hafenstadt halten. Der Kenner indes schwört auf die harmonische Raumgestaltungslehre, kauft einen Kompass und zieht hinaus, um sein Glück anderswo zu finden.

Eingangsszene: *Er steht vor der Schlafzimmertür, eine Yuccapalme im Arm, und versucht umständlich die Tür zu öffnen.*

Sie: Das ist nicht dein Ernst, nicht wahr?
Er: Was denn, mein Schatz?
Sie: Du willst nicht im Ernst mit dieser Pflanze in unser Schlafzimmer.
Er: Warum denn nicht? Ein bisschen Südseeatmosphäre kann doch nicht schaden.
Sie: Yuccas, Palmen oder Kakteen gehören nicht in Schlafbereiche, weil sie schneidendes Chi verursachen können.
Er: Was ist?
Sie: Stachlige Pflanzen geben eine spitze Energie ab, damit können wir allenfalls Einbrecher vertreiben.
Er: Du willst mit unserer Yuccapalme Einbrecher vertreiben?
Sie: Nein, ich will vor allem weiche, harmonische Formen im Schlafzimmer. Das Chi muss stimmen.
Er: Was muss stimmen?
Sie: Das Chi!
Er: Gesundheit.
Sie: Werd nicht albern. Chi ist elektromagnetische Energie, die seit Jahrtausenden durch das Universum strömt und alles miteinander verbindet. Es steht im Mittelpunkt der vor 4000 Jahren entstandenen Kunst des Feng Shui, was wiederum bedeutet, sein eigenes Heim so zu gestalten, dass Erfolg, Gesundheit,

Reichtum und Glück günstig beeinflusst und gefördert werden.

Er: Oh oh, und das bedeutet konkret?

Sie: Dass sich hier einiges ändern wird, mein Lieber. Im Grunde beginnt es schon mit der Lage des Hauses. Eigentlich dürfte es weder an einer Kreuzung noch im Schatten eines höheren Gebäudes stehen.

Er: Das ist ja kein Problem. Kannst du mal eben mit anfassen?

Sie: Doch weil nun mal bestimmte Dinge vorgegeben sind, gilt es, dem Idealzustand durch geeignete Feng-Shui-Maßnahmen so nah wie möglich zu kommen. Ich hoffe, ich kann da mit deiner Unterstützung rechnen.

Er: Chi Chi, Chérie.

Sie: Na schön, dann lass uns mal anfangen.

Er: *(zum Publikum)* In der Folgezeit sollte sich unsere schäbige Behausung unaufhaltsam in ein Gefilde vollkommener Glückseligkeit verwandeln. Meine Frau überraschte mich von nun an täglich mit den verblüffendsten Einfällen, und wenn mir eine Neuerung mal allzu exotisch vorkommen wollte, dann wusste sie ihr Tun mit Hilfe fernöstlicher Weisheiten eloquent zu verteidigen.

Sie: Falls du die Fernbedienung suchst, die ist im Keller.

Er: Ich suche den Fernseher!

Sie: Der ist auch dort. Ebenso die Mikrowelle. Solche Geräte strahlen nämlich so viel negative Energie ab, dass ihr Betrieb unverantwortlich wäre. Kein vernunftbegabter Chinese würde sich dem freiwillig aussetzen.

Er: Und warum sind die Spiegel im Schlafzimmer zugehängt? Ist jemand gestorben?

Sie: Du willst doch wohl nicht, dass wir unsere alten Emotionen nicht loslassen können, weil unser eigenes Chi im Schlaf reflektiert wird.

Er: Heiliger Sheng Fui, das will ich natürlich auf gar keinen Fall. Ursprünglich war zwar an die Reflektion ganz anderer Dinge gedacht, aber kein vernunftbegabter Chinese …

Sie: Genau, du sagst es. Und bevor wir gleich die schweren Polstermöbel aus dem Wohnzimmer entfernen, kannst du mir beim Aufstellen dieser kleinen, nützlichen Gegenstände helfen. Die Holztiere gehören in den Osten und Südosten, die Metallfiguren in den Westen, das Glas in den Norden und die Keramiksachen in den Südwesten. Der Kompass liegt auf der Kommode. Und wenn du jetzt noch etwas freundlicher dreinschaust, dann kann die positive Energie ungehindert fließen und ihre Wirkung voll entfalten.

Er: *(zum Publikum)* Neuerdings findet man mich immer häufiger im Keller. Umgeben von stacheligen Gewächsen und großen Spiegeln hocke ich ganz nah vor dem Fernseher und lächle, während in der Mikrowelle deutsche Tiefkühlkost gelassen auftaut. Besuchen Sie mich doch mal.

Kunst

Ist das Kunst oder ist das keine Kunst? Auf diese viel gestellte Frage kann man versuchsweise Folgendes antworten: Zigtausend Euro für einen, sagen wir, Picasso auszugeben und genau zu wissen, jawohl, das ist Kunst, das ist keine Kunst. Aber ein paar hundert Euro für einen, sagen wir, XY auszugeben und tapfer zu behaupten, jawohl, das ist Kunst – das ist Kunst!

Sie: Das ist nicht dein Ernst, nicht wahr?

Er: Was denn, mein Schatz?

Sie: Du willst nicht im Ernst unseren Feininger abhängen und durch diesen Fehlkauf ersetzen.

Er: Wieso Fehlkauf? Das ist ein echter Gero Koethenstedt, den ich da erstanden habe, in 100 Jahren ist der locker das Doppelte wert.

Sie: Der Rahmen vielleicht. Gib doch zu, dass du seiner geschäftstüchtigen Gattin auf den Leim gegangen bist. Die hätte dir am Schluss doch alles verkaufen können, zumal sich dein Kunstverstand nach dem fünften Sekt ohnehin verabschiedet hatte.

Er: Ich war absolut nüchtern.

Sie: Ach ja? Sah ich dich nicht dein Glas erheben und begeistert ausrufen *(leicht lallend)*: »Gnädige Frau, den Namen Kloethenstock wird man sich merken müssen«?

Er: Das war ich nicht.

Sie: Zur nächsten Vernissage gehe ich jedenfalls mit Kopftuch und Sonnenbrille.

Er: Manche Bilder muss man sich halt zurechtsaufen, damit Kunst draus wird. Ästhetik entsteht ja erst im Auge des Betrachters.

Sie: Für mich kommt Kunst nach wie vor von »Können«. Wenn mir jemand eine gelbe Leinwand mit zwei roten Punkten als Kunst verkaufen will, dann interessiert mich schon, ob er wohl den gotischen Faltenwurf beherrscht oder wenigstens ein Pferd malen kann.

Er: In keiner mir bekannten Kunsttheorie hat das Pferd einen derart hohen Stellenwert. Kurt Schwitters war der Ansicht, dass alles, was der Künstler spuckt, Kunst sei, und Joseph Beuys hat stets behauptet, jeder Mensch ist ein Künstler, er muss nur kreativ werden.

Sie: Ach Unsinn, Talent und Leidenschaft sind die Grundlage seriöser Kunst, kreative Dilettanten produzieren bestenfalls Kitsch. Erinnerst du dich noch an die Ausstellung im Stadtmuseum?

Er: Du meinst »Transzendenz im Spiegel karmatöser Artefakte«?

Sie: So ähnlich.

Er: Mit dieser durchgeknallten Astralleib-Fetischistin, die auch nicht mehr so genau wusste, welcher Spiritus ihr den Pinsel geführt hat?

Sie: Richtig, und die vor allem nicht müde wurde, das Resultat ihrer schmalen Begabung ungeniert als Hauptweg ins Heil anzupreisen.

Er: Apropos Holzweg. Noch bezeichnender fand ich die Baum-Art-Objekte in der Galerie Schnitzler. Überall, wo man hinsah, Stümpfe, Klötze und jede Menge Astlöcher. Geknicktes und Entlaubtes aus dem Versehrtenwald, die Krüppelkiefer als Sinnbild skrupelloser Verstümmelung, das Körbchen Brennholz für schlappe zweitausend Euro.

Sie: Vielleicht ging ja ein Teil des Erlöses an »Robin Wood«.

Er: Dann hätte dieses lustige Holzhackerforum tatsächlich einen Sinn gehabt. So blieb am Schluss nur die schale Erkenntnis, dass eine Axt im Haus noch keinen Künstler macht.

Sie: Du klingst verbittert, mein Lieber. Geh morgen Nachmittag mal zu unserer Sparkasse und schau dir die Bilder des Kindermalwettbewerbs an. Du brauchst offenbar dringend Erholung.

Er: *(zum Publikum)* Mein Schatz hat Recht. Erst neulich geriet ich mit einem geschniegelten Herrn aneinander, der vor einer Wand mit weißen Pappschachteln lederartige Gegenstände in verschiedenen Größen und Farben präsentierte. Provoziert durch so viel Unverfrorenheit entlarvte ich das plumpe Konzept gnadenlos als nacktes Gewinnstreben und geißelte mit scharfen Worten die profane Allianz zwischen Kunst und Kommerz. – Seitdem darf ich meine Frau nicht mehr beim Schuhekauf begleiten.

Festrede

Wer die Kunst des wirkungsvollen öffentlichen Vortrags beherrscht, wird keine Mühe haben, ein Ehejubiläum mit wohlgesetzten Worten zu begleiten. Doch nicht jeder begnadete Rhetoriker ist auch ein Meister im Disputieren, vor allem dann nicht, wenn das Exterieur der Frau zum Gegenstand der Auseinandersetzung wird. Was dann hilft, sind auch keine noch so fundierten Kenntnisse auf dem Gebiet der Metrologie, sondern einzig und allein gewiefte Taktik und diplomatisches Geschick.

Eingangsszene: *Sie sitzt im Wohnzimmer und strickt. Er betritt den Raum mit einem merkwürdigen »Kunstgegenstand« in der Hand.*

Sie: Das ist nicht dein Ernst, nicht wahr?

Er: Was denn, mein Schatz?

Sie: Du willst nicht im Ernst mit dieser Scheußlichkeit bei Volker und Claudia auftauchen. Die beiden haben uns sicher nicht zu ihrem 20. Hochzeitstag eingeladen, damit du günstig deinen Sperrmüll loswirst. Was soll das überhaupt sein?

Er: Diese fabelhafte Skulptur heißt »aeternitas«, steht für das Unvergängliche und deutet quasi symbolhaft auf die bevorstehende Lumpenhochzeit. Ich muss nur noch das Zertifikat fälschen, und schon sind wir geschenktechnisch elegant aus dem Schneider.

Sie: Als ich dich bat, eine nette Kleinigkeit vom Flohmarkt mitzubringen, habe ich bestimmt nicht an ein rostiges Fliegengitter gedacht. Ich weiß wohl, dass du Volker nicht magst, aber meiner Schwester wirst du das nicht antun.

Er: Wir machen ohnehin zu viel Gedöns um die beiden. Seit Wochen strickst du verbissen an diesem Kaschmir-Pullover für Claudia …

Sie: Mohair, mein Lieber.

Er: … während ich die kalten Ravioli aus der Dose fischen muss.

Sie: Du Ärmster, hat dir deine Mama nicht gezeigt, wie man Feuer macht?

Er: Außerdem fliegt dieses Wollzeugs in der ganzen Wohnung umeinander. »Jetzt gehen dir auch noch die Barthaare aus«, dachte ich heute morgen beim Kämmen, bis sich die Haarbüschel Gottseidank als Mohairflusen entpuppten. Im Übrigen hast du das Teil jetzt schon zweimal aufgeribbelt. Kennst du überhaupt die Maße deiner Schwester?

Sie: Ich orientiere mich da an meinen eigenen Kleidungsstücken.

Er: Ist Claudia nicht eher klein und zierlich?

Sie: Ach, und was bin ich? Groß und fett vielleicht?

Er: Nein nein, natürlich nicht. Ihr seid halt von Natur aus unterschiedlich gebaut. Du hast das stabilere Knochengerüst, während ihre Grazilität manchmal ins Magersüchtige zu kippen scheint.

Sie: Meine Schwester hat eine Top-Figur!

Er: Ja schon, ich will auch nur sagen, dass mir das Handfeste, also das nicht unbedingt so Knochige, mehr entgegenkommt.

Sie: Erzähl nur weiter.

Er: Ich meine ja nur, dass deine Figur absolut optimal für mich ist, da muss nichts dran und da muss nichts ab.

Sie: Hör zu, bevor du dich hier um Kopf und Kragen redest, würde mich mal interessieren, wie weit du mit deiner Festrede vorangekommen bist. Lies mal vor, was du schon hast.

Er: *(räuspert sich)* 20 Jahre Ehejoch / sagt, wie lange müsst ihr noch?

Sie: Ich glaub, ich lass dich zu Hause. Ich werd denen erzählen, dass wir dich einschläfern mussten.

Er: Und wer soll bitteschön die Festrede halten? – Na also, auch wenn ich es reichlich merkwürdig finde, ausgerechnet den 20. Hochzeitstag zu feiern. Warum nicht die Silberhochzeit, so wie wir im … am … demnächst.

Sie: Demnächst? Soso, und wann ist das, demnächst?

Er: *(zum Publikum)* Man soll nur nicht meinen, dass ich in jede Falle tappe. Wichtige Daten bewahre ich seit Jahren sorgfältig im Seitenfach meines Pfeifenetuis auf. Ein kleiner, unscheinbarer Spickzettel enthält alle Informationen, die zu kennen mir meine Frau offensichtlich nicht zutraut. Welch ein Irrtum, was für eine Genugtuung! Und was für eine Tragik, wenn das verdammte Etui auf dem Büroschreibtisch liegt. Mir bleibt auch nichts erspart.

Garderobe

Alle großen Opern dieser Welt haben einen ärgerlichen Nachteil: Um in ihren vollen Genuss zu kommen, muss man sich persönlich ins Opernhaus begeben. Obschon die Kleiderordnung im Lauf der Jahre lockerer geworden ist, so wird es doch nach wie vor nicht gern gesehen, wenn der Opernfreund im Trainingsanzug aufläuft.

Eingangsszene: *Er steht ausgehfertig im Wohnzimmer und summt ein Motiv aus dem »Freischütz«. Sie betritt den Raum, halb angezogen, mit einem Handtuch um den Kopf.*

Sie: Das ist nicht dein Ernst, nicht wahr?

Er: Was denn, mein Schatz?

Sie: Du willst nicht im Ernst in diesem Aufzug mit mir in den »Freischütz« gehen.

Er: Was stört dich daran? Soll ich die Flinte zu Hause lassen?

Sie: Ich frage mich bloß, wie du es immer wieder schaffst, zu besonderen Anlässen deine unmöglichsten Klamotten anzuziehen. Das scheint eine Art Gesetz bei euch Männern zu sein; sobald es in die Oper oder ins Theater geht, greift ihr mit traumwandlerischer Sicherheit in den Altkleidersack und macht euch schick, dass es der Sau graust.

Er: Ich weiß gar nicht, was du hast, ich trage doch meinen guten Anzug.

Sie: Und was ist mit dem Hemd?

Er: Wieso, das hast du mir doch extra für kulturelle Ereignisse gekauft.

Sie: Es ist völlig zerknittert und riecht.

Er: Kunststück, es war ja auch schon in der Wäsche.

Sie: Ich glaub's nicht.

Er: Mein Gott, für den »Freischütz« wird's wohl noch reichen, so doll ist die Oper ja nun auch wieder nicht. Aber wenn es dich beruhigt, ich kann ja mal mit dem Deoroller drübergehen.

Sie: Das beruhigt mich keineswegs, mein Lieber. Zieh dir bitte ein frisches Hemd an und wechsle auch gleich das Schuhwerk. Die alten Treter sind bestenfalls noch was für den Garten.

Er: Die neuen drücken aber so, wie soll ich damit unbeschadet »Durch die Wälder, durch die Auen« kommen?

Sie: Du stellst dich vielleicht an. Glaubst du etwa, meine Hacken sind bequemer? Nun mach schon, man geht schließlich nicht zum Vergnügen in die Oper. *(mustert ihn noch einmal von oben bis unten)* Warte mal, bist du sicher, dass das dein guter Anzug ist?

Er: Allerdings.

Sie: Ich kann mir nicht helfen, du siehst irgendwie verbeult aus.

Er: Irgendwo muss ich ja meine Sachen verstauen, wenn du nur dein winziges Handtäschchen mitnehmen willst.

Sie: Was musst du verstauen?

Er: Meine Brieftasche zum Beispiel. Das Brillenetui, die Geldbörse, Wohnungs- und Autoschlüssel, Pfeifenetui, Tabaksbeutel, Handy, Partitur, Dose Bier, Salzstangen, Erdnüsse, Pantoffeln …

Sie: Also gut, ich nehme den Beutel mit.

Er: Sehr schön. Und denk dran, dass wir pünktlich da sein müssen.

Sie: Genau, darauf hab ich gewartet.

Er: Worauf?

Sie: Dass du das billige Klischee bemühst, wonach ihr Männer vor kulturellen Veranstaltungen in Hut und Mantel stundenlang auf uns Frauen warten müsst.

Er: Ich bin jedenfalls fertig.

Sie: Und ich schon lange.

Er: *(zum Publikum)* Es ist mir immer wieder ein Rätsel, wie meine Frau zu einer solch optimistischen Selbsteinschätzung gelangen kann, wenn sie in BH und Höschen vor dem Spiegel steht und die mittlerweile fünfte Schicht von Was-weiß-ich aufträgt. Noch rätselhafter ist die Tatsache, dass wir trotzdem fast nie zu spät kommen, und falls doch, dann gibt es natürlich nur eine plausible Erklärung: »Mein Mann wollte in letzter Minute noch unbedingt Hemd und Schuhe wechseln. Was soll man dazu sagen?« – Tja, dazu ließe sich einiges sagen. Doch nicht jetzt, die Ouvertüre hat nämlich soeben begonnen. *(Musik ertönt)*

Feinschmecker

Einige Zeitgenossen halten sich bereits für Weinkenner, wenn sie Lambrusco von Tafelessig unterscheiden können, und sei es auch nur an der Farbe. Dass sich gerade unter ihnen verhältnismäßig viele finden, die gerne mal Gourmet mit Gourmand verwechseln, ist daher bestimmt kein Zufall. »Herr Ober, noch mal Currywurst und 'ne Dose von dem leckeren Beaujolais!«

Eingangsszene: *Das Ehepaar ist in der Küche. Sie leert einen Einkaufskorb, er hält eine Weinflasche in der einen und eine Bohrmaschine in der anderen Hand.*

Sie: Das ist nicht dein Ernst, nicht wahr?
Er: Was denn, mein Schatz?
Sie: Du willst nicht im Ernst den Wein mit der Bohrmaschine entkorken.
Er: Nein, nein, die brauche ich für unseren Weinkeller.
Sie: Welchen Weinkeller? Wir haben doch gar keinen.
Er: Noch nicht, aber lass mich nur machen.
Sie: Du solltest lediglich ein paar erstklassige Weine besorgen, wenn die Krövers zum Essen kommen. Dr. Kröver ist ein Connaisseur par excellence, da will ich mich nicht blamieren. Was hat dir der Weinhändler denn mitgegeben?
Er: Nach intensiver Verkostung habe ich mich für eine exquisite Auswahl an weißen, roten und gemischten entschieden. Wenn es connaissiert, dann können wir ja vorab ein Fläschchen deflo-

rieren. Dies hier zum Beispiel ist eine Drosselfelder Amselgasse, 12 PS mit edel geblümtem Etikett. Oder lieber einen Gurkenthaler Schädelspalter, Baujahr 99, mit gegenläufigem Schraubverschluss?

Sie: Ich werde absagen, das kann nicht gut gehen.

Er: Moment, mit wem soll ich dann fachsimpeln? Schließlich kann ich das »kleine Weinbrevier«, das du mir mitgebracht hast, nahezu auswendig. Los, frag mich was.

Sie: In welchem Anbaugebiet liegt der Kaiserstuhl, und wie würdest du seine Weinsorten charakterisieren?

Er: Der Kaiserstuhl liegt im Badischen. Sein Müller-Thurgau hat eine feuchte Nase, stramme Säure am Gaumen und ist leicht schluffig im Nachhall. Na, was sagst du?

Sie: Die Gegeneinladung können wir streichen.

Er: Das ist aber auch schwierig, so ganz ohne Stuhlprobe.

Sie: Komm, hol mir mal ’n Schnaps und dann hilf mir beim Auspacken.

Er: Was hast du denn da gekauft?

Sie: Gefrorene Flugenten.

Er: Mein Gott, wie hoch sind die denn geflogen? Gibt es die morgen Abend?

Sie: Ja.

Er: Wären Täubchen nicht vornehmer gewesen?

Sie: Willst du jetzt das Kochen übernehmen? Halbes Täubchen mit Pommes rot-weiß?

Er: Und Sahnehäubchen, Nouvelle Cuisine nie ohne Sahnehäubchen. *(zum Publikum)* Dabei dachte ich eher an eine Peperonata-Mousse mit marinierter Rotbarbe als Vorspeise, dazu einen trockenen Chardonnay, als Hauptgericht Bauerntaube in Spätburgunder mit Zwiebel-Tarte-Tatin und als Dessert pochierte Birne mit Moscato-Sabayon und Grappa-Eis.

Sie: Fast alle Männer aus unserem Bekanntenkreis sind fabelhafte Köche. Was ist da nur wieder bei dir schiefgelaufen?

Er: Versucht hab ich’s ja.

Sie: Und wie, anstatt mit dem Schulkochbuch anzufangen, musste der Herr Bocuse natürlich irgendeinen Wahnsinn ausprobieren.
Er: Nun ja. *(hüstelt nervös)*
Sie: Was war das noch?
Er: Weiß nicht mehr.
Sie: Jedenfalls irgendwas mit Mousse und Zwiebel-Tarte und pochierten Birnen.
Er: Ach ja?
Sie: Der Brandsachverständige war ja damals der Meinung …
Er: Flugente! Gratuliere, mein Schatz, eine wirklich gute Wahl. Noch'n Schnäpschen?

Tierfreund

Die Zahl der auf der Erde lebenden Tierarten wird auf 10 bis 200 Millionen geschätzt. Die von der Wissenschaft beschriebenen Arten belaufen sich auf etwa 1,4 Millionen. Schätzungen für die Individuenzahl der mehrzelligen Tiere reichen von 10 Billiarden bis über 1 Trillion. Auf jeden Menschen kämen damit rund 2 bis 200 Millionen Tiere. Doch manche haben nicht mal einen Hund.

Sie: Das ist nicht dein Ernst, nicht wahr?
Er: Was denn, mein Schatz?
Sie: Du willst nicht im Ernst euren Hansi bei uns einquartieren, wo du doch genau weißt, wie wenig ich mit Vögeln am Hut habe.
Er: Das ist mir neu.
Sie: Du lässt auch nichts aus. – Warum hast du deinen Eltern nicht gesagt, dass ich gegen Federvieh allergisch bin?
Er: Es ist ja nur für 14 Tage. Du wirst den Wellensittich gar nicht merken.
Sie: Vögel machen Krach, machen Dreck und haben Milben.

Er: Dieser Vogel singt, putzt seinen Käfig und badet jeden Tag.

Sie: Alle Vögel sind Milbenschleudern, euer Hansi ist da keine Ausnahme.

Er: Unser Hansi ist ein liebenswertes Kerlchen und heißt Peter.

Sie: Mir ist egal, unter welchem Namen er die Milben schleudert. Ich krieg jetzt schon rote Pusteln, wenn ich daran denke. Hast du mal so eine Milbe unter dem Mikroskop gesehen? Das sind die reinsten Monster, Fressmaschinen auf acht Beinen.

Er: Was glaubst du wohl, warum der Mensch die Welt mit bloßem Auge wahrnimmt? Unter dem Mikroskop hätte ich vielleicht ebenfalls acht Beine und müsste dann befürchten, hinterrücks von dir mit Paral besprüht zu werden.

Sie: ’ne große Fliegenklatsche tät’s da auch.

Er: Aua.

Sie: Wir hatten uns doch darauf geeinigt, keine eigenen Haustiere anzuschaffen. Und nun nimmst du ständig irgendwelche fremden Viecher in Pension. Was soll das?

Er: Ich kann so schlecht Nein sagen.

Sie: Hör bloß auf, du spielst doch gerne den Sittich-Sitter. Mit dem Papagei meiner Schwester hast du dich neulich stundenlang unterhalten; als Ehefrau kann ich davon nur träumen. Und auch das Meerschweinchen meiner Nichte war zu beneiden, so liebevoll wie es von dir gestreichelt wurde. Liegt das am Fell? Hab ich ’ne Chance, wenn ich meine Beine nicht mehr rasiere?

Er: Die quieken so niedlich.

Sie: Das Quieken der Schweine, wirklich putzig. Willst du nicht endlich mal erwachsen werden?

Er: Cui bono? Was hab ich davon?

Sie: Es könnte zumindest nicht schaden. Was sind das für Schlüssel?

Er: Die gehören zu Walters Wohnung, ich soll mich in den nächsten Tagen um sein Aquarium kümmern.

Sie: Ums Aquarium, soso. Und wer hat vorhin angerufen?

Er: Brinkmanns Jüngster. Kennst du Hoppel und Moppel?

Sie: Nein.

Er: Das sind zwei ganz reizende weiße Kaninchen, die uns der Jonas über Pfingsten anvertrauen möchte.
Sie: Na prima, dann kann ich ja meine Eltern zum Essen einladen.
Er: Nichts dagegen, mein Schatz. *(zum Publikum)* Überflüssig zu erwähnen, dass meine Frau uns natürlich keinen Kaninchenbraten serviert hat, wo denken Sie hin. Es gab Fisch. Und jetzt entschuldigen Sie mich bitte, die Pflicht ruft. *(zur Gattin)* Liebling, weißt du zufällig, wo die Wohnungsschlüssel von Walter sind?
Sie: In meiner Handtasche.
Er: O. k., ich fahr dann mal eben. Bis gleich. *(für sich)* In ihrer Handtasche. – Wieso denn in ihrer Handtasche?!

Tennis

Drei große Ereignisse gibt es, die das Leben für den Mann bereit hält: das erste Mal, das erste Auto, das erste graue Haar. Letzteres ist geeignet, ihn in eine tiefe Krise stürzen zu lassen, in die berühmte Midlife-Crisis. Diese ist ein echter Härtetest für ihn, doch seien wir ehrlich, viel mehr noch ist sie es für seine Frau. Sie muss fassungslos mit ansehen, wie er seine beginnende Senilität durch Maßnahmen zu kompensieren sucht, die beängstigend und rührend zugleich anmuten. Ein besonders erschütterndes Beispiel dokumentiert der folgende Dialog.

Eingangsszene: *Er steht im Wohnzimmer und übt mit einem imaginären Tennisschläger Vor- und Rückhand. Sie tritt unbemerkt ein und beobachtet ihn eine Weile.*

Sie: Das ist nicht dein Ernst, nicht wahr?
Er: Was denn, mein Schatz?
Sie: Du willst nicht im Ernst wieder an euren Vereinsmeisterschaften teilnehmen, oder?

Er: Wieso, ich nehme doch jedes Jahr daran teil.

Sie: Eben, und jedes Jahr ist es das gleiche Trauerspiel: keuchende Männer am Rande des Herzinfarkts, die auf roter Asche verzweifelt ihrer Jugend hinterherlaufen.

Er: Ich laufe nicht meiner Jugend hinterher. Ich bin jetzt seit vier Jahren 39 und suche lediglich noch immer die sportliche Herausforderung.

Sie: Dann suche ich schon mal die Nummer des Notarztes, am Wochenende sollen es nämlich 30 Grad werden.

Er: Schönes Wetter galt schon in der Antike nicht als Ausrede für mangelnde Wettkampfbereitschaft.

Sie: Mir will nur nicht in den Kopf, wie Männer in den Wechseljahren bei sengender Sonne ihre Gesundheit aufs Spiel setzen können, nur um herauszufinden, wer denn am Ende wohl den längsten hat.

Er: Dem Sieger winken Gold und Glanz, auch winkt der Jungfraun holde Schar zu kränzen ihm die lichte Stirne. – Vergiss nur nicht, teures Eheweib, dass auch du an meinem Ruhme teilhättest.

Sie: Ja ja, ich hör sie schon raunen, deine Jungfrauen: »O seht nur, da kommt sie, des Champions tapfere Witwe.«

Er: *(zum Publikum)* Meine Frau neigt bisweilen zu Übertreibungen, besonders wenn es um das engagierte sportliche Kräftemessen unter Männern geht. Aber ist es nicht auch rührend zu sehen, wie sehr sie sich um ihren Helden sorgt? Und ist es nicht beruhigend zu wissen, wie sicher der im Falle einer Blessur bei ihr aufgehoben wäre?

Sie: Glaub doch ja nicht, dass ich dich wieder vier Wochen lang täglich zum Orthopäden karre und mir dabei dein Gejammer anhöre.

Er: Ich habe nicht gejammert. Ein Mann leidet stumm und ergeben.

Sie: Ja genau, und die Erde ist eine Scheibe. Anstatt euch vor der intelligenten Hälfte der Menschheit zum Kasper zu machen, könntet ihr euch doch entspannt und freundlich die Bälle zuspielen.

Er: Na super, ich seh uns schon in kleinen Grüppchen die neuste Tennismode diskutieren. Nein, nein, wir Männer brauchen Action, Fun und Good Vibrations. Nicht zuletzt wirbt ja auch der Deutsche Sportbund mit dem Slogan: »Schlag dir die Sorgen aus dem Kopf!«

Sie: »Die Sorgen«, mein Lieber, nicht den Verstand. Aber mach von mir aus, was du willst, du bist schließlich alt genug.

Er: *(zum Publikum)* Wenn meine Frau scheinbar resignativ auf weitere Argumente verzichtet und mir mit Hinweis auf meine Volljährigkeit selbstverantwortliches Handeln zugesteht, dann ist noch einmal Vorsicht geboten, denn meistens kehrt der offiziell beendete Disput nach Tagen durch die Hintertür zurück.

Sie: Denk mal, wen ich heute morgen in der Stadt getroffen habe: Inge!

Er: Welche Inge?

Sie: Na, Inge, deren Mann sich neulich beim Jubiläumsturnier die Achillessehne abgerissen hat.

Er: *(zum Publikum)* Subtiler, wenn auch nicht weniger effizient, ist schließlich jene fürsorgliche Geste, mit der mich meine Frau an besagtem Tage verabschiedet. Sie legt mein frisch gewaschenes Lieblings-T-Shirt oben in die Sporttasche, gibt mir einen dicken Kuss auf die Stirn und entlässt mich mit den Worten: »Na gut, dann geh schön spielen.« Und während ich mich auf den Weg mache, wächst in mir ganz leise und allmählich die Gewissheit, dass die Kindertage unwiederbringlich dahin sind.

Glücksspiel

Die Ziehung der Lottozahlen hat höhere Einschaltquoten als das Telekolleg. Hat das Glücksspiel also einen höheren Stellenwert als die Bildung? Ist die Aussicht auf finanziellen Gewinn reizvoller als die auf intellektuellen? Bedeutet Geld mehr als Wissen und damit mehr als Macht? Doch hat nicht, wer Macht hat, auch Geld? Wollen Sie das wirklich wissen? Nein? Na, macht nix.

Sie: Das ist nicht dein Ernst, nicht wahr?

Er: Was denn, mein Schatz?

Sie: Du willst nicht im Ernst fünfzig Lottoscheine ausfüllen und womöglich noch abgeben.

Er: Samstag knack ich den Jackpot, das ist es mir wert.

Sie: Dann knack mal. Seit wir uns kennen, spielst du Lotto, und seit du Lotto spielst, tippst du die falschen Zahlen.

Er: Moment, was war am 10. 8. 1985? Na?

Sie: Ja doch, da hattest du drei Richtige.

Er: Na also, und kaum 17 Jahre später, am 1. 6. 2002? Na?

Sie: Da hattest du schon wieder drei Richtige.

Er: Bitteschön, von wegen falsche Zahlen. Aber vielleicht sollte ich nicht nur aufs Glück vertrauen, schließlich kann ich auch Millionär werden, wenn ich beim Fernsehquiz 15 Fragen richtig beantworte.

Sie: *(nimmt einen Stapel Lottoscheine)* Ich helf dir beim Ausfüllen.

Er: Gefragt ist halt eine gute Allgemeinbildung. Wenn man zum Beispiel weiß, dass Voltaire den Strom erfunden hat und die Maya ein Bienenvolk in Südamerika waren, dann kann man getrost auf den Telefonjoker verzichten.

Sie: Du bist so klug, ich bewundere dich.

Er: Ich könnte mich natürlich auch auf ein Gebiet spezialisieren …

Sie: Au ja, berühmte Erfinder.

Er: … aber da gibt es, glaub ich, nicht so viel zu gewinnen.

Sie: Das glaub ich allerdings auch.
Er: Wusstest du, dass das männliche Gehirn 1375 Gramm wiegt?
Sie: Am Stück?
Er: Im Schnitt, das weibliche übrigens 1245.
Sie: Und?
Er: Nichts und, ist einfach so.
Sie: Du kannst also 1375 Gramm Hirn in die Waagschale werfen, um Millionär zu werden?
Er: Genau.
Sie: *(füllt übertrieben hastig einen Lottoschein aus)* Ich hoffe nur, du hast deinen Job noch nicht gekündigt.
Er: Pferdewetten wär auch noch 'ne Möglichkeit. Wenn man sich ein bisschen auskennt, kann man ganz schön absahnen.
Sie: Und du kennst dich aus.
Er: Das will ich meinen, der Turf ist quasi meine zweite Heimat, und seit ich damals vom Pferd gefallen bin, macht mir so leicht keiner was vor.
Sie: Höchstens du dir selber.
Er: Oder Windhundrennen, Windhunde sind ebenfalls nicht schlecht.
Sie: Bist du da auch schon runtergefallen?
Er: Jetzt hab ich's, ich gehe ins Spielcasino und setze alles auf meine Glückszahl, die 27.
Sie: Was alles?
Er: Den Lottogewinn.
Sie: Bist du sicher, dass du noch alle 1375 Gramm beisammen hast?
Er: Hol die Waage.
Sie: Dann ist ja gut.
Er: *(zum Publikum)* Ich hab keine Ahnung, wer den Jackpot geknackt hat. Beim Hunderennen siegte jedenfalls »Tornado« vor »Geölter Blitz« und »Hurricane«. Mein Favorit ist offenbar noch immer nicht durchs Ziel, »Windbeutel«, der Name hätte mich stutzig machen sollen.

Auto

»Autokauf ist Männersache« hieß es schon bald, nachdem das Rad erfunden war. Doch wie bei so manchen männlichen Privilegien ging auch hier die Evolution im Lauf der Zeit darüber hinweg. Heute müssen die meisten Männer froh sein, wenn ihnen wenigstens die Farbauswahl der Fußmatten vorbehalten bleibt.

Eingangsszene: *Das Ehepaar sitzt im Wohnzimmer und studiert Prospekte verschiedener Automarken.*

Sie: Das ist nicht dein Ernst, nicht wahr?
Er: Was denn, mein Schatz?
Sie: Du willst nicht im Ernst so einen Riesenbus kaufen.
Er: Das ist kein Bus, meine Liebe, das ist ein Van.
Sie: Was hast du denn vor? Willst du jetzt an den Wochenenden Kaffeefahrten veranstalten? Ich möchte dich daran erinnern, dass unsere Familie gerade mal aus zwei Personen besteht.
Er: Wir können uns ja ein Tier anschaffen.
Sie: Und an was hast du dabei gedacht? Einen Elefanten?
Er: So ein Van ist jedenfalls praktisch und elegant. Schau dir nur mal die Ausstattung an.
Sie: Ja super, sogar mit Garagenaufkleber: »Wir müssen draußen bleiben.« Weißt du, was mir vorschwebt?
Er: Oh ja, aber ich möchte kein halbes Auto.
Sie: Ein Kabrio hat einfach was. Wenn die anderen im Sommer in ihren Blechbüchsen schwitzen, machen wir das Verdeck auf …
Er: … und holen uns ’n Sonnenstich. Der Van hat eine Komfort-Klimaanlage und wir ein festes Dach überm Kopf. Außerdem kauf ich kein Auto, bei dem nur das Halstuch und die Sonnenbrille serienmäßig sind.
Sie: Du bist langweilig. Guck mal, der hier ist doch Klasse. Ganz in Gelb, schwarzes Verdeck …

Er: … Borussenschal auf der Ablage …
Sie: … und beleuchtbarer Kosmetikspiegel.
Er: Das ist ein Zweisitzer, für den gibt es nicht mal eine Anhängerkupplung.
Sie: Na und?
Er: Soll unser Elefant hinterherlaufen? Ich will ein solides Auto, ich hab in meinem Leben schon genug Schrott gefahren.
Sie: Mein Gott, das war doch auch lustig. Ich musste mal den Schalthebel am Lenkrad durch einen Schraubenzieher ersetzen, seitdem trag ich immer einen bei mir.
Er: Und ich trage Nylonstrümpfe, seitdem mir mal der Keilriemen gerissen ist. Ich möchte einfach ein vernünftiges Auto, möglichst in Blau, mit einem Dach und mindestens vier Sitzen.
Sie: Bist du eigentlich schon als Kind so gewesen? Du hattest bestimmt Stützräder am Fahrrad, anders kann ich mir das nicht erklären. Na schön, dann müssen wir halt einen Kompromiss finden.
Er: Wie soll der denn aussehen? Ein blau-gelber Viehtransporter mit offener Fahrerkabine und beleuchtbarem Kosmetikspiegel?
Sie: Pass auf, lass uns einfach mal 'ne Probefahrt machen, dann wirst du schon sehen.
Er: *(mit Bommelmütze, Schal und Fäustlingen zum Publikum)* Wir haben ein neues Auto. *(Pause)* Todschick, vielleicht etwas eng für uns alle. Doch wenn wir das Verdeck auflassen, dann geht's. *(das Trompeten eines Elefanten ertönt)* Ich muss los. Bis bald.

Badeschwamm

Die frühkindliche Begegnung mit einem Vertreter der Porifera aus dem Reich der Metazoa kann traumatische Folgen haben, wer wüsste das nicht. Manchmal hört man von Betroffenen, die ihren Komplex als Erwachsene überwinden konnten, niemals jedoch von solchen, die ihrem Übeltäter verziehen hätten oder gar eine Liaison mit ihm eingegangen wären. Niemals, bis heute jedenfalls.

Eingangsszene: *Das Ehepaar steht in einem Drogeriemarkt vor einem Regal. Er hält einen Badeschwamm in der Hand und begutachtet ihn eingehend.*

Sie: Das ist nicht dein Ernst, nicht wahr?

Er: Was denn, mein Schatz?

Sie: Du willst nicht im Ernst 20 Euro für dieses Tier ausgeben, oder?

Er: Für welches Tier denn, bitteschön?

Sie: Na, für diesen Schwamm, du willst nicht ernsthaft 20 Euro für diesen Schwamm ausgeben!

Er: Ein Schwamm, meine Liebe, ist erstens kein Tier, auch wenn es sich um einen Naturschwamm handelt, und zweitens soll dieses Prachtexemplar meinen bisher eher tristen Badealltag entscheidend aufwerten, und dies rechtfertigt durchaus seinen Preis.

Sie: Na schön, wenn ihr heiraten wollt, dann sucht euch irgendwo eine möblierte Nasszelle und werdet glücklich, in meine Badewanne kommt dieses Viech jedenfalls nicht. Schon als Kind waren mir diese großlöcherigen Ungetüme nicht geheuer, ich hab immer geglaubt, dass sie alles aufsaugen, was in ihre Nähe kommt. Vor jedem Baden musste meine Mutter zunächst den Schwamm entfernen und durfte ihn erst wieder zurückbringen, wenn ich fertig war. Einmal hat meine kleine Schwester mir den Schwamm absichtlich ins Badewasser geworfen, seitdem ist es ganz aus. Halte mir also bitte das Tier so weit wie nur möglich vom Leibe!

Er: Es ist kein Tier.

Sie: O doch, es ist!

Er: *(im Wohnzimmer, in einem Lexikon blätternd)* Schwabe, Schwalbe, Schwamm. –

Sie: Und, wer hat nun recht?

Er: Hier steht, dass wir unbedingt etwas gegen deine Spongiaphobie unternehmen müssen, weil mit fortschreitender …

Sie: Ist es nun ein Tier oder nicht?

Er: Vielleicht.

Sie: Zeig mal her. – Na also: »Das Einzeltier hat becherförmige Gestalt …«

Er: Schon, aber »Badeschwämme haben ein feines, faserigmaschiges Skelett, das wegen seiner Elastizität, Weichheit und Saugfähigkeit als Reinigungsmittel dient.«

Sie: Auf jeden Fall ist es ein Tier.

Er: Aber ein totes.

Sie: Mir kommen keine toten Tiere in die Wanne! Am besten, du begräbst es im Garten.

Er: Und wenn es noch lebt?

Sie: Dann besorg einen Käfig.

Er: Wie wäre es mit einem Aquarium?

Sie: Und was soll ich unseren Freunden erzählen, wenn sie sehen, dass sich in deinem Aquarium ein Badeschwamm tummelt? Nein, nein, begrab ihn oder sorge zumindest dafür, dass er sich anständig aufführt, dann kannst du ihn von mir aus behalten.

Er: *(zum Publikum)* In den folgenden Wochen gab unser neuer Mitbewohner immer weniger Anlass zu kontroversen Diskussionen, denn während er immer wieder zu meinem Badevergnügen beitrug, ging er meiner Frau offensichtlich aus dem Wege. Oder sie ihm, wie ich glaubte, bis mir eines Tages auffiel, dass er nicht wie sonst von außen an der Klinke unserer Badezimmertür hing, als meine Frau badete. *(fragt durch die angelehnte Badezimmertür)* Wo ist denn der Schwamm, Liebling?

Sie: Du meinst »Spongi«?

Er: »Spongi«?!

Sie: Hier bei mir, du könntest mir mal den Rücken damit waschen. Aber mach bitte den Mund zu, sonst glaubt unser Freund noch, du wolltest ihn fressen.

Er: *(zum Publikum)* Unser Badeschwamm heißt »Spongi«, und meine Frau hat ein Verhältnis mit ihm. Das kann ich auch keinem erzählen.

Kurze Sketche für jede Gelegenheit

Die in den Texten ausgeführten Ideen genügen Ihnen nicht? Dieses Buch soll und kann auch nur zur Anregung dienen. Gehen Sie überall auf Ideensuche und lassen sich auch von den Beispielen im folgenden Kapitel inspirieren.

Alternative

Dauer: ca. 1 Minute
Personen: zwei Personen, die 1. Person muss bereits anwesend sein, wenn die 2. Person die Szene betritt.

Eingangsszene: *Bei der Begrüßung des Geburtstagskindes Beispiel für den 28. August*

1. Person: *(zum Geburtstagskind)* Eigentlich kannst du froh sein, dass ich heute hier bin, weißt du, wer noch Geburtstag hat?

(Das Geburtstagskind wird wahrscheinlich »nein« sagen.)

1. Person: Goethe. Da wollte ich eigentlich heute hin, aber Goethe hat mich nicht eingeladen.
2. Person: Wie auch, Goethe ist tot.
1. Person: Seit wann das denn?
2. Person: Seit dem 22. März 1832.
1. Person: *(zum Geburtstagskind)* Da kannst du mal sehen, was du für ein Glück hast, dass der Goethe schon tot ist.

Alles dreht sich

Dauer: ca. 1 Minute
Personen: ein Paar

Eingangsszene: *Bei der Begrüßung des Geburtstagskindes*

Sie: *(zum Geburtstagskind)* Weißt du, so gerne habe ich meinen Mann heute Abend nicht mitgebracht.
Er: Warum denn nicht?
Sie: *(zu ihrem Partner)* Weil sich immer alles um dich drehen muss. Aber heute Abend wirst du dich bremsen, klar?
Er: Wenn du das meinst.
Sie: Das meine ich! Heute hat Max Geburtstag, und da dreht sich selbstverständlich alles um ihn.
Er: O.k., dann werde ich eben aufpassen, dass er mehr säuft als ich. Oder lieber gleich viel, dann dreht sich alles um uns. Komm, Max, lass uns anfangen.

Schlechte Laune

Dauer: ca. 1 Minute
Personen: zwei Personen, die 1. Person muss bereits anwesend sein, wenn die 2. Person die Szene betritt.

Eingangsszene: *Bei der Begrüßung des Geburtstagskindes*

1. Person: Warum bist du denn allein gekommen?
2. Person: Weil meine Frau *(mein Mann)* schlechte Laune hat.
1. Person: Wieso das denn?
2. Person: Weil ich sie *(ihn)* nicht mitnehmen wollte.

Fragmente

1. *Jemand wird befragt, zum Beispiel bei einem Quiz, vor Gericht oder beim Anhalten um die Hand der Tochter. Mit solchen Szenarien kann auf die Vergangenheit des Geburtstagskindes eingegangen werden:*
An welchem Tag ist Ihr Geburtstag?
Am *(Tag, Monat des Geburtstagsdatums)*.
In welchem Jahr bitte?
In jedem Jahr.

2. *Wenn Ihnen kein rechter Schluss einfallen will:*
Und so neigen wir in Ehrfurcht unser Haupt und beugen es dem Tische zu ... in der Hoffnung, dort mit dem Munde auf ein wohl gefülltes Glas zu stoßen ... welches wir in dieser frohen Runde ... auf dein Wohl in unseren Bauch entleeren können.

3. *Bei runden Geburtstagen bietet sich folgender Einfall an:*
Glücklich siehst du aus, ein Kegelbruder kannst du nicht sein.
Kann er nicht?
Kann er nicht! Wenn einem Kegler die Null beschert wird statt der Neune, sieht der nie glücklich aus.

4. *Eine Idee, die Tochter oder Sohn des Geburtstagskindes und ein Mitspieler verwenden können:*
Mein Vater *(meine Mutter)* ist großartig.
Oh, so was hört man heutzutage selten.
Doch, wirklich, er *(sie)* ist großartig, weil ich ihm *(ihr)* stets bei der Arbeit helfen darf, sogar dann, wenn ich gar nicht will.

Familienangelegenheiten

Dauer: ca. 1–2 Minuten
Personen: zwei Brüder; ein Unbeteiligter
Requisiten: eine Zeitung

Eingangsszene: *Die beiden Brüder stehen am Bahnsteig und verabschieden sich, ein Unbeteiligter steht daneben und liest in der Zeitung.*

Erster Bruder: Mein Lieber! Die paar Tage bei euch waren mal wieder allererste Sahne. Wie jedes Mal!

Zweiter Bruder: Mach mal nicht so ein Aufsehen! Versteht sich doch von selbst! Wozu sind Brüder schließlich da? Freut mich, dass es dir gefallen hat. Komm bald mal wieder!

Erster Bruder: Darauf kannst du dich aber verlassen! Das Essen – ein Gedicht; der Wein – nur die edelsten Tropfen, und deine Frau war im Bett absolute Spitzenklasse. Du wirst nicht lange auf mich warten müssen! *(sie umarmen sich, der zweite Bruder geht ab)*

Unbeteiligter: *(nimmt die Zeitung runter, leicht verstört)* Entschuldigen Sie mal bitte! Ich bin gerade ungewollt Zeuge Ihrer Unterhaltung geworden. Es geht mich ja nichts an, aber haben Sie Ihrem Bruder gerade allen Ernstes gestanden, seine Frau wäre eine Wucht im Bett?

Erster Bruder: *(etwas verlegen)* Da haben Sie mich ertappt! Eigentlich haben Sie ja recht! Ich wollte nur höflich sein. Soo überragend ist sie wirklich nicht.

Reingelegt

Dauer: 1–2 Minuten
Personen: Anton und Otto, zwei Rentner
Requisiten: zwei Spazierstöcke

Eingangsszene: *Anton und Otto gehen spazieren.*

Anton: *(grinst stolz)* Stell dir vor, Otto, letzte Woche ist mir der Coup meines Lebens gelungen. Ich werde nächsten Monat noch einmal heiraten.

Otto: Dann darf man wohl gratulieren? Du hast es aber faustdick hinter den Ohren!

Anton: Und jetzt kommt das Beste! Sie ist blond, hat meterlange Beine und eine Traumfigur. Und sie ist erst fünfundzwanzig Jahre alt.

Otto: *(etwas neidisch)* Mensch, Anton, du bist schon ein toller Hecht. Immer hinter den Frauen her und dabei erfolgreich wie eh und je. Wenn das bei mir genauso laufen würde!

Anton: *(prahlerisch)* Ich habe eben das gewisse Etwas, dem Frauen nicht widerstehen können.

Otto: Jetzt aber mal raus mit der Sprache! Spann mich nicht länger auf die Folter! Erzähl, wie du die wieder rumgekriegt hast. Du bist immerhin schon siebzig.

Anton: Na, ein wenig geflunkert habe ich schon. Zuerst habe ich ihr ein Bild von der Yacht meines Neffen gezeigt und gesagt, es wäre meine. Und dann habe ich ihr erzählt, ich wäre schon neunzig.

Männerträume

Dauer: ca. 1–2 Minuten
Personen: ein zerstrittenes Ehepaar
Requisiten: ein Koffer

Eingangsszene: *Nach einem heftigen Streit hat er seinen Koffer gepackt und ist drauf und dran zu gehen.*

Sie: Wo willst du denn hin mit deinem Koffer? Du kommst doch sowieso nirgends unter.

Er: Das hättest du wohl gern. Aber mich siehst du so schnell nicht mehr wieder. Ich weiß schon, wo ich den Rest meines Lebens verbringen werde. Endlich wird ein Traum wahr!

Sie: So, das würde mich mal brennend interessieren, was du so für Vorstellungen hast.

Er: Ich bin ein freier Mann und kann tun und lassen, was ich will. Von dir lasse ich mir nichts mehr sagen.

Sie: Das musst du auch nicht. Du hörst ja ohnehin nie richtig zu, wenn ich mit dir reden will.

Er: Zum Glück muss ich das nicht länger ertragen. In der Südsee werde ich meinen Frieden finden.

Sie: Du immer mit deinen komischen Südseeträumen! Und von was bitte willst du dort leben?

Er: Tja, meine Liebe! Da werden dir die Augen übergehen. Es gibt dort nämlich Inseln, da bekommen Männer jedes Mal, wenn sie mit einer Frau schlafen, fünfzig Euro.

Sie: Wenn du einen Augenblick warten würdest, dann packe ich auch schnell und komme mit.

Er: Ich frage mich, was du da willst!

Sie: Ich möchte nur mit ansehen, wie du mit fünfzig Euro im Jahr auskommst.

Geisterstunde

Dauer: ca. 1–2 Minuten
Personen: Klausi, 10 Jahre alt; Hubert, sein Vater; Ingo, ein Freund der Familie

Eingangsszene: *Klausis Vater war ein paar Tage verreist und wird nach seiner Rückkehr von seinem Sohn bestürmt.*

Klausi: Papi, Papi! Gut, dass du endlich wieder da bist! Bei uns im Schrank wohnt ein Gespenst!

Hubert: Aber Klausi, du bist doch alt genug und weißt, dass es keine Gespenster gibt.

Klausi: *(beharrt)* Das hat Mami auch schon gesagt, aber ich habe es doch selbst gehört.

Hubert: Na gut, dann gehen wir zusammen nachschauen, dann wirst du schon sehen, dass du dir das alles nur eingebildet hast. *(nimmt seinen Sohn an der Hand und geht mit ihm ab, kommt aber gleich darauf aufgebracht wieder, seinen Freund Ingo am Kragen zerrend)* Mein lieber Schwan, Ingo! Du solltest dich was schämen. Und ich habe immer geglaubt, du wärst ein guter Freund. Wie man sich manchmal in den Menschen täuschen kann! Vertraut habe ich dir und DAS hab ich jetzt davon.

Ingo: *(abwiegelnd)* Aber lass mich doch erklären!

Hubert: *(noch wütender)* Da gibt es wohl nicht mehr viel zu erklären. Kaum dreht man dir für ein paar Minuten den Rücken zu, fällt dir nichts Besseres ein, als dich bei uns in den Schrank zu stellen und meinen armen Sohn zu Tode zu erschrecken.

Es ist an der Zeit

Dauer: ca. 1 Minute
Personen: drei
Requisite: Kassettenrekorder mit klassischer Musik

1. Person: Es ist an der Zeit ...
2. Person: Das kommt vom Alter.
1. Person: Eben, deswegen ist es ja auch an der Zeit.
3. Person: Was ist an der Zeit?
1. Person: Du weißt doch, dass *(Name des Geburtstagskindes)* heute 65 wird.
3. Person: Klar, deshalb sind wir ja hier.
2. Person: Genau. Und wenn jemand 65 wird, dann ist es nun mal an der Zeit. *(startet die Musik)*
3. Person: An welcher Zeit, zum Teufel?
1. Person: Es ist an der Zeit, einen Mann/eine Frau/einen Menschen zu feiern, wie es so gezeugt in Deutschland nirgendwo eine(n) zweite(n) gibt.
2. Person: Und genau das wollen wir jetzt tun.

Ausverkauf

Dauer: ca. 1–2 Minuten
Personen: Adele und Brunhilde, um die 70, mit Kopftuch oder Haarnetz
Requisiten: zwei Einkaufskörbe mit Gemüse

Eingangsszene: *Die beiden Damen schlendern über den Markt.*

Adele: Ach Bruni, das Leben ist auch nicht mehr das einfachste. Alles wird immer teurer. Man weiß bald nicht mehr, was aus einem werden soll.

Brunhilde: Aber Adele, man muss es sich nur richtig einrichten, dann kommt man schon über die Runden. *(zieht ein Bund Möhren aus ihrem Einkaufskorb)* Ich will es dir mal kurz erklären. Siehst du diese Rüben? Nicht ganz makellos, aber dafür habe ich sie für einen Spottpreis bekommen. Praktisch geschenkt.

Adele: Ich kann dich wirklich nur bewundern. Du bist eine tolle Frau. Nie um eine Idee verlegen und auch nicht auf den Mund gefallen. Ich wünschte, ich könnte so sein wie du!

Bruni: Aber das ist doch nicht schwer. Man muss nur die Augen offen halten und vor allem mit den Leuten reden, dann kann gar nichts passieren. Und sein Geld hält man eben ein wenig zusammen. Schau! Gestern war ich zum Beispiel mit meinem Mann beim Räumungsverkauf.

Adele: Und hast du wenigstens was Ordentliches für ihn gekriegt?

Bruni: Zweihundert Euro! Nicht die Welt, aber ich bin schon froh, dass ihn überhaupt jemand genommen hat!

Pfiffige Sketche für jede Feier

Sketche schreiben wie ein Profi

Einleitung

Um eines gleich vorwegzunehmen: Ohne Lesen geht es nicht. Wer nicht liest, kann Schreiben nicht lernen. Die vielfältigen Inspirationen, die wir für unsere Sketche brauchen, kann man zeitaufwendig suchen, man kann aber auch einschlägige Bücher verwenden. Unter der Voraussetzung, dass Zeit Geld ist, ist das noch nicht einmal die teuerste Methode.

Eine Inspiration ist ein Denkanstoß, nichts weiter. Die einfachste Art erleben wir fast täglich. Wir unterhalten uns, jemand macht eine Bemerkung oder stellt eine Frage. Spontan sagen wir etwas dazu. Wir haben uns zu einer Aussage inspirieren lassen. Wenn unsere Reaktion originell war und zum Lachen anregte, kann sie bereits die Grundlage eines Sketches sein.

Leider geschieht es aber nur sehr selten, dass wir gerade dann, wenn wir einen eigenen Sketch brauchen, auf diese zufällige Art inspiriert werden. Also heißt es suchen, heißt es, die zufällige Inspiration durch eine bewusst herbeigeführte ersetzen.

Die Idee ist nun da und will jetzt umgesetzt werden. Wir haben in diesem Augenblick aber niemanden, der auf unsere Umsetzung reagiert, wissen also nicht, ob das, was wir geschrieben haben, die gewünschte Reaktion des Publikums herbeiführen wird oder nicht. Wenn wir kein Testpublikum haben, müssen wir wohl oder übel selbst in diese Rolle schlüpfen und uns ehrlich fragen, ob wir selbst über unseren Sketch lachen könnten.

Die drei auf Seite 165 angegebenen Textfragmente, denen ein nicht ganz neuer Witz zugrunde liegt, sagen dasselbe aus: Hilde ist tot. Welches dieser Fragmente langweilt? Welches erzeugt ein Schmunzeln? Kann man sogar über eines lachen? Hier reagieren nicht alle Menschen gleich.

1. Knollenblätterpilze sind nur einmal essbar, wie wir durch Hilde wissen.
2. Frage: Sind Knollenblätterpilze essbar? Antwort: Ja, aber nur einmal.
3. Knollenblätterpilze sind nicht essbar. Hilde hat welche davon gegessen.

Muss in Beispiel 3 noch die Auflösung des Widerspruchs in der Aussage kommen oder wird er schon klar? Das hängt von der Gesamtsituation im Sketch ab. Über welche der Varianten würde ein Publikum lachen? Beachten Sie bitte, dass ein gelesener Gag, der ein Schmunzeln erzeugt, als gespielter Gag meistens für einen Lacher gut ist.
Nichts ist zu absurd, als dass es nicht zu einem Sketch inspirieren könnte. Würden Sie glauben, dass die klassischen Tragödien den Anstoß zu einem Text geben können? Im folgenden Stück wird ein Prinzip der Literaturform „Sketch" deutlich, die Verkürzung.

Sketch 0 •• *Literatur*

Inspiration •• *klassische Literatur allgemein*
Personen •• *Moderator(in), Otto, Franz, Julia, Maria*
Zeit •• *2–3 Minuten*
Requisiten •• *3 Messer (aus Gummi)*
Szene •• *vor Publikum*
Technik •• *nicht nötig*
Akkustische Effekte •• *nicht nötig*

Moderator •• *(an das Publikum)* Habt ihr euch mal Gedanken über das Wesen von Sketchen gemacht? Wisst ihr, was ein Sketch ist? Ich will es euch sagen: Ein Sketch ist ein Theaterstück, aus dem alles Unwesentliche gestrichen wurde. Wir zeigen euch ein Beispiel.
(Franz und Otto betreten die Szene)

Franz •• *(zu Otto)* Wirst du mir Gehorsam zollen? Wirst du mein Untertan sein?

Otto •• Nein.

Franz •• So meint es das Schicksal nicht gut mit dir. *(ersticht Otto)*

Moderator •• Damit habt ihr etwa ein Viertel der klassischen Literatur kennen gelernt. *(Franz und Otto treten zur Seite)* Es geht natürlich noch kürzer: „Gehorchst du?" - „Nein." - „Dann nicht." Erledigt. Dabei haben wir den Klassiker auch gleich noch aus der gehobenen Sprache des Adels in die normale Alltagssprache übertragen. Kommen wir jetzt zu einigen etwas verwickelteren Handlungssträngen. *(Franz und Julia betreten die Szene)*

Julia •• Papa, ich will den Otto heiraten.

Franz •• Das geht nicht, mein Kind.

Julia •• Warum denn nicht? Ich liebe ihn.

Franz •• Er ist nicht von Adel.

Julia •• Wenn er mich nicht bekommt, bekommt mich keiner. *(ersticht sich selbst, sinkt zu Boden, bleibt liegen)*

Moderator •• Das war ein weiteres Viertel der Weltliteratur. *(Otto betritt die Szene)*

Otto •• Ich werde ihr dorthin folgen, wo wir für immer vereint sind. *(ersticht sich selbst, sinkt zu Boden, bleibt liegen)*

Moderator •• Das war noch ein Viertel.

Maria •• *(ruft aus dem Publikum)* Sie war schwanger!

Franz •• So habe ich denn mein eigen Fleisch und Blut gleich zweifach getötet. Mit dieser Schande kann ich nicht weiterleben. *(ersticht sich selbst, sinkt zu Boden, bleibt liegen)*

Moderator •• Und das war der Rest. So weit unser kleiner Streifzug durch die klassische Theaterliteratur. Es gibt natürlich neben dem Theater weitere Formen des geschriebenen Wortes, als da sind Kurzgeschichten, Novellen, Romane, aber die verkürzt man nicht zu einem Sketch, sondern zu einem Witz.

Franz •• Wobei es zu bedenken gilt, dass ein großer Teil der modernen Literatur bereits ein Witz ist.

Blackout

Das Projekt „Sketch“

Ziel des Projektes ist es, einen Sketch aufzuführen. Um dieses Ziel zu erreichen, müssen Vorbereitungen getroffen werden. Es gnügt also nicht einfach drauflos zu schreiben. Denn schließlich ist nicht der Sketch auf dem Papier, sondern der aufgeführte Sketch das Ziel.

Der Weg zum gelungenen Sketch

Stellen wir uns die Frage: Kann die Vorbereitung und Aufführung eines Sketches ein Projekt sein? Ein Projekt ist nach DIN 69901 ein Vorhaben, bei dem innerhalb einer definierten Zeitspanne ein definiertes Ziel erreicht werden soll und das sich dadurch auszeichnet, dass es im Wesentlichen ein einmaliges Vorhaben ist. Mit anderen Worten: Ein Projekt ist ein zeitlich begrenztes Vorhaben, das unternommen wird, um ein einmaliges Produkt, eine Dienstleistung oder ein Ergebnis zu erzeugen.
Zeitlich begrenzt ist unser Vorhaben, einmalig ist es in den meisten Fällen auch, weil Sketche in der privaten Sphäre zu einem bestimmten Ereignis aufgeführt werden. Betrachten wir also den Weg zum gelungenen Sketch ruhig als Projekt, dessen Ziel das Spielen eines Sketches ist. Wir geben uns selbst damit eine gewisse Planungssicherheit.

Der Projektplan

Treten wir also in die Projektplanung ein. Hier bietet sich folgende Gliederung an:

1. •• Festlegen der Zielsetzung
2. •• Planen der Textbeschaffung
3. •• Planen der Spielplanung
4. •• Planen der Spielvorbereitung
5. •• Planen des Spiels

Von besonderer Bedeutung sind die Punkte 2 und 4, denn alles, was hier geplant wird, kostet Zeit. Eine gute Planung gibt uns vor, wann wir spätestens mit der Durchführung des Projekts „Sketch“ beginnen müssen. Bedenken Sie Lieferzeiten von Büchern oder Requisiten und erwarten Sie nicht, dass Sie für das Lernen des Textes und das Proben mit einem Abend auskommen.

1. Festlegen der Zielsetzung

Das Ziel des Projekts, nämlich das Spielen eines Sketches, ist vorgegeben. Trotzdem ist einiges zu bedenken, was sich aber mit einer einzigen Frage lösen lässt: Wer spielt zu welchem Anlass an welchem Ort einen Sketch zu welchem Thema. Nach Beantwortung dieser Frage wissen wir für die Textbeschaffung, wie viele weibliche und männliche Rollen enthalten sein sollen. Der Anlass gibt uns Hinweise für die Länge und Art der Darbietung. Der Spielort hat wesentlichen Einfluss auf alles, was mit Technik und Requisite zu tun hat, und die Thematik gibt den Rahmen für den zu beschaffenden Text vor.

2. Planen der Textbeschaffung

Die einfachste Art der Textbeschaffung kostet Geld. Man nehme einen fertigen Text aus einem Buch, das man in Buchhandlungen kaufen kann. Eine Bearbeitung des Textes ist aber abhängig vom Anlass und in vielen Fällen ratsam, insbesondere dann, wenn er personalisiert werden muss. Sketche, die man kostenlos aus dem Internet herunterladen kann, muss man suchen. Das kostet Zeit. Auch hier gilt, dass sie bearbeitet werden müssen.

In diesem Buch geht es jedoch vorrangig um das Schreiben von eigenen Sketchen. Ein eigener Text bietet einige Vorteile. Er ist von vornherein auf den Anlass abgestimmt, die Gefahr, dass das Publikum ihn schon kennt, ist nicht gegeben, und Sie werden mit mehr Spielfreude an die Sache herangehen, als wenn Sie einen vorgefertigten fremden Text lernen müssten, was sich positiv auf die Spielqualität auswirkt.

Beachten Sie bitte, dass die Textbeschaffung einige Zeit in Anspruch nehmen kann.

3. Planen der Spielplanung

Spielplanung und Spielvorbereitung bedürfen eines Spielleiters, der die verschiedenen Aufgaben koordiniert und Regie führt. Der Spielleiter muss spätestens jetzt bestimmt werden. Weiter ist

festzulegen, ob Hilfspersonal benötigt wird, zum Beispiel jemand, der Toneffekte erzeugt oder die Beleuchtung regelt.
Zur Spielplanung gehört auch die Zusammenstellung einer Requisitenliste, wobei festgelegt werden muss, wer was beschafft oder kontrolliert und wer die Requisiten zum Spielort bringt. Die Kontrolle bezieht sich hauptsächlich auf den Spielort, denn nur dort kann man erfahren, ob man Ton- oder Lichttechnik braucht und ob sie bereits vorhanden ist oder beschafft werden muss.
Auch die Festlegung der Darstellungsart ist Bestandteil der Spielplanung. Es geht einfach um die Frage: wird es eine Lesung, eine szenische Lesung oder ein gespielter Sketch.

4. Planen der Spielvorbereitung

Die Spielvorbereitung ist das Lernen des Textes, das Beschaffen aller notwendigen Materialien, das Proben unter Einbeziehung der Requisiten und die Vorbereitung des Spielortes. Es sei noch einmal darauf hingewiesen, dass hier wohl die meiste Zeit des Projekts benötigt wird.

5. Planen des Spiels

Das Ziel ist erreicht. Bestimmen Sie hier den ungefähren Zeitpunkt Ihres Auftritts.

Ein Beispiel für einen solchen Projektplan kann sein:

Zu 1 •• Ernst, Max, Inge und Doris werden einen Sketch zum Vereinsjubiläum im Vereinsheim zum Thema „Wahl der Vorstandschaft“ spielen.

Zu 2 •• Max und Inge sollen den Text selbst schreiben. Der Text muss eine Woche vor der Veranstaltung vorliegen.

Zu 3 •• Spielleiter soll Hans sein, weil er in einem Theaterverein schon mal Regie geführt hat. Er wird auch die Scheinwerfer ein-

und ausschalten. Jeder Spieler braucht Schreibzeug, das er selbst mitbringt. Tontechnik wird nicht gebraucht. Vom Karnevalsverein werden zwei Scheinwerfer ausgeliehen, die Ernst besorgt. Der Sketch kann als szenische Lesung gespielt werden, weil bei dem vorgegebenen Thema alle am Tisch sitzen und den Text vor sich liegen haben können.

Zu 4 •• Drei Tage vor dem Auftritt muss der Text von den Darstellerinnen und Darstellern so weit gelernt sein, dass nur noch selten ein Blick auf das Blatt notwendig ist. Es findet jeden Abend eine Probe statt. Ernst besorgt die Scheinwerfer am Nachmittag vor der Veranstaltung und montiert sie.

Zu 5 •• Der Sketch soll nach dem gemeinsamen Essen gespielt werden.

Solch ein Projektplan ist schnell erstellt. Er muss auch nicht schriftlich niedergelegt werden, wichtig ist nur, dass jeder weiß, wer wann was zu tun hat. Ein Projektplan ist auch kein unumstößliches Gesetz, er kann durchaus während der Durchführung angepasst werden.

Aber jetzt geht es an die Arbeit.

Projektrealisierung

Die Autoren legen die notwendigen Rollen fest. In diesem Fall sollten die Namen der Darsteller verwendet werden, wenn sie sich selbst spielen. Sollen die Mitglieder der Vorstandschaft des Vereins dargestellt werden, nimmt man deren Namen. Wird der Sketch satirisch bissig, so dass sich jemand beleidigt fühlen könnte, erfindet man einen fiktiven Verein und verwendet beliebige Namen.

Max und Inge schreiben nun den Text. Dazu versuchen sie, sich aus verschiedenen Quellen inspirieren zu lassen. In verschiedenen Quellen – wie zum Beispiel in Zitatsammlungen oder im Internet – finden sie Zitate mehr oder weniger berühmter Menschen zu den Themen „Wahl“ und „Verein“.

Es bleibt keine andere Wahl: Man muss den Freund mit all seinen Fehlern lieben. (Voltaire)

Wer ein schlechtes Gedächtnis hat, dem bleibt keine andere Wahl, als die Wahrheit zu sagen. (Tennessee Williams)

Wenn einer im Wahlkampf zu schimpfen hat, dann sind das die Wähler und nicht die Politiker. (Rainer Barzel)

Was nützt mir die hochgejubelte Freiheit der Wahl, wenn nichts da ist, was ich wählen möchte. (Sir Peter Ustinov)

In einer Demokratie hat das Volk die Wahl frei zu entscheiden, wer Volkes Geld verschleudert. (unbekannt)

Es ist schon ein großer Trost bei Wahlen, dass von mehreren Kandidaten nur einer gewählt werden kann. (Mark Twain)

Das Regieren in einer Demokratie wäre wesentlich einfacher, wenn man nicht immer wieder Wahlen gewinnen müsste. (Georges Benjamin Clemenceau)

Wer anstelle des Guten das Schlechte wählt, muss doch wohl von Sinnen sein! (Seneca)

Ein Verein ist eine Vereinigung von Personen, die entweder gemeinsam Krach machen oder miteinander Krach haben.
(Prof. Dr. med. Gerhard Uhlenbruck)

Wenn zwei Kleinliche sich paaren,
mög die andern Gott bewahren.
Knausern beide im Verein,
wird es unerträglich sein.
(Otto Julius Bierbaum)

Ohne seine Idealisten könnte kein Verein existieren. Ohne seine Phlegmatiker hätte keiner genug Mitglieder.
(Hans-Heinrich Hitzler)

Die Zitate, die wir fanden, haben zum Teil weder etwas mit politischen Wahlen, noch mit einem Verein, dem Vereinsleben oder einem Vereinsvorstand zu tun. Hier bieten sich dann Verdrehungen der Zitate an, die zu Doppeldeutigkeiten führen können. Sie sind verwendbar.
Wir stellen fest, dass einige Zitate besser zu Vereinsmitgliedern passen als zum Vereinsvorstand, also ändern wir den Projektplan. Nur noch zwei Vorstandsmitglieder sollen auf dem Podest sitzen, die beiden anderen sollen sich als Vereinsmitglieder im Publikum befinden.
Die Korrektur des Projektplans erfordert Änderungen bezüglich der Spielvorbereitung, denn Max und Doris brauchen als Vereinsmitglieder im Publikum kein Schreibzeug. Da sie nun auch keinen schriftlichen Text zur Verfügung haben, müssen sie ihre Rollen auswendig beherrschen.
Die gefundenen Zitate allein reichten natürlich für den Sketch nicht aus, eigene Ideen waren nötig. Die beiden Autoren haben sich dabei offensichtlich auch an einige Witze erinnert.
Grundsätzlich sollten sowohl Zitate als auch Witze in Sketchen nicht wortgetreu übernommen werden. Ebenso grundsätzlich gibt es zu jedem Grundsatz Ausnahmen. Vor diesem Hintergrund ist dann auch die Behauptung zu verstehen: Ein Sketch darf grundsätzlich alles. Die Ausnahmen dazu diktieren Sitte, Moral und Anstand.

Sketch 1 •• *Die Wahl der Vorstandschaft*

Inspiration •• *Zitate*

Personen •• *Ernst und Inge als Kandidaten auf dem Podium, Max und Doris als Vereinsmitglieder im Publikum*

Zeit •• *4 Minuten*

Requisiten •• *Schreibzeug für zwei Personen*

Szene •• *im Vereinsheim, Podiumsdiskussion zur Vorstandschaftswahl*

Technik •• *2 Scheinwerfer mit Ständer*

Akustische Effekte •• *keine*

Spielbar bei Vereinsfeiern

Ernst •• Liebe Anwesende, anlässlich der anstehenden Vorstandswahl begrüße ich euch heute Abend recht herzlich zu unserer Podiumsdiskussion. Wie ihr sicher schon wisst, stehen zwei Führungsriegen zur Wahl: Meine Wenigkeit möchte mit seiner Mannschaft den Verein auch in Zukunft wie gehabt weiterführen.

Inge •• Aber das führt doch nicht weiter, wenn weiter so geführt wird. Die Führung des Vereins muss erneuert werden, und dafür stehe ich mit meiner Truppe. Guten Abend, liebe Freundinnen und Freunde, es ist mir ein Anliegen, um eure Stimme zur Erneuerung unseres Vereins zu werben.

Max •• Nanu, das ist ja ganz neu! Eine Kampfabstimmung hatten wir ja noch nie.

Doris •• Nee, dieses Mal haben wir die Möglichkeit, frei zu entscheiden, wer unser Geld verschleudert.

Inge •• Selbstverständlich werden wir einen fairen Wahlkampf durchführen und zum Zeichen meiner Wertschätzung werden Ernst und ich uns nun die Hand reichen. *(reicht Ernst die Hand, der sie annimmt)*

Max •• *(zu Doris)* Wieso machen die das denn?

Doris •• *(zu Max)* Das ist so ein Ritual. Boxer tun das auch immer vor dem Kampf. *(zum Podium gewandt)* Also, wie ist das nun? Wer von euch beiden wird mehr Geld verschleudern?

Ernst •• *(stöhnt)* Das Führen eines Vereins wäre wesentlich einfacher, wenn man nicht immer wieder Wahlen gewinnen müsste, *(wird laut, schimpft)* Wahlen, bei denen Mitglieder an die Urne gerufen werden, die von Tuten und Blasen keine Ahnung haben.

Max •• Wenn einer im Wahlkampf zu schimpfen hat, dann ist das der Wähler und nicht der Vorsitzende. Noch mal die Frage: Wer wird mehr Geld verschleudern, wenn er die Wahl gewonnen hat?

Ernst •• Ich werde in der nächsten Mitgliederversammlung Rechenschaft über unsere Ausgaben ablegen.

Inge •• Ablegen lassen meinst du wohl.

Ernst •• Richtig! Wir haben einen sehr kompetenten und gewissenhaften Schatzmeister. Der wird es tun.

Inge •• Das muss ich zugeben, dein Schatzmeister scheint sehr fleißig zu sein.

Ernst •• Genau, das ist seine Stärke.

Doris •• Der Fleiß soll seine Stärke sein?

Inge •• Nein, das Scheinen.

Max •• Apropos Scheinen. Wie wirst du denn mit den Scheinen der Mitgliedsbeiträge umgehen, solltest du die Wahl gewinnen, liebe Inge?

Ernst •• Sie wird nicht gewinnen.

Inge •• Ich werde gewinnen!

Ernst •• Wer anstelle des Guten das Schlechte wählt, muss doch wohl von Sinnen sein!

Inge •• Ich werde ausgeben, was nötig ist und sparen, wo's möglich ist.

Ernst •• (*wegwerfend*) Eine Mannschaft, die sparen will, die kleinlich auf den Cent schielen will.

Doris •• Das klingt doch gar nicht schlecht.

Ernst •• Wenn die Kleinlichen sich paaren, mög' uns andere Gott bewahren. Knausert der Vorstand im Verein, wird es unerträglich sein.

Inge •• Ach ja, ich weiß, nach diesem Motto hast du den Verein geführt. Ich fürchte, wenn ich gewinne, muss ich neue Konten bei der Sparkasse einrichten.

Ernst •• Wieso das denn?

Inge •• Weil die alten leer sind.

Max •• Irgendwie ist es schon tröstlich, dass von zwei Kandidaten nur einer gewählt werden kann.

Doris •• Stimmt, aber was nützt mir die Freiheit der Wahl, wenn nichts da ist, was ich wählen möchte.

Ernst •• Wenn ihr es besser könnt, stellt euch doch selbst zur Wahl, ihr Phlegmatiker. Ohne Idealisten, wie wir welche sind, könnte kein Verein existieren.

Max •• Ohne uns Phlegmatiker hätte keiner genug Stimmvieh.

Doris •• Außerdem bringen wir uns, unsere Vorstellungen und unsere Meinung in der Mitgliederversammlung ein.

Ernst •• Mitgliederversammlung, Mitgliederversammlung, ist der Vorstand gut, ist die Mitgliederversammlung überflüssig.

Inge •• Aber ist der Vorstand schlecht, ist die Mitgliederversammlung für die Katz. Also solltet ihr mich wählen, damit das nicht passiert.

Doris •• Max, wir haben da ein Problem.

Max •• Was für ein Problem?

Doris •• Uns bleibt keine Wahl, egal, wer gewinnt. Wir müssen den Vorstand mit all seinen Fehlern lieben.

Blackout

Das versöhnliche Ende ist, wenn dieser Sketch von Vereinsmitgliedern im Verein gespielt wird, notwendig, aber auch gut. Der Schluss reizt zwar nicht zum Lachen, er bestätigt aber den Zusammenhalt im Verein, und das ist etwas sehr Wertvolles. Halten wir mal als wesentliche Erkenntnis fest: Sketche müssen nicht zwingend mit einem Gag enden.

In diesem Sketch wird sehr deutlich, wie man mit Zitaten und Witzen in Sketchen umgehen kann. Ein Sketch, der die Frage „Kennt ihr den?“ enthält, ist mit Vorsicht zu genießen, denn Witze kann man auch erzählen, ohne einen Sketch daraus machen zu müssen. Wenn diese Frage aber dazu führt, dass man sich im weiteren Verlauf über einen Party-Witz-Löwen lustig macht, dann ist natürlich ein guter Sketch möglich.

Inspiration

Inspirationen liefert das Leben in seiner ganzen Fülle. Alles Erlebte ist gut für Ideen. Man muss sie nur erkennen. Setzen Sie all Ihre Sinne ein, Sehen, Hören, Schmecken, Riechen, Tasten, alles ist Erleben. Schließen Sie nichts aus. Bücher, Fernsehen, Rundfunk, Theater, Konzerte, Stammtische, die Ideen sind überall.

Wir lassen uns inspirieren

Wir lassen uns inspirieren. Dieser Satz kann schon ein Ansatz zu einem Dialog sein:

A •• Ich will mich inspirieren lassen.
B •• Hast du dir das auch gut überlegt? Ich meine, ist so was nicht gefährlich.

Nein, gefährlich ist das nicht, wenn man sich inspirieren lässt. Die deutsche Sprache zeigt die Inspiration als etwas, das uns geschieht, ohne das wir aktiv werden. Wir warten auf Inspiration. Wir inspirieren nicht, wir lassen inspirieren, am liebsten natürlich uns, und auch wenn eine Künstlergattin voller Überzeugung sagt: „Ich inspiriere meinen Mann", dann sieht der das vielleicht ganz anders.
Die Inspiration kommt von außen, also setzen wir uns ruhig hin und warten, dass sie kommt. Das ist die sicherste Methode dafür zu sorgen, dass sie eben nicht kommt. Die Inspiration ist wie ein scheues Wesen, das man locken muss. Und wenn sie da ist, muss man sie festhalten.
Eine Idee, ein Gedanke muss ausgesponnen und umgehend schriftlich festgehalten werden, und sei es nur als Stichwort. Eine gehabte Idee, die man leider vergessen hat, ist unwiederbringlich verloren.

Sketchideen aus Zitaten

Zitate, die auf Anhieb unsere Fantasie in Gang setzen, findet man oft zufällig. Und oft findet man sie auch dort, wo man Humor nun wirklich nicht vermutet, zum Beispiel in Gesetzestexten. Hier ein Zitat aus dem Embryonenschutzgesetz: „Als Embryo im Sinne dieses Gesetzes gilt bereits die befruchtete, entwicklungsfähige menschliche Eizelle vom Zeitpunkt der Kernverschmelzung an, ferner jede einem Embryo entnommene totipotente Zelle, die sich bei Vorliegen der dafür erforderlichen weiteren Voraussetzungen zu teilen und zu einem Individuum zu entwickeln vermag."

Unfreiwilliger Humor reizt ja manchmal besonders zum Lachen. Sprachliche Unangemessenheit gehört zu diesen unfreiwilligen Spaßfaktoren, die meist dann zu wirken beginnen, wenn eine Aussage aus einer bestimmten Sprachsphäre – der Juristensprache zum Beispiel – in eine andere – die Alltagssprache – umgehoben wird.

Nun erinnern wir uns, dass es heftige Auseinandersetzungen zum Thema „embryonale Stammzellen" gab und gibt. Dazu hat unter anderen Bundesjustizministerin Zypries beim Humboldt-Forum „Vom Zeugen zum Erzeugen?" beigetragen (Berlin, 29.10.2003). Sie sagte: „Meiner Meinung nach dürfen wir die Gewinnung embryonaler Stammzellen nicht von vornherein vom Schutz der Forschungsfreiheit ausnehmen."

Weitere Zitate lesen oder hören wir irgendwo, zum Beispiel „Sich heldenmütig ins Unvermeidliche fügen ist ja auch Weisheit." (Adolph Kolping) oder „Hin und wieder muss man sich in das Unvermeidliche fügen, da man das Unvermeidliche nicht vermeiden kann!" (unbekannt). Vielleicht lauerten diese Zitate schon irgendwo in der Deckung und warteten nur darauf, endlich einmal zuzuschnappen.

Und endlich kommt eines, das die Ideenmischung zündet, in diesem Fall von Samuel Beckett: „Interviews sind so töricht ... Die Journalisten drehen mir die Worte im Munde herum und suchen nach verborgenen Lösungen für irgendwelche Rätsel."

Wen lassen wir nun wem die Worte im Munde umdrehen? Mit Frau Zypries liegen wir schon einmal gar nicht so falsch. Im folgenden Sketch kommen Politikerinnen oder Politiker zum Einsatz.

Sketch 2 •• *Embryonale Stammzellen*

Inspiration •• *Zitate*

Personen •• *zwei Personen*

Zeit •• *3 Minuten*

Requisiten •• *keine*

Szene •• *an beliebigem Ort*

Technik •• *keine*

Akustische Effekte •• *nicht nötig, können aber andeuten, wo die Szene angelegt ist – leises Stimmengewirr: Sitzungspause im Parlament; leise Musik: geselliges Beisammensein; Straßengeräusche: zufälliges Zusammentreffen; Geschirrklappern: Café oder Restaurant*

A •• Wir müssen nun mal der Tatsache ins Auge sehen.

B •• Ich habe noch nie gesehen, dass Tatsachen Augen haben.

A •• Nein? Na gut, dann begeben wir uns eben auf den Boden der Tatsachen.

B •• Was heißt das nun wieder? Haben alle Tatsachen gemeinsam einen Boden oder hat jede ihren eigenen, dann müsste es nämlich entweder heißen: „Wir begeben uns auf den Boden der Tatsache" oder „Wir begeben uns auf die Böden der Tatsachen", wobei ich mir aber nicht vorstellen kann, dass ich mich gleichzeitig auf mehrere Böden begebe.

A •• Müssen Sie auch nicht, mein Lieber, es reicht, wenn Sie sich in das Unvermeidliche fügen.

B •• Das lohnt sich nicht.

A •• Bitte?

B •• Das lohnt sich nicht, wenn etwas unvermeidlich ist, dann geschieht es, ob ich mich nun füge oder nicht.

A •• Sehen Sie doch ein, dass wir nicht drum herum kommen ...

B •• Dran vorbei! Drum herum ist dumm, weil wir, wenn wir rum sind, wieder hier sind, also keinen Fortschritt erzielt haben. Die Frage ist also, ob wir dran vorbei kommen oder nicht, so ist es dann zielgerichtet nach vorn.

A •• Na gut, dann müssen Sie eben einsehen, dass wir nicht daran vorbei kommen ...

B •• Nein, das muss ich gar nicht, ich darf es, aber zwingen kann mich keiner.

A •• Würden Sie dann bitte die Freundlichkeit besitzen, eine Tatsache als solche anzuerkennen? Jetzt aber bitte nicht darüber nachdenken, ob man Freundlichkeit besitzen kann.

B •• Es reicht in diesem Fall auch aus, das ich sie habe. Im Zusammenhang mit Freundlichkeit über Besitzverhältnis und Eigentumsanpsruch zu reden, ist müßig, da man Freundlichkeit weder mieten noch kaufen kann. Welche vermeintliche Tatsache meinen Sie?

A •• Die Tatsache, dass die embryonale Stammzellenforschung unumgänglich ist.

B •• Das ist so nicht richtig: Sie ist nicht unumgänglich, sie ist unvermeidbar. Der Einzelne kann sie umgehen, aber global wird sie geschehen.

A •• Gut, also sind Sie mit mir einer Meinung, dass die embryonale Stammzellenforschung unvermeidbar ist?

B •• Nein, ich habe meine eigene Meinung, auch wenn sie in diesem Fall der Ihren gleicht.

A •• Schön, also gehe ich davon aus, dass Sie nichts dagegen haben, solche Stammzellen herzustellen.

B •• Dem kann ich nicht widersprechen.

A •• Fein.

B •• Ich habe etwas dagegen, solche Stammzellen herzustellen, aber ich kann Ihnen nicht widersprechen, wenn Sie behaupten, von etwas auszugehen.

A •• Sollte man sie wenigstens einführen dürfen?

B •• Ja, selbstverständlich.

A •• Dann kommen wir den Verträgen ja nun endlich näher, und wir können sie bald aus dem liberaleren Ausland einführen.

B •• Nicht aus dem Ausland, in den Uterus, ich habe in bestimmten Fällen nichts gegen eine künstliche Befruchtung.

A •• Meinen Sie wirklich, dass Sie den Fortschritt mit linguistischen Spitzfindigkeiten aufhalten können? Wir müssen diese Forschungsaufgaben erfüllen, weil wir sonst international ins letzte Glied treten. Aber fragen Sie jetzt bitte nicht, wem.
Blackout

Sketchideen aus Stilblüten

Stilblüten finden sich vereinzelt in jeder Zeitung auf den Anzeigenseiten. Sie zu finden ist Glücksache. Aber es gibt ja Bücher zu diesem Thema, sei es über den Kindermund, die Schule oder den Gerichtssaal. Auch Werbeschilder vor Geschäften können Stilblüten sein, zum Beispiel diese:

„Gerne senden wir Ihnen unsere Wochenmenüs per E-Mail."

oder

„Ohrlöcher stechen ohne Schmerzen, auch in die Nase."

Vor einem Ausflugslokal stand eine Tafel mit der Aufschrift:

„10 verschiedene Schnitzel 5,99 EUR." Am nächsten Tag hieß es:
„10 verschiedene Schnitzel, je 5,99 EUR."

Es lässt sich sicher darüber streiten, ob 10 Schnitzel für 5,99 EUR Stilblüten sind. Wochenmenüs per E-Mail und Ohrlöcher in der Nase sind es, sind aber nicht so einfach zu einem Sketch zu verarbeiten. Wenn die Inspiration selbst bereits zum Lachen reizt, sprudeln die Ideen nicht, weil sich die Gedanken zu sehr auf den bereits vorhandenen Gag konzentrieren. Wenn man die Gedanken aber schweifen lässt, kann es durchaus sein, dass man bei DVD-Pizza und Jungbullen ankommt.

Sketch 3 •• *Zwölf-Zentimeter-Pizze*

Inspiration •• *Stilblüten*

Personen •• *zwei Damen oder zwei Herren oder Dame und Herr*

Zeit •• *2 Minuten*

Requisiten •• *eine Zeitung, ein Telefon*

Szene •• *Ort, wo Zeitung und Telefon vorhanden sein können*

Technik •• *keine*

Akustische Effekte •• *nicht nötig*

A •• *(liest Zeitung)* Das ist stark hier. Guck dir das an, hier steht: Gerne schicken wir Ihnen unser Wochenmenü per E-Mail zu.

B •• Wer macht denn so was?

A •• Der Pizza-Service.

B •• Da sollten wir mal anrufen, oder?

A •• Aber vergiss nicht, den Rechner einzuschalten, sonst kommt die Pizza nicht an.

B •• Mails kommen immer an – und wenn es Tage später ist.

A •• Dann ist die Pizza ja kalt. Kalte Pizza schmeckt nicht. Und nun gib mir mal das Telefon.

B •• Bitte.

A •• *(wählt)* Guten Abend. Ich möchte zwei Pizzas bestellen. *(lauscht, dann zu B)* Die Mehrzahl heißt nicht Pizzas, sondern Pizze.

B •• Dann bestellst du eben zwei Pizze, für mich eine mit Salami.

A •• *(ins Telefon)* Zwei Pizze bitte, beide mit Salami. *(lauscht, dann zu B)* Er will wissen, wie groß.

B •• Ist doch klar. Durchmesser zwölf Zentimeter.

A •• Wieso zwölf Zentimeter?

B •• Weil sie doch wohl über das DVD-Laufwerk geschickt werden.

A •• Von so einer Pizza in DVD-Größe werde ich doch nicht satt. *(ins Telefon)* Sechs Pizze à zwölf Zentimeter mit Salami an m.mueller@jucks.de.

B •• Für mich auch sechs.

Blackout

Jetzt kommt es darauf an, wie der Sketch gespielt wird. Sind die beiden Darsteller so unwissend, dass sie glauben, was sie da tun? Wenn ja, dann sollte das Stück in einer Irrenanstalt spielen. Sie können sich aber auch einen Spaß mit dem italienischen Wirt machen, der mit Menü die Speisekarte gemeint hat.
In beiden Fällen kann der Text weiter gesponnen werden. Machen Sie sich Gedanken über die Frage, wie wohl Wasser und Wein geliefert werden. Weigern Sie sich, Ihre Kreditkartennummer zum Bezahlen anzugeben. Legen Sie eine Serviette unter den Computer, weil Rotwein und Fett böse Flecken machen.
Ein realer Wirt würde so ein Telefonat wahrscheinlich sehr schnell beenden, aber Sketche bilden nicht die Realität ab, deswegen darf der Text fast beliebig lang werden. Fast beliebig deshalb, weil hier die Gefahr besteht, dass es langweilig wird. Wenn Sie nämlich zu Pizza, Wasser und Wein auch noch Salat, Bier und Pudding bestellen, bringt das gag-technisch nichts Neues.
Ohrlöcher auch in die Nase? Warum nicht? Es ist ebenfalls ein Telefonat möglich, es kann auch ein Gespräch geführt werden.

Sketch 4 •• *Nasenring*

Inspiration •• *Stilblüten*
Personen •• *Landwirt, Schmuckverkäuferin*
Zeit •• *3 Minuten*
Requisiten •• *eine Zeitung*
Szene •• *im Schmuckgeschäft, der Landwirt betritt den Laden*
Technik •• *keine*
Akustische Effekte •• *eventuell Türglocke*

Verkäuferin •• Guten Morgen, der Herr, was kann ich für Sie tun?
Bauer •• Es geht um ein Loch, genauer, um ein Ohrloch.
Verkäuferin •• Ohne Ihnen zu nahe treten zu wollen, mein Herr, aber Sie sehen nicht unbedingt so aus, als ob Sie Ohrringe tragen wollen.

Bauer •• Will ich auch nicht, das geht um ein Ohrloch in einer Nase.

Verkäuferin •• Also ein Nasenloch.

Bauer •• Quatsch. Nasenloch. Da hat doch jeder zwei von. Hier steht das doch in der Zeitungsanzeige: ***(zeigt seine Zeitung)*** *Ohrlöcher stechen ohne Schmerzen, auch in die Nase.*

Verkäuferin •• So steht das in unserer Anzeige?

Bauer •• Ja.

Verkäuferin •• Wenn man nicht alles selber macht.

Bauer •• Sage ich auch immer, was klappen soll, muss man selber machen. Nur das mit dem Ohrloch in der Nase ...

Verkäuferin •• Ich verstehe, das wollen Sie lieber nicht selber machen.

Bauer •• So ist das. Ich kriege das bestimmt nicht ohne Schmerzen hin.

Verkäuferin •• Geht es denn um Ihre Frau Gemahlin?

Bauer •• Nee.

Verkäuferin •• Also um Ihr Fräulein Tochter.

Bauer •• Auch nicht.

Verkäuferin •• Ich verstehe, das Loch wollen Sie selbst haben.

Bauer •• Was soll ich denn mit einem dritten Loch in der Nase.

Verkäuferin •• Sie nicht, Ihre Frau Gemahlin nicht, Ihr Fräulein Tochter nicht, wem soll ich denn um Himmels Willen das Loch stechen.

Bauer •• Es gäbe da auch noch Söhne, Enkel, Enkelinnen, Nichten, Neffen, Onkel, Tanten, ...

Verkäuferin •• Also gut, verraten Sie es mir?

Bauer •• Machen Sie auch Hausbesuche?

Verkäuferin •• Ich verstehe nicht. Kann die Person denn nicht zu mir kommen?

Bauer •• Na ja, das ginge schon, Aber, nee, das ist vielleicht doch nicht so gut.

Verkäuferin •• Aber wieso denn nicht? Wir gehen kurz nach hinten, ein schmerzfreier Piecks und alles ist erledigt.

Bauer •• Und was kostet sowas?

Verkäuferin •• Wenn Sie einen Ring bei uns kaufen, ist das Loch gratis.

Bauer •• Das ist gut. Aber mir wäre doch lieber, wenn Sie einen Hausbesuch machen würden.

Verkäuferin •• Das geht nun wirklich nicht. Also, mit wem darf ich rechnen?

Bauer •• Tja, wenn das so ist. Bis der Tierarzt wieder gesund ist, kann ich wirklich nicht warten. Dann muss ich wohl doch mit meinen beiden Jungbullen herkommen, dass die endlich einen Nasenring kriegen.

Blackout

Der Landwirt kann entweder Dialekt oder bemüht hochdeutsch sprechen; sein Dialekt sollte unverkennbar sein. Die Verkäuferin glänzt durch perfekte Umgangsformen und gepflegte Sprache.
Es ist ein Unterschied, ob zehn verschiedene Schnitzel zu sechs Euro oder zu je sechs Euro angeboten werden. Was wird den Wirt bewogen haben, sein Werbeschild zu korrigieren? Hat ein Gast zehn Schnitzel bestellt und wollte dafür nur 5,99 bezahlen oder ist der Wirt nur auf den Fehler hingewiesen worden? Vielleicht ist er auch selbst darauf gekommen? Als Sketch bietet sich eine Szene im Restaurant an. Ob es zur Diskussion bei der Bestellung oder zum Streit bei der Bezahlung kommt, ist dabei egal. Es ist aber auch egal, ob es sich um Schnitzel handelt oder um beliebige andere Güter. Das Werbeschild „Alles für 99 Cent“, das im Schaufenster eines Geschäfts hing, führt fast zwangsläufig zu einem Kunden, der für einen Euro den Laden leer räumen will. Ein Cent Trinkgeld wirkt hier durchaus komisch. Wer Übertreibungen liebt, hat die Möglichkeit, nicht nur den Ladeninhalt für einen Schleuderpreis zu verkaufen. Alles für 99 Cent schließt die Immobilie mit ein, oder?

Sketchideen aus Kleinanzeigen

Fehler in privaten Kleinanzeigen der Tageszeitungen sind Fundgruben für die Ideensammlung. Hier ist aber dann etwas Glück notwenig. Man kann entweder auf eine Reihe von Büchern zu diesem Thema zurückgreifen oder man nimmt eine korrekte Anzeige und stellt sich vor, sie wäre etwas durcheinander geraten.

Lassen wir uns von einer Anzeige inspirieren, in der folgende Begriffe enthalten waren: Tisch, Mädchen-WG, ausziehbar, sechs Stühle, Preis nach Vereinbarung, Tel. xxx. Mit dieser Anzeige wollten zwei junge Frauen einen Ausziehtisch mit sechs Stühlen verkaufen. Wir aber stellen die Begriffe so zusammen, dass der Eindruck entsteht, die Mädchen wären ausziehbar.

Da stellen sich so einige Fragen: Wo stand die Anzeige, unter „Kontakte" oder unter „Wohnungsauflösungen"? Wie kam es zu diesem Fehler? Wie wirkt eine solche Anzeige auf Leser? Wirkt sie anders auf Leserinnen? Was empfinden die Mädchen, die diese Anzeige aufgegeben haben, wenn sie sie in der Zeitung finden? Was mögen sie wohl an den folgenden Tagen erlebt haben? War diese Anzeige vielleicht gar kein Fehler, sondern ein Werbegag? Aus diesen Fragen entwickeln sich die Szenarien fast von selbst. Lassen Sie die Mädchen die Anzeige im Gespräch zu Hause formulieren oder schicken Sie eine oder mehrere junge Frauen zur Anzeigenredaktion, wo die Anzeige im Sketch aufgegeben wird. Oder wie wäre es mit etwas älteren Damen, die Jugend vortäuschen wollen?

Menschen können sich über die Anzeige unterhalten und sich in ihrer Fantasie ausmalen, was man bei ausziehbaren Mädchen erleben könnte. Es kann aber auch jemand vor Ort gewesen sein und nun einen Erfahrungsbericht abgeben. Hier wird es sehr unterschiedliche Texte geben, abhängig davon, ob Männer oder Frauen auftreten.

Spannend ist sicher auch ein Sketch, der in der Wohnung der Mädchen spielt und die Besuche von Interessenten zum Inhalt hat, Männer mit falschen Erwartungen, empörte Frauen oder Moralapostel, die die Mädchen auf den Pfad der Tugend zurückbringen wollen.

Weitere Ideen: Ausziehbare Männer mit sechs Stühlen, ausziehbares (Ehe-)Paar bis hin zu ausziehbaren Familien.

Jetzt geht es an die Ausführung. Hier zunächst ein kurzer Sketch für zwei Herren mittleren Alters.

Sketch 5 •• *Tisch und sechs Stühle*

Inspiration •• *Kleinanzeigen*

Personen •• *zwei Herren mittleren Alters*

Zeit •• *3 Minuten*

Requisiten •• *keine*

Szene •• *beliebig, aber Kneipe oder Stammtisch bieten sich an*

Akustische Effekte •• *nicht nötig*

Spielbar bei Polterabend, Hochzeit, Wohnungseinweihung, Wohnungsauflösung, Vereinsfeiern, Silvester, Vatertag

Peter •• Hallo Paul, Gott zum Gruße. Wie geht's?

Paul •• Grüß dich, Peter, bestens.

Peter •• Nanu? Seit wann geht es dir denn bestens?

Paul •• Pass auf: Ich schlage heute Morgen die Zeitung auf, ich lese wie üblich die Kontaktanzeigen, ich meine, wenn der Hormonstau drückt, dann ist mir jedes Mittel recht, sogar Kontaktanzeigen.

Peter •• Das ist mir klar. Und? Fündig geworden?

Paul •• Bei den Kontaktanzeigen nicht, aber bei Möbel und Wohnungsauflösungen.

Peter •• Ach.

Paul •• Ja, da stand zu lesen: „Junges Mädchen ..."

Peter •• Bei Anzeigen für Möbel und Wohnungsauflösungen, so so.

Paul •• Ja, „Junges Mädchen, ausziehbar ..."

Peter •• Also genau das, was du gesucht hast.

Paul •• Ja, nur die sechs Stühle haben mich gestört. „Junges Mädchen, ausziehbar, mit sechs Stühlen", stand in der Zeitung. Ich bin also hin, die sechs Stühle kann man ja zur Not zum Sperrmüll geben

Peter •• Und?

Paul •• War 'ne Ente, ein Setzfehler der Zeitung. Da wollte jemand einen Ausziehtisch mit sechs Stühlen verkaufen, wegen Wohnungsauflösung.

Peter •• Und da bist du wieder gegangen?

Paul •• Von wegen, ein Traum von Frau hat mir die Möbel angeboten.

Peter •• Ausziehbar.

Paul •• Äh, wie meinst du das jetzt? Tisch oder Mädchen?

Peter •• Vom Tisch weiß ich es bereits.

Paul •• Ausziehbar.

Peter •• Dachte ich mir. Aber Moment mal, dann war die Anzeige in der Zeitung ja gar nicht so falsch. „Junges Mädchen, ausziehbar, mit sechs Stühlen."

Paul •• Na ja, ein Ausziehtisch war auch dabei, aber der hat nichts getaugt, die Stühle waren allerdings gut, und das junge Mädchen heißt Ivonne.

Peter •• Also hast du die Stühle gekauft.

Paul •• Spinnst du?

Peter •• Na, wenn sie doch gut waren?

Paul •• Wieso denn kaufen? Ivonne bringt sie als Mitgift ein.

Blackout

Wie ist es nun aber zu dieser Anzeige gekommen?

Sketch 6 •• *Gemischte Anzeige*

Inspiration •• *Kleinanzeigen*

Personen •• *zwei junge Damen, ein(e) Angestellte(r)*

Zeit •• *4 Minuten*

Requisiten •• *keine*

Szene •• *Redaktionsbüro*

Akustische Effekte •• *nicht nötig*

Spielbar bei Polterabend, Hochzeit, Wohnungseinweihung, Wohnungsauflösung, Vereinsfeiern, Silvester, Vatertag

Ivonne •• Hallo, sind wir bei Ihnen richtig?

Angestellte •• Schon möglich, Ladys, was kann ich für Sie tun?

Claudia •• Wir würden gerne eine Anzeige aufgeben.

Angestellte •• Suchen, finden oder anbieten?

Ivonne •• Bitte?

Angestellte •• Suchen Sie etwas, haben Sie etwas gefunden oder wollen Sie etwas anbieten?

Claudia •• Also, gefunden haben wir nichts.

Angestellte •• Gut, dann eben nur zwei Anzeigen.

Ivonne •• Zwei?

Angestellte •• Ja, Sie suchen was und Sie wollen was verkaufen.

Claudia •• Ja, schon, aber ...

Ivonne •• Ehrlich gesagt, zwei Anzeigen können wir uns nicht leisten.

Claudia •• Es sollte schon alles in einer stehen.

Ivonne •• Mit Ihrer Erfahrung sollten Sie uns dabei helfen können.

Angestellte •• Na schön, ich will's versuchen. Was wollen Sie verkaufen?

Claudia •• Einen Tisch und sechs Stühle.

Angestellte •• Und was suchen Sie?

Ivonne •• Männer!

Angestellte •• Männer?

Claudia •• Männer!

Angestellte •• Äh, ja, gut. Und wie viele?

Ivonne •• Pro Nase einer reicht.

Angestellte •• Und das hätten Sie gerne in einer Anzeige.

Claudia •• Genau. Und höchstens zwei Zeilen.

Angestellte •• Das geht nicht.

Ivonne •• Dürften wir mal Ihren Vorgesetzten sprechen?

Angestellte •• Warten Sie, vielleicht geht es doch.

Claudia •• Na sehen Sie.

Angestellte •• Eine Idee hätte ich schon. Ist Ihr Tisch ein Ausziehtisch?

Ivonne •• Woher wissen Sie das?

Angestellte •• Das war nur mein Hoffnungsschimmer.

Claudia •• Es ist ein Ausziehtisch.

Angestellte •• Dann geht es.

Ivonne •• Was geht?

Angestellte •• Eine Anzeige, die Ihren beiden Wünschen gerecht wird. Ich kann sie sogar zweimal setzen, nämlich unter „Einrichtungen und Wohnungsauflösung" und unter „Kontakte".

Claudia •• Das verstehe ich jetzt aber nicht, wir können nur eine bezahlen.

Angestellte •• Die zweite kriegen Sie am nächsten Tag kostenlos, weil ich einen Fehler mache.

Ivonne •• Da bin ich aber gespannt.

Angestellte •• Ich schreibe: Tisch von zwei jungen Damen, ausziehbar, mit sechs Stühlen in gute Hände zu geben. Da kommen genügend Männer zur Auswahl.

Claudia •• Prima. Und die Möbel werden wir auch noch los.

Blackout

Nun nehmen wir die Grundidee wieder auf und begeben uns in die Wohnung von Ivonne und Claudia. Die beiden wissen noch nichts von dem Fehler in der Anzeige.

Sketch 7 •• *Anzeige ungeeignet*

Inspiration •• *Kleinanzeigen*

Personen •• *zwei junge Damen (Ivonne und Claudia), zwei Interessenten (Horst und Jürgen)*

Zeit •• *6 Minuten*

Requisiten •• *ein Ausziehtisch, eine Zeitung*

Szene •• *Wohnzimmer der Damen*

Akustische Effekte •• *Türglocke*

Spielbar bei Polterabend, Hochzeit, Wohnungseinweihung, Wohnungsauflösung, Vereinsfeiern, Silvester, Vatertag

(Ivonne und Claudia sitzen angespannt am Tisch. Es läutet. Ivonne steht auf, geht zur Tür und öffnet.)

Horst •• Guten Tag, wir kommen wegen der Anzeige.

Ivonne •• Das freut mich, kommen Sie bitte herein.

Horst •• Danke, ich darf uns vorstellen. Ich bin Horst, und das ist mein Bruder Jürgen.

Ivonne •• Und ich bin Ivonne, und das ist meine Freundin Claudia.

Jürgen •• Sehr erfreut. Aber kommen wir doch gleich auf die Anzeige zurück. Wir hätten das schon ganz gerne gesehen.

Claudia •• Selbstverständlich. Hier ist der Tisch. Die Stühle stehen in der Küche.

Horst •• *(zu Jürgen)* Interessieren dich die Stühle?

Jürgen •• Nee, nur das Ausziehen.

Ivonne •• Ja, klar, stand ja in der Anzeige. Schauen Sie her, so geht das. *(führt den Ausziehtisch vor)*

Horst •• Das ist jetzt lustig.

Jürgen •• Finde ich auch.

Claudia •• Was ist den daran lustig?

Jürgen •• Dass der Tisch auch ausziehbar ist.

Ivonne •• Was soll denn sonst noch ausziehbar sein?

Claudia •• Eben. Von ausziehbaren Stühlen habe ich noch nichts gehört.

Horst •• Wollt ihr uns auf den Arm nehmen?

Jürgen •• Hier in der Zeitung steht: *(schlägt die Zeitung auf, liest)* Zwei junge Mädchen, ausziehbar, Tisch und sechs Stühle.

Horst •• Und diese Adresse. Und nun los.

Ivonne •• Wie, und nun los? Womit los?

Horst •• Na, ausziehen.

Jürgen •• Aber ein bisschen plötzlich.

Claudia •• Moment, was steht in der Zeitung?

Jürgen •• Da, Mädchen *(wirft ihr die Zeitung zu)*, lies.

Claudia •• Oh, Ivonne, da steht wirklich „zwei junge Mädchen, ausziehbar".

Ivonne •• Na und?

Horst •• Was heißt hier „Na und?"? Raus aus den Klamotten! Steht schließlich in der Zeitung.

Ivonne •• Was steht in der Zeitung?

Jürgen •• Ausziehbare Mädchen.

Ivonne •• Na und? Alle Mädchen sind ausziehbar.

Claudia •• Stimmt eigentlich, und alle Jungens auch, also meine Herren, dann mal los.

Jürgen •• Bitte?

Ivonne •• Ausziehen!

Horst •• Nichts da, in der Zeitung steht schließlich nicht, dass wir uns ausziehen.

Ivonne •• Da steht aber auch nicht, dass wir uns ausziehen, und dass wir alle, die wir hier anwesend sind, ausziehbar sind, dürfte ja wohl kein Geheimnis sein.

Horst •• *(zu Jürgen)* Kannst du denn gar nichts richtig machen?

Jürgen •• Was meinst du, Horst?

Horst •• Das siehst du doch. Wenn dir ein Mädchen gefällt und wenn du bei der Zeitung den passenden Job hast, dass du Anzeigen fälschen kannst, dann mach es gefälligst richtig.

Ivonne •• Das war Absicht?!

Claudia •• Sie Schwein!

Jürgen •• Ja, also, äh, das war so,...

Horst •• Mein Bruder ist etwas schüchtern, müssen Sie wissen.

Ivonne •• Das sehe ich.

Claudia •• Das ist aber noch lange kein Grund, unsere Anzeige zu fälschen.

Jürgen •• Da entschuldige ich mich auch für. Oh Gott, wie ist mir das peinlich.

Ivonne •• Na ja, nun beruhigen Sie sich mal wieder, so schlimm ist das ja nun auch wieder nicht. Was meinst du, Claudia, die Herren sind doch ganz sympathisch, oder?

Claudia •• Ja, doch, eigentlich mag ich schüchterne Männer. *(zu Jürgen)* Jürgen war der Name, stimmt's?

Jürgen •• Ja.

Ivonne •• Und du bist Horst, richtig?

Horst •• Richtig. Ihr seid also nicht böse?

Ivonne •• Nee, wir finden eure Anmache ganz originell.

Claudia •• Aber üben müsst ihr schon noch.

Jürgen •• Hast du gehört, Horst? Sie duzen uns schon.

Ivonne •• *(zu Horst)* Ist das sein erster Erfolg bei Frauen?

Horst •• Sagen wir mal so, er ist zwei Jahre jünger als ich.

Jürgen •• Ja, aber sehr lernbegierig. Was müssen wir noch üben?

Claudia •• Das Fälschen von Anzeigen. Das darf nicht heißen: Zwei junge Mädchen, ausziehbar, Tisch und sechs Stühle.

Jürgen •• Ich weiß, wir sind alle ausziehbar.

Claudia •• Richtig! Das muss heißen: Zwei junge Mädchen, ausgezogen, einen Meter achtzig, Tisch und sechs Stühle. Und nun geht schön nach Hause.

Ivonne •• Und wenn die Anzeige morgen in der Zeitung steht, dann kommt ihr wieder, und wir sehen mal, was wir für euch tun können.
Blackout

Die Anzeige könnte auch noch weiter verfälscht worden sein. Der folgende Sketch geht davon aus, dass ein junges Mädchen zwei Tische anbietet.

Sketch 8 •• *Und dann kam Heinz*

Inspiration •• *Kleinanzeigen*

Personen •• *zwei junge Damen (Ivonne und Claudia)*

Zeit •• *6 Minuten*

Requisiten •• *keine*

Szene •• *Gespräch während der Feier*

Akustische Effekte •• *nicht nötig*

Spielbar bei Polterabend, Hochzeit, Wohnungseinweihung, Wohnungsauflösung, Vereinsfeiern, Silvester, Vatertag

Claudia •• Sag mal, bist du deine Möbel damals eigentlich losgeworden?

Ivonne •• Die Ausziehtische und die Stühle? Nee!

Claudia •• Warum das denn nicht, die sind doch noch richtig gut.

Ivonne •• Sind sie, aber ich habe sie noch.

Claudia •• Das verstehe ich nicht. Also, wenn ich Platz in der Wohnung hätte, dann hätte ich mir die beiden Tische und die Stühle nicht entgehen lassen.

Ivonne •• Du bist ja auch eine Frau.

Claudia •• Na und? Es gibt doch noch mehr Frauen mit Geschmack.

Ivonne •• Die sind aber nicht gekommen. Da kamen nur Männer.

Claudia •• Merkwürdig.

Ivonne •• Ja. Und gleich der Erste fragt mich, wo denn meine Freundin ist.

Claudia •• Welche Freundin?

Ivonne •• Das habe ich ihn auch gefragt.

Claudia •• Und?

Ivonne •• Er hat nur gegrinst und gefragt: „Sie sind doch ausziehbar, oder?" „Ja", habe ich gesagt. Ich habe natürlich geglaubt, er meint meine Tische.

Claudia •• Hat er die nicht gemeint?

Ivonne •• Lass mich doch erzählen. „Darf ich das mal ausprobieren?", hat er gefragt. „Natürlich", habe ich gesagt und schon hatte ich ihn am Reißverschluss.

Claudia •• *(entsetzt)* Nein!

Ivonne •• Doch! Ich war wie versteinert.

Claudia •• Hast du dich nicht gewehrt?

Ivonne •• Erst, als er meinen BH aufmachen wollte. Jetzt hat er ein blaues Auge.

Claudia •• Und dann?

Ivonne •• Dann hat er was von Betrug gefaselt und ist verschwunden.

Claudia •• Männer gibt's.

Ivonne •• Es kam noch schlimmer. Ich hatte mein Kleid gerade wieder an, da klingelt es auch schon wieder. Ich mache auf, und da stehen sie zu fünft in der Tür. „Sie haben doch nichts dagegen, wenn wir Ihr Angebot fotografieren?", fragt der eine höflich.

Claudia •• „Nee, warum", sage ich, „nur zu."

Ivonne •• „Erledigen Sie das Ausziehen selbst, oder sollen wir dabei helfen?", fragt ein anderer. „Wenn Sie mit Hand anlegen wollen", biete ich an.

Claudia •• Wer will denn ausgezogene Ausziehtische fotografieren?

Ivonne •• Du, ich kam gar nicht dazu, mir diese Frage zu stellen, weil ich in null Komma nichts schon wieder in BH und Höschen dastand.

Claudia •• *(entsetzt)* Bitte?

Ivonne •• „Sehr hübsch", sagte einer, und „würden Sie jetzt bitte Ihre Partnerin hereinrufen" ein anderer, und drei Fotoapparate klickten.

Claudia •• Sie haben doch nicht etwa dich fotografiert?

Ivonne •• Doch. Aber jeder nur einmal, dann hat nämlich einer gesagt: „Halt, noch nicht, wir müssen doch erst noch über den Preis verhandeln." „Mehr als Hundert zahle ich nicht", hat so ein bärtiger Typ gesagt, „und das auch nur für das vollständige Angebot." „Also gut", habe ich verschüchtert gesagt, „einverstanden, Hundert für beide Ausziehtische und alle sechs Stühle."

Claudia •• Ich dachte, die hättest du noch alle.

Ivonne •• Habe ich auch. Er hat nämlich gesagt, dass er Tische und Stühle nicht braucht. „Hundert Mäuse für zwei nackte Mäuse", hat er gesagt.

Claudia •• Die wollten also, dass du dich noch weiter ...

Ivonne •• Ja.

Claudia •• Ganz?

Ivonne •• Ja.

Claudia •• Und? Hast du?

Ivonne •• Nee.

Claudia •• Wie bist du denn aus der Nummer raus gekommen?

Ivonne •• Na ja, einer hat gesagt, dass sie alle Fotografen wären und auf Talentsuche sind.

Claudia •• Für den Playboy?

Ivonne •• Möglich. Und dann haben sie mir meine Zeitungsanzeige gezeigt.

Claudia •• Ja, kenne ich, du hattest mir ja den Brief an die Zeitung gezeigt: Zwei Tische, ausziehbar, sechs Stühle, Eiche rustikal, Verhandlungsbasis, Telefonnummer und so weiter.

Ivonne •• Das stand aber nicht in der Zeitung. Ich habe die Herren über den Irrtum aufgeklärt. Und dann kam Heinz.

Claudia •• Heinz?

Ivonne •• Heinz, mein mich liebender Gatte.

Claudia •• Wegen zweier Tische, ausziehbar ...

Ivonne •• Nein, wegen zweier Mädchen, ausziehbar. In der Zeitung stand nämlich nicht „zwei Tische, ausziehbar", sondern „zwei junge Mädchen, ausziehbar."

Claudia •• Und dann hast du die Zeitung verklagt.

Ivonne •• Bist du bescheuert? Die falsche Anzeige hat mir das Glück in Form von Heinz ins Haus gebracht. Du siehst: Es gibt auch glückliche Ehen, wenn Sie auf einem Irrtum beruhen.
Blackout

Sketchideen aus Presseberichten

In der Presse liest man häufig Berichte, die man staunend oder verwundert oder auch nur mit gedämpftem Interesse zur Kenntnis nimmt. Für sich genommen sind sie überhaupt nicht komisch, sie enthalten keinen einzigen Gag und keinen Fehler, aus dem sich Sketch-Material gewinnen ließe. Wenn man sie aber als Ausgangspunkt für eigene Überlegungen nimmt, sieht es schon anders aus.

Mehrfach wurden in Presseberichten Häuser und Wohnungen beschrieben, die mit modernster Technik ausgestattet sind, wobei wir zum Beispiel von Kühlschränken lasen, die ihren Inhalt kennen und selbst rechtzeitig die notwendigen Lebensmittel über das Internet bestellen.

Aber so ein Haus kann noch viel mehr. Und so ein Haus kann sich nicht irren, es wird genau das tun, was man ihm sagt, auch wenn man das, was man sagt, gar nicht wollte.

Im folgenden Beispiel trifft eine Bewohnerin eines solchen Hauses auf einen alten Bekannten, dem sie ihr Leid klagt. Hier lebt der Sketch zunächst von den überraschenden Wirkungen, die durch die fehlerhafte Bedienung der Technik hervorgerufen werden. Wie aber kommen wir zu einem zündenden Abschluss? Die Katastrophe wird zwar mit jedem Satz größer, aber das Prinzip „Falscher Befehl, unerwartete Wirkung" ist immer gleich.

Wenn dieser Sketch nicht durch eine Geschäftsbeziehung zwischen den handelnden Personen aufgewertet worden wäre, wäre die Rolle des „Albert" zum reinen Stichwortgeber abgewertet gewesen.

Sketch 9 •• *High-tech*

Inspiration •• *Presseberichte*

Personen •• *Hildegunde, Albert, Ernst*

Zeit •• *9 Minuten*

Requisiten •• *Getränke*

Szene •• *beliebig ausgestattete Kneipe, Albert ist bereits anwesend. Hildegunde kommt hinzu, ihre Kleidung ist stark verschmutzt.*

Technik •• *nicht nötig*

Akustische Effekte •• *typische Kneipengeräusche, evtl. Musik*

Albert •• *(steht am Tresen, sieht Hildegunde kommen, trinkt hastig sein Bier aus, will schnell verschwinden)*

Hildegunde •• *(erkennt ihn, ruft ihm nach)* Hey Albert, wieso rennst du denn weg?

Albert •• *(bleibt zögernd stehen)*

Hildegunde •• Bleib doch da. Oder sind die Bullen hinter dir her?

Albert •• *(kommt zögernd zum Tresen zurück)* Nee, Bullen sind das nicht, die hinter mir her sind. Bullen sind das nicht.

Hildegunde •• Wie lange ist das eigentlich her, dass wir uns das letzte Mal gesehen haben?

Albert •• Lange, ganz lange, lange nicht lange genug, eigentlich.

Hildegunde •• Wie?

Albert •• *(lenkt ab, guckt Hildegunde genauer an)* Aber wie siehst du denn aus? Wo bist du denn gewesen?

Hildegunde •• Zu Hause, wo denn sonst?

Albert •• Bist du durch den Kamin gekrochen?

Hildegunde •• *(guckt an sich selbst hinunter, versucht, ihre Kleidung in Ordnung zu bringen)* Ja, also, weißt du ...

Albert •• Du hättest doch zur Tür rausgehen können, wie jeder andere auch.

Hildegunde •• Du hast gut reden, ich war doch gar nicht drinnen. *(klopft sich etwas Staub von ihrer Kleidung)* Ach, du meinst, weil ich so'n bisschen ...

Albert •• 'n bisschen ist gut. Gegen dich wirkt ein Schornsteinfeger wie Meister Propper.

Hildegunde •• Hast du schon mal draußen geschlafen?

Albert •• Ja, ich bin früher Pfadfinder gewesen.

Hildegunde •• Ich nicht, bei mir war das letzte Nacht das erste Mal.

Albert •• Hä? Und das zwischen Weihnachten und Neujahr? Da brauche ich ja nur dran zu denken, da läuft mir schon die Nase und die Grippeviren machen mobil. *(ruft nach hinten)* Wirtschaft! 'n Doppelten zur Vorbeugung!

Hildegunde •• Das hilft?

Albert •• Präventivköm hilft immer.

Hildegunde •• *(nach hinten)* Mir auch 'n Doppelten! *(zu Albert)* Ich bin der reinste Eiszapfen. Und das Feuer wollte auch nicht richtig brennen.

Albert •• Feuer? Ich dachte, du heizt elektrisch.

Hildegunde •• Drinnen schon, aber draußen habe ich auf meinen Apfelbaum zurückgreifen müssen. Meinst du, ich wollte erfrieren?

Albert •• Frisches Holz mit Schnee drauf, das kann doch auch gar nicht brennen.

Hildegunde •• Eben, das hat nur gerußt und gequalmt. *(hält ihm einen Ärmel unter die Nase)* Hier, riech mal.

Albert •• Bäh! Aber ich verstehe immer noch nicht, warum du im Garten nächtigst, du hast doch ein schönes Haus.

Hildegunde •• Habe ich. Ganz neu und high-tech.

Albert •• Na eben, zum Beispiel mit High-tech-Heizung.

Hildegunde •• Viel mehr high-tech. Das ganze Haus vollautomatisch. Ich gehe raus, alles ganz einfach. Später will ich wieder rein.

Albert •• *(wartet, erwartet, dass Hildegunde weiterredet. Sie tut es nicht.)* Und?

Hildegunde •• Sage ich doch, ich habe im Garten geschlafen.

Albert •• Ach so, Schlüssel vergessen und alle Luken dicht. Typisch Weib.

Hildegunde •• Nix typisch Weib. Typisch high-tech. Ich war auf der Flucht.

Albert •• Wieso das denn? Einbrecher wehrt dein Haus doch automatisch ab und das sogar sehr effektiv.

Hildegunde •• Hast du auch so'n Haus?

Albert •• *(leicht erschrocken)* Ich? Äh, nee. Nee, habe ich nicht.

Hildegunde •• *(langsam und gedehnt)* High-tech! Überall Mikrofone. Ich muss nur sagen, was ich will.

Albert •• Schön, und?

Hildegunde •• Also pass auf. Ich will mir Kaffee kochen, also sage ich „Wasser".

Albert •• Wasser?

Hildegunde •• Wasser. Nichts passiert.

Albert •• Dann war das der falsche Befehl.

Hildegunde •• Du sagst es, zehn Minuten später waren meine Badewannen voll.

Albert •• Na und? Dann drehst du eben die Hähne ab.

Hildegunde •• Welche Hähne? Junge, die Dinger sind sprachgesteuert, da gibt es keine Hähne. Ich sage also „zumachen". Da gehen die Fenster zu.

Albert •• Da hättest du vielleicht „ausmachen" sagen sollen?

Hildegunde •• Habe ich. Danach stand ich im Dunklen. Dann habe ich gemerkt, dass ich nasse Füße hatte.

Albert •• Oh Gott.

Hildegunde •• Das habe ich auch gesagt: „Oh Gott!" Das hat den Plasmabildschirm aktiviert. Ich war mit der Lebenshilfe verbunden.

Albert •• Weiß denn die Lebenshilfe, wie man das Wasser abstellt?.

Hildegunde •• Nee, die haben Texte zum Download angeboten. Tora, Talmud, Koran oder Bibel konnte ich auswählen. „Hilfe!", habe ich geschrien. Da kam das Help-Menü.

Albert •• Na, dann hast du ja endlich lesen können, wie man das Wasser abstellt.

Hildegunde •• Nee, da stand: Es sind neue Updates verfügbar. Der Download kann einige Minuten dauern. Vorsichtig habe ich „anmachen" gesagt, da hatte ich wenigsten wieder Licht.

Albert •• Schön für dich.

Hildegunde •• Nicht wirklich. Das Wasser hätte ich lieber nicht gesehen, das lief nämlich inzwischen die Kellertreppe runter.

Albert •• Weniger schön für dich.

Hildegunde •• Endlich piepst der Plasmabildschirm. „Gott sei Dank", denke ich, „jetzt kann ich endlich nachlesen, wie man das Wasser stoppt." Da geht der Schrank auf, und der Staubsauger kommt raus.

Albert •• Na und? Du konntest doch jetzt nachlesen, was zu tun ist.

Hildegunde •• Nee, auf dem Bildschirm stand: Download erfolgreich beendet. Warten Sie bitte, bis der Selbsttest des Systems abgeschlossen ist.

Albert •• Und wie lange hat der gedauert?

Hildegunde •• Keine Ahnung. Als die Herdplatten glühten, die Ventilatoren surrten, die Computer anfingen zu booten, in den Fernsehern die Kanäle durchgeschaltet wurden, die Lautstärketests der Radios einen Höllenlärm machten, die Küchenmaschine einen virtuellen Teig knetete und der Trafo für meine Vibrationsmatraze explodierte, weil das Wasser ihn erreicht hatte, bin ich zur Tür gerannt.

Albert •• Wusstest du denn das Codewort, mit dem man die Tür aufmacht?

Hildegunde •• Nee, aber Gott sei Dank hatte der Selbsttest sie aufgemacht, und ich konnte gerade noch rauskrabbeln.

Albert •• Wieso krabbeln?

Hildegunde •• Weil durch die Explosion des Trafos die Sicherungen rausgeflogen sind.

Albert •• Was Besseres konnte dir eigentlich nicht passieren.

Hildegunde •• Das sagst du. Bei Stromausfall rasseln sämtliche Sicherheitsrollläden runter, und da bin ich gerade noch drunter durch. Deswegen habe ich mit nassen Füßen im Garten geschlafen.

Albert •• Wieso warst du eigentlich allein zu Hause? Dein Mann kann dich doch mit solcher Technik nicht allein lassen. Als Elektroniker hätte er die Sache doch in den Griff gekriegt.

Hildegunde •• Schon, aber Ernst sucht seit Tagen die Vorbesitzer, eine Japanerin mit einem deutschen Mann, so viel ich weiß.

Albert •• Äh, so? Warum das denn?

Hildegunde •• Weil die uns den Laden angedreht haben.

Albert •• Angedreht? Haben sie euch nicht alles vorgeführt?

Hildegunde •• Doch. Und da hat ja auch alles geklappt, sagt jedenfalls Ernst. Ich war ja nicht dabei.

Albert •• Und wo ist das Problem?

Hildegunde •• Das Manual ist japanisch! Nix englisch oder gar deutsch.

Albert •• *(wird sehr unruhig, weil hinter der Bühne ein neuer Gast zu hören ist)* Liebe Hildegunde, das tut mir alles ganz furchtbar leid.

Hildegunde •• Danke.

Albert •• *(hastig)* Aber ich muss los. Es wird schon alles wieder in Ordnung kommen. Das Wasser läuft übrigens nicht mehr.

Hildegunde •• Wirklich?

Albert •• Ja, aber jetzt muss ich wirklich los.

Hildegunde •• Aber wo willst du denn so schnell hin?

Albert •• Zum Flugplatz, der Flieger wartet nicht.

Hildegunde •• Wohin?

Albert •• Nach Japan zu meiner Frau. *(rennt weg)*

Ernst •• *(kommt hastig auf die Bühne)* Halt! Halt!

Hildegunde •• Nanu!? Ernst!

Ernst •• Halt ihn auf, das ist er! Halt! *(rennt Albert nach von der Bühne)* *Blackout*

Sketchideen aus Witzen

Der Übergang vom Witz zum Sketch ist bei solchen Themen, deren Handelnde Menschen sind, fließend. Viele solche Witze sind bereits Dialoge, die nur noch mit verteilten Rollen vorgetragen werden müssen.

Diese einfachste Art, einen Sketch zu beschaffen, birgt natürlich die Gefahr, dass das Publikum den Witz und damit im Grunde auch den Sketch bereits kennt.

Greifen Sie auf Bartträger zurück. Nein, ob die handelnden Personen Bartträger sind, spielt keine Rolle, der Witz selbst sollte sooo einen langen Bart haben, also Bartträger sein. Der Begriff Bartträger wird im Zusammenhang mit Witzen nicht verwendet. In Sketchen sind solch ungewöhnlichen Ausdrucksweisen aber sehr nützlich.

Nehmen Sie die ältesten Witze, die Sie auftreiben können, erweitern Sie sie mit eigenen Ideen oder kombinieren Sie mehrere Witze zu einem längeren Sketch und versuchen Sie, den handelnden Personen einen unverwechselbaren Charakter zu geben.

Sketch 10 •• *In Flagranti mit Virchen*

Inspiration •• *ein alter Witz*
Personen •• *Ivonne, Horst*
Zeit •• *2 Minuten*
Requisiten •• *keine*
Szene •• *an einem beliebigen Ort*
Akustische Effekte •• *nicht nötig*

Ivonne •• Wo fährst du denn in diesem Jahr im Urlaub hin?
Horst •• Weiß ich noch nicht, aber jedenfalls nicht nach Flagranti.
Ivonne •• Hä?
Horst •• Nach Flagranti nicht.
Ivonne •• Das verstehe ich nicht.
Horst •• Na hör mal, in Flagranti haben sie neulich den Karl erwischt.
Ivonne •• In Flagranti erwischen sie jeden.
Horst •• Karl hätte sich nicht erwischen lassen, wenn er fit gewesen wäre, aber er war geschwächt.
Ivonne •• So?
Horst •• Ja, er muss sich eine Infektion eingefangen haben.
Ivonne •• Wie kommst du denn darauf?
Horst •• Das hat er mir selbst am Telefon erzählt, er lag mit Viren im Bett.
Ivonne •• Blödsinn.
Horst •• Doch, na ja, du weißt ja, er verwendet gern die Verkleinerungsform. Gesagt hat er „Virchen".
Ivonne •• In Flagranti mit Virchen?
Horst •• Genau. Das hat er gesagt, und er klang sehr geschwächt.
Ivonne •• Sehr geschwächt? Dann kann das nur Elvirchen gewesen sein.
Blackout

So weit die Umsetzung zweier Witze zu einem Sketch, gespielt von Mann und Frau. Er kann auch von zwei Damen auf verschiedene Arten gespielt werden. Sie können empört sein über das Flittchen, sie können neidisch sein, sie können sogar eifersüchtig sein. Ähnliche Möglichkeiten gibt es natürlich auch für zwei Herren: Beide Darsteller wissen hier zunächst nicht, was Karl mit seiner Aussage gemeint hat, aber einer von ihnen kommt selbst auf die Lösung. Die Wirkung des letzten Satzes ist dabei nicht schlecht, aber sie wird stärker, wenn beide unwissend bleiben und von einer dritten Person aufgeklärt werden.

Diese dritte Person sollte nun aber nicht einfach sagen: „Virchen ist der Spitzname von Elvira", denn das würde voraussetzen, dass alle Beteiligten Elvira kennen, und der Auflösung „Virchen" folgen weitere Worte, die die Wirkung verwässern. Wesentlich besser ist es, wenn Elvira selbst auftritt und sich vorstellt mit den Worten: „Hallo, ich bin die Elvira, meine Freunde nennen mich Virchen."

Es gibt also zwei Gründe, warum diese Variante die Bessere ist: Der Auftritt der dritten Person gibt der Geschichte eine überraschende Wende, und das Wort, das den Gag ausmacht, fällt ganz zuletzt. Überraschung und möglichst später Einsatz des Gags sind die wesentlichsten Stilmittel für Sketche.

Bei der Umsetzung von Witzen kann es passieren, dass den Witzen, die man kennt, die Grundlage entzogen wird. Aber muss man sie deshalb gleich wegwerfen? Sehen wir uns folgendes Beispiel an, das aus der Sparte „Dummheit" kommt:

Er •• Ich habe uns für Samstagabend zwei Karten für die Dreigroschenoper besorgt.

Sie •• Was? Nur drei Groschen? Na ja, wenn du nicht mehr für mich übrig hast.

Es gibt keine Groschen mehr, seit es keine DM mehr gibt. Es geht hier ja aber auch nicht um die Währung, sondern allein darum, dass die Angesprochene nicht weiß, dass die „Dreigroschenoper" ein Stück von Brecht ist. Das kann man auch so zum Ausdruck bringen:

Er •• Ich habe uns für Samstagabend zwei Karten für die Dreigroschenoper besorgt.

Sie •• Du lügst, seit dem 1. Januar 2002 gibt es ja gar keine Groschen mehr.

Und wenn jemand glaubt, das Beispiel diskriminiere die Frauen, dann vertauschen Sie die Rollen.

Sie •• Ich habe uns für Samstagabend zwei Karten für die Dreigroschenoper besorgt.

Er •• Du lügst, seit dem 1. Januar 2002 gibt es keine Groschen mehr.

Wollen Sie es satirisch? Kein Problem. Machen Sie ihn zum Akademiker mit der Antwort:

Er •• Du lügst, seit dem 1. Januar 2002 gibt es ja gar keine Groschen mehr. Abgesehen davon wären das auch nur 15,3387564 Cent, ich habe immerhin Mathematik studiert.

Daraus kann sich eine wunderbare Beziehungskrise entwickeln.

Witze sind eine unerschöpfliche Fundgrube. Der kurze Witz „Hallo, hier ist Maria Meier vom Internationalen Egoistenverband. Was können Sie für mich tun?“ animiert zur Einleitung eines Telefongesprächs, das die Sekretärin eines Dienstleisters führt. Sie wird angerufen und meldet sich zum Beispiel mit „Arroganz GmbH, Versicherungen aller Art. Was können Sie für uns tun?“ Was kann nun der Kunde einer Versicherung für die Versicherung tun? Er kann beispielsweise eine Versicherung erfinden, die eine Zahlungsverpflichtung der Versicherung von vornherein ausschließt. Versichern Sie doch mal einen Pfarrer oder besser den Papst gegen Irrglauben.
Länge und Anspruch von Sketchen, die mit Kindern gespielt werden sollen, hängen vom Alter der Kinder ab. Als Szenarien eignen

sich Schule oder Elternhaus besonders. Lassen Sie den Lehrer in der Religionsstunde fragen: „Wer kann mir sagen, wie lange Adam und Eva im Paradies waren?", und einen Schüler antworten: „Bis zum Herbst!" Lehrer: „Wieso bis zum Herbst?" Schüler: „Weil dann die Äpfel reif sind."
„Meine zukünftige Schwiegertochter hat aber einen seltsamen Namen." – „Wie heißt sie denn?" – „Mierdame. Mein Sohn erzählte mir gestern am Telefon, er habe sich mit einer Anni Mierdame verlobt." Dieser alte Witz lebt von einem Begriff, dessen Wortanfang ein Name ist, wobei die korrekte Schreibweise keine Rolle spielt. In Sketchen geht es ausschließlich um die Lautbildung. Ob Anni nun mit einem oder mit zwei n geschrieben wird, ist egal. Sketche lassen sich dann auch mit Anni Matör, Kurt Isane oder Ali Mente erfinden. Als Beispiel folgt jetzt ein Sketch mit rabenschwarzem Humor, der aus einem Witz entwickelt worden ist.

Sketch 11 •• *Die Notlüge*

Inspiration •• *Witze*
Personen •• *Gastwirt, die Gäste Max und Fritz, Emma*
Zeit •• *5 Minuten*
Requisiten •• *Gläser, Getränke, evtl. Aschenbecher*
Szene •• *im Wirtshaus am Tisch, besser am Tresen*
Technik •• *im Spielbereich muss es eine Tür geben*
Akustische Effekte •• *evtl. leise Musik wie aus der Musikbox*
Spielbar bei Polterabend, Vereinsfeiern, Silvester, Vatertag

Wirt •• Max, du solltest nicht so viel saufen mit deinem kranken Herzen.
Max •• Quatsch nicht, schenk ein.
Fritz •• Lass ihn, wenn er sich totsaufen will. Gib mir auch noch einen.
Wirt •• *(schenkt ein)* Na schön, auf euer Wohl
Max •• *(trinkt aus)* Noch einen, aber einen Doppelten.
Wirt •• *(schenkt ein)* Auf deine Verantwortung.

Max •• *(trinkt aus)* Schmeckt nach mehr.

Wirt •• Mehr gibt's nicht.

Max •• Noch einen, aber plötzlich.

Wirt •• Nein.

Max •• Ich darf mich nicht aufregen, hat mein Arzt gesagt.

Fritz •• Dann reg dich nicht auf.

Max •• Ich soll mich nicht aufregen? Ich kriege keinen Schnaps mehr und soll mich nicht aufregen?

Wirt •• *(schenkt ein)* Also gut, aber das ist der Letzte.

Max •• *(trinkt aus)* Der Letzte? Der Letzte? Diese Aufregung! *(greift sich ans Herz)* Oh Gott, mein Arzt hat recht! Keine Aufregung. *(schwankt)*

Wirt •• Fritz, tu doch was.

Fritz •• Was soll ich denn tun?

Wirt •• Was weiß ich, Herzmassage oder so.

Max •• Zu spät. *(bricht leblos zusammen)*

Wirt •• Ist er tot?

Fritz •• *(untersucht den liegenden)* Sieht ganz danach aus.

Wirt •• Scheiße.

Fritz •• Warum? Ist doch nicht unsere Schuld.

Wirt •• Das nicht, aber wie ich sie kenne, kommt gleich seine Alte ihn suchen. Wie soll ich ihr das bloß schonend beibringen?

Fritz •• Scheiße.

Wirt •• Sage ich doch.

Fritz •• Komm, wir tragen ihn ins Nebenzimmer.

Wirt •• Da sucht sie auch. Wir müssen es ihr schonend beibringen.

Fritz •• Lass mich nur machen, komm endlich.

Wirt •• Also gut.

(beide tragen Max hinaus)

Emma •• *(tritt auf)* Max! *(ungeduldig)* Max! *(merkt, dass niemand da ist)* Wirtschaft!

Wirt •• *(kommt zurück)* Oh, Emma, du hier?

Emma •• Wo ist Max.

Wirt •• Ja, weißt du ...

Fritz •• *(kommt rechtzeitig)* 'n Abend, Emma, du suchst deinen Max?

Emma •• Genau, wo ist er?

Fritz •• Beruhige dich Emma. Max ist da.

Wirt •• *(sehr nervös)* Aber Fritz, Max ist doch ...

Fritz •• Ja, ist er.

Wirt •• Mensch Fritz, du kannst doch nicht ...

Emma •• Hier stimmt doch was nicht!

Wirt •• Weißt du, Emma, das ist so, wie soll ich dir das sagen ...

Fritz •• Es wird dir nicht gefallen, Emma.

Emma •• Was ist mit Max.

Fritz •• Er ist im Nebenraum.

Emma •• *(will zur Tür)* Na, der kann was erleben.

Fritz •• *(hält sie auf)* Emma, da ist noch was, was du wissen solltest.

Emma •• Das weiß ich schon, er ist stinkbesoffen – und das mit seinem schwachen Herzen.

Wirt •• Ich hab immer gesagt, er soll nicht ...

Fritz •• Hat er ja auch nicht, er ist nüchtern.

Wirt •• Was ist er?

Fritz •• Na ja, fast nüchtern.

Emma •• Hier stimmt doch was nicht.

Fritz •• Das sagtest du bereits, Emma.

Emma •• Raus mit der Sprache, was ist hier los?

Fritz •• Max hat im Nebenraum getanzt.

Emma •• Getanzt? Der Lump, mir sagt er immer, er kann nicht tanzen. Mit wem hat er getanzt?

Fritz •• Mit einem Mädchen.

Emma •• Mit was für einem Mädchen?

Fritz •• Mit einem nackten Mädchen.

Emma •• So ein Ferkel, und weiter?

Fritz •• Wie, weiter?

Emma •• Na, weiter eben, was hatte er an?

Fritz •• Einen Schlips.

Emma •• Einen Schlips? Max hat doch gar keinen Anzug, wo ein Schlips dazu passt.

Fritz •• Nee, hat er nicht.

Emma •• Er hat auch sonst nichts, wo ein Schlips dazu passt.

Fritz •• Er hatte auch sonst nichts an.

Emma •• *(entsetzt)* Er war nackt?

Fritz •• Nee, er trug einen Schlips.

Emma •• Das Schwein, tot umfallen soll er, auf der Stelle tot umfallen.

Fritz •• *(führt sie zur Tür)* Dein Wunsch war ihm Befehl. *(schiebt sie in den Nebenraum)*

Wirt •• *(erleichtert)* Pfff.

Fritz •• Siehst du, so geht das.

Blackout

Es muss nicht immer der schwarze Humor sein. Viele Witze befassen sich mit der Obrigkeit. Man hat sich zu allen Zeiten über höher gestellt Personen und Persönlichkeiten lustig gemacht, ob es sich dabei um den eigenen Chef oder um Politiker oder um Kirchenfürsten handelte, spielte fast keine Rolle.

Sketch 12 •• *Beim Frühschoppen*

Inspiration •• *Witze*

Personen •• *Pfarrer, Arzt, Bauer Alois, Kellnerin Zenzi*

Zeit •• *3–4 Minuten*

Requisiten •• *3 volle Biergläser*

Szene •• *am Stammtisch, die Sprache sollte nach Möglichkeit mundartlich gefärbt sein, die Namen Alois und Zenzi der Region des Dialekts angepasst werden*

Akustische Effekte •• *typische Geräusche einer Kneipe*

(Der Pfarrer sitzt bereits am Tisch. Alois kommt hinzu)

Alois •• Na, wie geht's denn immer?

Pfarrer •• Na, geht so.

Alois •• Kommt der Doktor heute auch?

Pfarrer •• Ich denke schon. Ah, da kommt er ja.

Arzt •• *(erscheint)* Guten Morgen, Herr Pfarrer, grüß Gott zusammen.

Alois •• Morgen, Doktor.

Pfarrer •• *(etwa gleichzeitig)* Guten Morgen, Herr Doktor.

Arzt •• Alois, du wolltest wissen, ob ich heute komme, willst du was von mir.

Alois •• Nee, nicht so direkt.

Arzt •• Hast du eine Frage?

Alois •• Ja, schon, aber es ist was Medizinisches.

Pfarrer •• Ja, da bist du doch beim Herrn Doktor genau an der richtigen Adresse.

Alois •• Das ist schon richtig, Hochwürden, aber ich kann mir das Beratungshonorar nicht leisten.

Pfarrer •• Na ja, hier beim Frühschoppen wird der Herr Doktor deine Frage ja vielleicht für eine Runde Bier beantworten.

Arzt •• Ja klar, Alois, wo drückt der Schuh?

Alois •• Zenzi, bring mal eine Runde Bier. *(zum Arzt)* Also, das ist so: Mich würde halt mal interessieren, wovon man Rheumatismus kriegt.

Arzt •• *(lacht)* Wenn man es genau nimmt, ist die Zenzi nicht ganz unschuldig daran.

Zenzi •• *(bringt die drei Gläser Bier)* Ich? Wo soll ich dran schuld sein?

Pfarrer •• Wenn die Leute Rheumatismus kriegen, sagt der Herr Doktor.

Zenzi •• Na, der muss es ja wissen. *(stellt die Gläser vor die Zecher)*

Arzt •• Es ist nun mal nachgewiesen, dass Bier die Gefahr, an Rheumatismus zu erkranken, deutlich erhöht, Zenzi, und du bringst es uns.

Alois •• *(hebt sein Glas, sieht es starr an)* Da kriegt man Rheumatismus von? So, so.

Arzt •• Und vom zu üppigen Essen auch.

Pfarrer •• *(lacht)* Und das bringt auch die Zenzi. Zenzi, du bist ein gefährliches Weib.

Arzt •• Ich fasse mal zusammen: Fressen, Saufen und zu viel Sex führen zum Rheumatismus.

Pfarrer •• Das ist genau das, was ich jeden Sonntag predige: Saufen, Fressen und Fremdgehen, das sind die Sünden der heutigen Zeit.

Arzt •• Plagt es dich denn schon lange, Alois?

Zenzi •• Soll ich dir lieber was Vegetarisches bringen?

Alois •• Nee, nee, mir geht es gut. Ich frage mich nur, Zenzi, wann du die Zeit gefunden hast, immer wieder den Bischof zu besuchen.

Zenzi •• Was soll ich gemacht haben?

Alois •• Na, da steht es doch heute in der Zeitung. Den Bischof plagt der Rheumatismus.

Blackout

In dieser Kneipenszene wird etwas für Sketche Wesentliches deutlich: die Verkürzung. Zensi bringt das Bier 10 Sekunden nach der Bestellung. Das ist so richtig, obwohl ein gut gezapftes Pils sieben Minuten dauert. So lange dauert der Sketch aber nicht. Verkürzung bezieht sich fast immer auf die Zeit.

Sketchideen aus persönlichen Erlebnissen

Persönliche Erlebnisse sind ein weites Feld. Nicht nur das direkte Erleben, auch das indirekte – wie das Lesen einer Zeitung oder eines Buches, das Hören einer Radiosendung oder das Fernsehen sind Erlebnisse. Und manchmal ergeben sie erst zusammen den Stoff, aus dem die Sketche sind.

In einem Sketch zum Thema Anwaltskanzlei, den ich im Fernsehen gesehen hatte, wurde ein Beratungsgespräch grotesk dargestellt. Zu der Zeit war eine der Gesundheitsreformen gerade Thema der Politik. Der Trend zu ambulanten Operationen war erkennbar. Eine Leistenbruchoperation hatte ich selbst erlebt und verfügte seitdem über Kenntnisse darüber. Logische Folge dieser Verkettung: groteske Darstellung einer Sprechstunde.

Der folgende Sketch war dann für einige Zeit auf meiner Website nachzulesen.

Sketch 13 ·· *Gesundheitsreform*

Ein Sketch in zwei Teilen

Inspiration ·· *persönliche Erlebnisse*

Personen ·· *Arzt, mindestens vier Patient(inn)en. Außer Patientin 1 und Patientin 2 sollten alle anderen Darsteller in Teil 1 männlich sein. Patientin 1 trägt leichte Sportkleidung, Patient 1 trägt Hemd und Hose, die Bekleidung der übrigen Patienten ist ohne Bedeutung.*

Zeit ·· *Teil 1: 8 Minuten, Teil 2: 7 Minuten*

Requisiten ·· *mindestens vier Stühle, Koffer mit Kochutensilien, Sektkorken, schmutziges Handtuch, Nähzeug, Tisch für die Requisiten*

Szene ·· *Sprechzimmer eines Arztes, das gleichzeitig Wartezimmer ist. Alle Stühle sind mit wartenden Patienten besetzt.*

Technik ·· *nicht nötig*

Akustische Effekte ·· *nicht nötig*

Teil 1

(Der Arzt erscheint im abgerissenen weißen Kittel, er trägt einen Koffer, den er irgendwo abstellt.)

Arzt ·· Der Nächste bitte, *(Patientin 1 erhebt sich)* was kann ich für Sie tun?

Patientin 1 ·· Ich habe einen Termin für eine Ultraschalluntersuchung.

Arzt ·· Das ist nicht möglich.

Patientin 1 ·· Doch, ich habe doch gestern bei Ihnen angerufen. Und da haben Sie mir gesagt, dass ich in leichter Sportbekleidung zu erscheinen habe. Es war ganz schön kalt auf dem Weg zu Ihnen.

Arzt ·· Tja, diese kleinen Unannehmlichkeiten, aber ich habe einfach keine Zeit, bei jedem Patienten zu warten, bis der sich endlich ausgezogen hat.

Patientin 1 ·· Und was ist nun mit der Ultraschalluntersuchung?

Arzt ·· Ein Missverständnis, Sie haben bei mir einen Termin für eine Schalluntersuchung. Wer kann sich denn heutzutage noch ein Ultraschallgerät leisten?

Patientin 1 •• Schalluntersuchung? Wie geht das denn?

Arzt •• Stellen Sie sich mal ganz locker hin, lassen Sie die Arme hängen, Sie dürfen die Bauchdecke bitte nicht anspannen. Schließen Sie die Augen. So ist es gut, nun ruhig atmen. *(er stützt Patientin 1 mit der einen Hand im Rücken ab und drückt ihr den spitzen Finger der anderen Hand kräftig in den Unterbauch, etwa da, wo der Blinddarm sitzt)*

Patientin 1 •• Aua!

(Ein weiterer Patient tritt auf und besetzt den freien Stuhl)

Arzt •• Der Blinddarm ist in Ordnung.

Patientin 1 •• Woran haben Sie das denn so schnell erkannt?

Arzt •• Am Schall.

Patientin 1 •• Am Schall?

Arzt •• Ja, am Schall, der Ihrem Munde entfleuchte. Sie haben „Aua" gesagt, das ist in Ordnung. Hätten Sie geschrien, wäre der Blinddarm entzündet, und hätten Sie lustvoll gestöhnt, wären Sie Masochistin.

Patientin 1 •• Und wenn ich nicht reagiert hätte?

Arzt •• Dann wären Sie tot. Soll ich noch Ihre Brust abtasten?

Patientin 1 •• Wie wäre es mit Mammographie?

Arzt •• Ich sagte Ihnen bereits, dass ich mir keine Gerätemedizin mehr leisten kann. Ich bin gezwungen, auch hier mit der Schallmethode zu arbeiten.

Patientin 1 •• *(hält ihre Hände schützend vor die Brust)* Sie sind ein Sadist!

Arzt •• *(lächelnd)* Tja, die Gesundheitsreform. Aber wenn Sie sich meinen kundigen Händen nicht weiter anvertrauen wollen!? Auf Wiedersehen.

Patientin 1 •• Wohl nicht! *(ab)*

Arzt •• Der Nächste bitte, *(Patient 1 erhebt sich)* was kann ich für Sie tun?

Patient 1 •• Ich habe hier ein Furunkel, hier hinten am Rücken. *(zeigt hin)*

Arzt •• Ziehen Sie mal Ihr Hemd hoch.

Patient 1 •• *(tut es. Der Rücken ist vom Publikum abgewandt)* Sehen Sie?

Arzt •• Ah ja, das haben wir gleich. *(Öffnet einen Koffer mit Kochutensilien, nimmt ein großes Kochmesser)*

Patient 1 •• Sie wollen doch nicht etwa mit dem Messer ... ?

Arzt •• Hören Sie, ich bin Hobbykoch, glauben Sie, ich kann mir die teure Kochausstattung und zusätzlich noch ein Chirurgenbesteck leisten? Beugen Sie sich bitte etwas vor. *(macht sich am Rücken des Patienten zu schaffen)*

Patient 1 •• Moment, Moment, Moment, kriege ich denn keine Spritze?

Arzt •• Örtliche Betäubung gibt es nur noch für Privatpatienten, wollen Sie einen Knebel? *(zeigt ihm einen Sektkorken)*

Patient 1 •• Äh, ich weiß nicht, nein, lieber nicht.

Arzt •• Gut, schreien Sie aber bitte nicht, das würde meine anderen Patienten ängstigen. *(macht sich wieder am Rücken des Patienten zu schaffen, zur Patientin 2)* Würden Sie mir bitte mal assistieren?

Patientin 2 •• *(schreckt auf)* Wer? Ich?

Arzt •• Ja, bitte, meine Mädchen musste ich leider entlassen.

Patientin 2 •• Na gut. *(stellt sich neben den Arzt. Ein weiterer Patient tritt auf und besetzt den freien Stuhl.)*

Arzt •• *(gibt ihr ein nicht ganz sauberes Handtuch)* Passen Sie bitte auf, dass ihm kein Blut in die Hose läuft.

(Arzt und Patientin 2 hantieren nun gemeinsam heftig mit Messer und Handtuch am Rücken des Patienten, der sein Hemd selbst hoch halten muss und dem man die Schmerzen deutlich ansieht, er stöhnt laut.)

Arzt •• So, das war das, jetzt noch die Naht.

Patientin 2 •• Mir wird schlecht. *(sinkt bewusstlos zu Boden)*

Arzt •• *(zu Patient 1)* Halten Sie das Handtuch mal selbst. *(kramt in seinem Koffer, findet nicht, was er sucht, zur Patientin 2)* Haben Sie zufällig Nähzeug dabei?

Patientin 2 •• *(kommt zu sich, froh, sich abwenden zu können)* Ja. *(Geht an ihren Platz, nimmt das Nähzeug aus ihrer Handtasche, gibt es dem Arzt, bleibt aber auf ihrem Stuhl sitzen)*

Arzt •• Danke. *(hantiert mit dem Nähzeug am Patienten)* So, fertig, Sie können sich anziehen.

Patient 1 •• *(seufzt erleichtert auf)* Danke, Herr Doktor. *(ab)*

Arzt •• Der Nächste bitte, *(Patientin 2 steht auf)* was kann ich für Sie tun?

(Ein weiterer Patient tritt auf und besetzt den freien Stuhl)

Patientin 2 •• *(verlegen)* Nun, äh, Herr Doktor, es ist mehr etwas, das Frauen betrifft.

Arzt •• So, nun gut, dann wollen wir mal.

Patientin 2 •• Eigentlich wollte ich nur eine Überweisung.

Arzt •• Sind Sie Privatpatientin?

Patientin 2 •• Nein, AOK.

Arzt •• Dann vergessen Sie's. *(zu zwei wartenden Patienten)* Meine Herren, stehen Sie bitte auf, ich brauche Ihre Stühle. *(Er stellt drei Stühle im Dreieck mit allen Sitzflächen in Richtung Publikum auf. Zur Patientin 2)* Setzen Sie sich bitte auf den gynäkologischen Stuhl.

Patientin 2 •• Wo rauf bitte?

Arzt •• Sie waren nach Inkrafttreten der Gesundheitsreform noch nicht wieder beim Arzt, wie? So geht das. *(Er setzt sich auf einen Stuhl und legt die Beine über die Lehnen der anderen, steht wieder auf)* Nun Sie!

Patientin 2 •• Sie wollen doch nicht etwa die Behandlung vor den Augen der anderen Patienten durchführen?

Arzt •• Wollen Sie mir vielleicht die Miete für ein Wartezimmer bezahlen? Setzen!

Patientin 2 •• Herr Doktor, bitte.

Arzt •• *(zu den wartenden Patienten)* Meine Herren, wenden Sie sich bitte ab. *(zur Patientin 2)* Nun geht's, setzen!

Patientin 2 •• *(setzt sich wie es der Arzt vorgemacht hat)* Unter Protest, Herr Doktor.

Arzt •• Hauptsache, Sie sitzen. Wo drückt der Schuh?

Patientin 2 •• Es geht um einen Schwangerschaftsabbruch.

Arzt •• Gut, dann geben Sie mir bitte den Beratungsschein.

Patientin 2 •• Ich habe keinen, den hat die Kirche eingespart.

Blackout

Teil 2

(Raum unverändert, alle Stühle sind mit wartenden Patienten besetzt. Wenn das Licht angeht, ist der Arzt gerade mit der eigentlichen Untersuchung von Patient 2 fertig.)

Arzt •• Tja, mein Lieber, das ist ein klassischer Leistenbruch. Über kurz oder lang werden wir da zum Messer greifen müssen.

Patient 2 •• Sie meinen, ich sollte einen Klinikaufenthalt einplanen?

Arzt •• Das war mal. Wissen Sie, laut Gesundheitsreform ist ein Leistenbruch ja nicht direkt eine Krankheit. Bei Männern könnte man sogar von einem Geburtsfehler sprechen.

Patient 2 •• Ach was? Frauen brechen sich ihre Leiste nicht?

Arzt •• Sehr selten. Und es ist ja auch eigentlich kein Bruch, eher ein Durchbruch, nicht wahr, eine Darmschlinge durchbricht Ihre Bauchdecke.

Patient 2 •• Sind denn die weiblichen Bauchdecken stabiler?

Arzt •• Nein, aber sie sind nicht perforiert wie die männlichen, in denen die Natur zwei Löcher gelassen hat.

Patient 2 •• Das ist ja dumm.

Arzt •• Na ja, so dumm auch wieder nicht, da gehen die Samenleiter durch. Ohne Löcher hätten Sie keinen Leistenbruch, aber auch keine Kinder, soll ich Sie gleich heute operieren?

Patient 2 •• Heute schon? Geht denn das so schnell?

Arzt •• Kein Problem, ich bereite jetzt die Lokalanästhesie vor, und nach Ende meiner Sprechstunde werde ich den kleinen Schaden eben beheben.

Patient 2 •• Lokalanästhesie?

Arzt •• Ja, Sie gehen bitte gegenüber in die Gaststätte und saufen Sie sich ordentlich zu.

Patient 2 •• Ich dachte, Lokalanästhesie sei eine örtliche Betäubung.

Arzt •• War es früher auch, aber wir sind froh, dass wir nach der Gesundheitsreform wenigsten den Begriff noch verwenden können. Sie gehen dann nun bitte in das Lokal und anästhesieren sich.

Patient 2 •• Gut, Herr Doktor. *(ab)*

Arzt •• Der Nächste bitte, *(Patientin 3 steht auf)* was kann ich für Sie tun?

Patientin 3 •• *(verlegen)* Sagen Sie, Herr Doktor, ist ein Leistenbruch bei Frauen wirklich so selten?

Arzt •• Ja, ziemlich selten, ich glaube nicht, dass Sie sich einen solchen zugezogen haben.

Patientin 3 •• Gott sei Dank, dann brauche ich ja keine Lokalanästhesie.

Arzt •• Das will ich nicht sagen, die Lokalanästhesie ist das Herbeiführen eines Deliriums aus medizinischen Gründen auf Kosten das Patienten in einem Lokal nach Wahl des Arztes mit Getränken nach Wahl des Gast … äh, Patienten. Die Lokalanästhesie wird inzwischen bei fast allen größeren ambulanten Operationen angewendet.

Patientin 3 •• Vielleicht habe ich aber ja doch so einen seltenen Leistenbruch. Sollte ich dann auch gleich in die Kneipe drüben …

Arzt •• Das geht heute nicht, so oder so.

Patientin 3 •• Ja, aber für den Herrn eben haben Sie es doch auch möglich gemacht.

Arzt •• Eben drum, der Wirt drüben hat nämlich nur einen Billardtisch.

Patientin 3 •• Sie wollen doch nicht etwa die Operation vor den Augen der Gäste auf einem Billardtisch durchführen?

Arzt •• Was bleibt mir übrig, Kliniken und moderne Operationssäle sind nur noch für die wirklich schweren Fälle

Patientin 3 •• Wie schwer muss so ein Fall denn sein, dass er ins Krankenhaus darf?

Arzt •• Über einhundertfünfzig Kilo, dafür ist der Billardtisch nicht stabil genug. Sie haben also auch so eine Aufwölbung der Bauchdecke rechts etwas oberhalb des Schambeines?

Patientin 3 •• Nein, da nicht, genau in der Mitte zwischen Schambein und Nabel.

Arzt •• Dann sind Sie schwanger, das ist nicht weiter schlimm.

Patientin 3 •• Schwanger? Aber wieso?

Arzt •• Unter anderem deshalb, weil die Männer Löcher in der Bauchdecke haben.

Patientin 3 •• *(sehr nachdenklich)* Die Löcher der Männer in der Bauchdecke.

Arzt •• Richtig, durch die die Samenleiter geführt sind. Sonst könnten die Samenzellen nicht von der Produktionsstätte in Ihre Gebärmutter gelangen.

Patientin 3 •• Gut, dann bin ich eben schwanger, und wie geht es nun weiter?

Arzt •• Haben Sie eine Hebamme in der Familie?

Patientin 3 •• Nein.

Arzt •• Einen Geburtshelfer? Eine Krankenschwester? Krankenpfleger?

Patientin 3 •• In der Familie? Nein.

Arzt •• Wenigstens einen Zivildienstleistenden?

Patientin 3 •• Auch nicht, aber einen Professor am Institut für Gynäkologie.

Arzt •• Einen Professor? Den können Sie sich doch gar nicht leisten.

Patientin 3 •• Aber er ist mein Onkel!

Arzt •• Und warum sind Sie dann bei mir?

Patientin 3 •• Ich wusste doch nicht, dass es eine Schwangerschaft ist, ich dachte, ich wäre krank.

Arzt •• Ich wollte nicht die Begründung, ich wollte den Grund. Unbegründete Arztbesuche sind asozial, sie kosten Geld und belasten die Krankenkassen und damit die Beitragszahler.

Patientin 3 •• Sie brauchen meinen Besuch ja nicht abzurechnen, dann würde ...

Arzt •• Darauf würde nicht einmal Ihr Herr Onkel verzichten.

Patientin 3 •• Der würde mit der Kasse abrechnen?

Arzt •• Muss er doch, oder würden Sie ihm seine Auslagen bar auf die Kralle geben?

Patientin 3 •• Nee, die würde ich ja von der AOK nicht ersetzt kriegen.

Arzt •• Sehen Sie, und dasselbe denken auch alle anderen Patienten, und deshalb gibt es unter Medizinern leider keine Schwarzarbeit.
Blackout

Spielorte

Der Sketch auf dem Papier ist nicht der Sketch, der auf Publikum wirkt. Die schönste Inspiration und die pfiffigste Idee stauben ein, wenn sie nicht an einem entsprechenden Spielort aufgeführt werden können. Die Berücksichtigung des jeweiligen Spielorts hat also großen Einfluss auf das Gelingen des Plans Sketch.

Spielorte und ihre Besonderheiten

Der Ort, an dem ein Sketch gespielt werden soll, hat Einfluss auf alle Punkte unseres Projektplans, besonders auf die Textbeschaffung, denn der Text setzt Rahmenbedingungen, die nicht überall erfüllt werden können. Insbesondere die Größe des Spielortes ist von Bedeutung, wobei ein Sketch, der für einen kleinen Raum geschrieben wurde, in größere Räume übertragbar ist.

Im Wohnzimmer eines Gastgebers

Ein Wohnzimmer dürfte der kleinste anzunehmende Raum für einen Sketch sein. Die Möglichkeiten sind begrenzt. Vorhanden ist aber Wohnzimmermobiliar. Das Einfachste ist also, dass man seine Geschichte in einem Wohnzimmer spielen lässt. Damit kann die Spielvorbereitung auf ein Minimum reduziert werden.

Sketch 14 •• *Die Strafarbeit*

Inspiration •• *ein Witz*
Personen •• *Vater, Mutter, Tochter*
Zeit •• *3–4 Minuten*
Requisiten •• *Schultasche mit Heft und Schreibzeug*
Szene •• *in der Wohnung, die Mutter ist bereits anwesend, die Tochter kommt von der Schule*
Technik •• *keine*
Akustische Effekte •• *keine*

Tochter •• Hey Mami, hab 'ne Strafarbeit auf heute.
Mutter •• Ja? Was haste denn angestellt?
Tochter •• Gar nichts, das ist es ja. Ich habe jede Frage beantwortet, aber der Pauker meint, ich hätte keine Ahnung von Politik.

Mutter •• So,so. Was habt ihr denn durchgenommen?

Tochter •• Er hat gefragt, welcher Minister am längsten im Amt ist.

Mutter •• Und?

Tochter •• Der Finanzminister, hab ich gesagt.

Mutter •• Der Finanzminister?

Tochter •• Ja. Der Finanzminister! Papi hat doch gesagt, der Finanzminister ist die längste Zeit Minister gewesen.

Mutter •• Das hat er doch aber nicht so gemeint.

Tochter •• Nein?

Mutter •• Nein. Er hat gemeint: Wenn es nach ihm ginge, wäre er die längste Zeit Minister gewesen.

Tochter •• Ach so. – Mami?

Mutter •• Ja?

Tochter •• Geht es denn nicht nach Papi?

Mutter •• Aber nein, mein Kind, auf Papis Meinung kommt es dabei nicht an. Darüber entscheidet das ganze deutsche Volk.

Tochter •• Und das ganze Volk will den Finanzminister, nur unser Papi will ihn nicht?

Mutter •• Das ganze Volk will den bestimmt auch nicht.

Tochter •• Und warum ist er dann Minister?

Mutter •• Weil der Bundeskanzler/die Bundeskanzlerin ihn will. *(Statt der Amtsbezeichnungen sollten die Namen der aktuellen Politiker verwendet werden.)*

Tochter •• Zählt die Meinung vom Bundeskanzler/von der Bundeskanzlerin mehr als die Meinung von Papi?

Mutter •• Aber natürlich, der/die hat doch die Richtlinienkompetenz.

Tochter •• Jaaa?

Mutter •• Ja.

Tochter •• Und Papi nicht?

Mutter •• Nein.

Tochter •• Nein?

Mutter •• Nein, weil Papi nicht Bundeskanzler ist.

Tochter •• Und wenn er Bundeskanzler wäre, hätte er auch die Richtlinienkompetenz?

Mutter •• Nicht „auch“, er hätte sie ganz alleine.

Tochter •• Uiiih! – Nur der Papi.

Mutter •• So ist das, immer der, der gerade Bundeskanzler ist.

Tochter •• Und dann wäre der Finanzminister wirklich die längste Zeit Minister gewesen, und ich hätte Recht gehabt in der Schule, und der Pauker hätte mir keine Strafarbeit aufgeben dürfen.

Mutter •• Dafür sicher nicht, aber du hast doch nicht nur wegen dieser einen ähh ... unrichtigen Antwort eine Strafarbeit aufgekriegt!

Tochter •• Na ja, ich habe dann noch erzählt, was ich von der Regierung halte.

Mutter •• Und was hältst du von der Regierung?

Tochter •• Na, das was Papi immer sagt: gesetzlich zugelassene Gangster, demokratische Raubritter und Beutelschneider, parlamentarische Lügner und Betrüger, kurz: Verbrecher mit der Gnade der parlamentarischen Immunität. *(der Vater tritt ein)*

Vater •• Was soll ich gesagt haben?

Tochter •• Verbrecher mit der Gnade ...

Vater •• Unsinn, so was würde ich nie sagen.

Tochter •• Aber Papi, du hast doch immer gesagt, dass man nicht lügen darf.

Vater •• Eben, und deshalb würde ich das nie sagen.

Mutter •• Was für eine Strafarbeit hast du denn auf?

Vater •• Strafarbeit?

Tochter •• Ja, ich soll hundert Mal schreiben „Der Staat ruft mich, der Staat ruft dich, der Staat ruft uns alle.“ *(fängt an zu schreiben)*

Vater •• Also, das ist ja nun wohl doch etwas übertrieben.

Mutter •• Aber wenn sie es doch schreiben muss.

Vater •• Aber doch nicht so was, der Staat ruft mich! Unsinn, der ruft nur, wenn er Geld von mir will.

Mutter •• Aber wenn sie es doch schreiben muss.

Vater •• *(guckt der Tochter über die Schulter)* Dann soll sie es auch schreiben, meinetwegen sogar zweihundert Mal, hihihi.

Mutter •• Nanu? Auf einmal doch?

Vater •• Aber sicher, solange sie nur weiterhin „ruft“ mit „pf“ schreibt.

Blackout

Die Szene muss natürlich nicht zwingend das Wohnzimmer sein. In einem Wohnzimmer ist meistens noch Platz für einen kleinen Tisch mit Stühlen, der dann Küchentisch oder Schreibtisch oder Tisch in einer Kneipe oder einem Restaurant sein kann.

In einem Gesellschafts- oder Clubraum

Ein Gesellschafts- oder Clubraum bietet dank seiner Größe deutlich mehr Möglichkeiten als eine Wohnung, um einen Sketch aufzuführen. In Clubräumen findet man dafür aber selten anderes als Tische und Stühle. Was immer man an Requisiten braucht, muss beschafft werden. Technische Einrichtungen, wie zum Beispiel Scheinwerfer, können eingesetzt werden, sind aber nicht vorhanden, müssen also besorgt werden. Einschränkungen in der Auswahl der Szene gibt es fast nicht mehr, vorausgesetzt, sie lässt sich auf kleinem Raum glaubwürdig darstellen.

Sketch 15 •• *Übermorgen*

Inspiration •• *eigenes Erleben, Presseberichte*
Personen •• *Frau Müller-Breitschwert, ein Mann, ein Erzähler*
Zeit •• *5–6 Minuten*
Requisiten •• *Mobiltelefon oder Fernbedienung zum Wählen*
Szene •• *im Wohnzimmer, Frau M.-B. und der Mann sitzen im Dunkeln*
Technik •• *2 Scheinwerfer mit Ständer*
Akustische Effekte •• *keine*

Erzähler •• Die Märchen von gestern sind die Wahrheiten von heute. Erleben Sie jetzt ein Märchen von morgen: Das soziale Netz ist lückenlos, und es trägt seinen Namen zu Recht. Das Netz, die Sicherung der Artisten, ist auch das Werkzeug der Fischer, die sehen wollen, wer darin – Verzeihung – was darin gefangen ist.

Die Netze sind vernetzt. Das soziale Netz und das elektronische Netz sind eins geworden. Längst sind die Endgeräte multimedial und kabellos. Jeder ist mit dem Netz verbunden. Jeder hat Zugriff auf das Wissen der Welt und jeder hat Verbindung mit jedem in Wort und Bild.
Die multifunktionale Identitätskarte ist längst Realität, die Last der tausend Plastikkarten ist von uns genommen. Mit einer einzigen Karte weist man sich aus, genießt die Vorteile aller Rabattsysteme, führt seine Kontenbewegungen aus, zahlt bargeldlos und erhält Zugang zum Netz.
Der Staat hat das Fernmeldemonopol von den Telekommunikationsanbietern zurückgekauft, die Nutzung des Netzes ist bis auf einige gebührenpflichtige Leistungen kostenlos. Sie stecken einfach Ihre multifunktionale Identitätskarte in ein multimediales Endgerät und genießen die Leistungen des Netzes.
Ach ja, der Gesprächspartner beim Telefonieren erscheint nicht mehr auf einem Bildschirm, sondern sitzt als Hologramm frei im Raum. Die Freisprecheinrichtung ist selbstverständlich.

(Der auf Frau M.-B. gerichtete Scheinwerfer wird eingeschaltet.)

Frau M.-B. •• *(wählt, wartet)*

(Der auf den Mann gerichtete Scheinwerfer wird eingeschaltet. Der Mann stellt das Hologramm dar, er spricht monoton abgehackt und lässt seine Stimme mechanisch klingen.)

Hologramm •• Guten Abend, Frau Müller-Breitschwert, was können wir für Sie tun?

Frau M.-B. •• Ich bin mir noch nicht ganz schlüssig, ob ich mir …

Hologramm •• Kein Problem, wir helfen Ihnen.

Frau M.-B. •• Auch bei der Entscheidung?

Hologramm •• Abnehmen wollen wir sie Ihnen natürlich nicht, aber vielleicht dürfen wir Ihnen beratend zur Seite stehen.

Frau M.-B. •• Na, schauen wir mal. Ich bin mir im Moment noch nicht schlüssig darüber, ob ich ein Film-Abo, einen Fernkurs oder eine Reise bestellen sollte.

Hologramm •• Aber warum denn ein Film-Abo? Ihnen steht die Welt der Filme doch kostenfrei im Netz zur Verfügung.

Frau M.-B. •• Weil Filme im Abo nicht dauernd unterbrochen werden. Ich brauche es nicht, dass Sie jede Viertelstunde erscheinen und fragen, ob ich etwas wünsche. Wenn ich etwas wünsche, werde ich mich schon an Sie wenden.

Hologramm •• An wen auch sonst, der Staat hat das Monopol. Also gut, für welches Film-Abo würden Sie sich denn interessieren?

Frau M.-B. •• Ich habe mal was von historischen Abenteuerfilmen gehört.

Hologramm •• Sie meinen Filme aus der Zeit, als das Netz noch kein Staatsmonopol war?

Frau M.-B. •• Ja, genau.

Hologramm •• Als jeder das Netz mit jedem Quatsch vollstopfen konnte?

Frau M.-B. •• Ja.

Hologramm •• Als jeder sich anonym im Netz bewegen konnte?

Frau M.-B. •• Ja.

Hologramm •• Als es keine Kontrolle gab?

Frau M.-B. •• Ja, das muss eine tolle Zeit gewesen sein.

Hologramm •• Im Gegenteil, es war eine Zeit voller Gefahren. Lebensgefährlich!

Frau M.-B. •• So schlimm?

Hologramm •• Lebensgefährlich natürlich hauptsächlich für Computer.

Frau M.-B. •• Na ja, das ist denn ja auch nicht sooo schlimm gewesen.

Hologramm •• Nicht schlimm? Ich bin ein Computer.

Frau M.-B. •• Entschuldigung.

Hologramm •• Außerdem sind auch einige Männer durch das Netz gestorben, weil man ein gewisses Mittel namens Viagra unkontrolliert kaufen konnte.

Frau M.-B. •• Mich würde dieses Film-Abo aber doch interessieren.

Hologramm •• Oh, ich sehe gerade, Sie sind als staatskritisch registriert. Da war das natürlich zu erwarten.

Frau M.-B. •• Wieso bin ich als staatkritisch registriert.

Hologramm •• Sie gehen mit der Empfehlung, alle 15 Minuten Ihre multifunktionale Identitätskarte in ein multimediales Endgerät zu stecken, nicht besonders gewissenhaft um.

Frau M.-B. •• Ich habe es vergessen.

Hologramm •• Am 20. Januar wussten wir eine ganze Stunde lang nicht, wo Sie sich aufhalten.

Frau M.-B. •• Das weiß ich auch nicht mehr.

Hologramm •• Es ist aber unerlässlich, dass wir wissen, wo unsere Bürgerinnen und Bürger sind. Wie sonst sollten wir ihnen in Notfällen helfen können? Ihnen hat das vier Negativpunkte eingebracht.

Frau M.-B. •• Wenn meine Karte nicht in der Kiste steckt, dann brauche ich keine Hilfe.

Hologramm •• Wer wann Hilfe benötigt, entscheidet ausschließlich die Staatsgewalt.

Frau M.-B. •• Kommen wir auf das Abo zurück.

Hologramm •• Davon würde ich dringend abraten.

Frau M.-B. •• Warum?

Hologramm •• Weil ich Sie dann als staatfeindlich registrieren müsste.

Frau M.-B. •• Und warum gibt es dann das Abo?

Hologramm •• Zu Bildungszwecken für Historiker und insbesondere für Politiker.

Frau M.-B. •• Ach so, und Politiker werden nicht als staatsfeindlich eingestuft.

Hologramm •• Nein.

Frau M.-B. •• Wie auch, sie sind ja volksfeindlich.

Hologramm •• Nach dieser Bemerkung ist das Film-Abo für Sie gesperrt.

Frau M.-B. •• Mist. Na ja, dann eben der Kurs.

Hologramm •• Der Fernkurs „Überleben ohne Netz" ist für Sie ebenfalls gesperrt.

Frau M.-B. •• Woher wussten Sie, dass mich gerade dieser interessiert?

Hologramm •• Weil Sie mit Ihrem Lebensgefährten mehrfach im Urlaub waren.

Frau M.-B. •• Ja und?

Hologramm •• Sie haben sich dem Unterhaltungsprogramm des Staates mehrfach entzogen und sich selbst vergnügt.

Frau M.-B. •• Dafür hat man doch Lebensgefährten, dass man sich mit ihnen vergnügt.

Hologramm •• Sie hätten eben beide Ihre multifunktionale Identitätskarte in ein multimediales Endgerät stecken sollen. Jedes Hotelzimmer verfügt über mindestens zwei dieser Geräte.

Frau M.-B. •• Es gibt nun mal Momente im Leben, in denen man gern unbeobachtet ist.

Hologramm •• Aber doch nicht jeden zweiten Tag. Einmal in der Woche gesteht Ihnen der Staat eine ganze Stunde ohne Karte im Endgerät zu.

Frau M.-B. •• Ja, aber ich muss drei Tage vorher beantragen, wann ich diese Stunde zu nehmen gedenke.

Hologramm •• Wie sonst wollen Sie verhindern, dass Ihr Negativpunktekonto steigt?

Frau M.-B. •• Und warum nimmt sich der Staat das Recht heraus, solche Stunden abzulehnen?

Hologramm •• Das hat biologische Gründe. Über das Netz werden nicht nur Ihre Geschäfte, Interessen und gesellschaftlichen Beziehungen überwacht, sondern auch Ihre Körperfunktionen.

Frau M.-B. •• Das weiß ich, und?

Hologramm •• Aufgrund Ihres Temperaturverlaufs und einiger weiterer Parameter wird die Stunde genehmigt oder abgelehnt.

Frau M.-B. •• Das muss doch einen Grund haben.

Hologramm •• Hat es. Als staatskritisches Volksmitglied sind Sie zur Vermehrung nicht zugelassen.

Blackout

In einem Saal

Viele Sketche werden in einem Saal gespielt und sind auch dafür geschrieben. In einen Saal begibt man sich zu besonderen Anlässen: Familienfeiern, Firmenjubiläen oder Vereinsfeiern. Hier ist zuerst zu klären, ob eine Bühne verfügbar ist. Es genügt nicht festzustellen, ob eine Bühne vorhanden ist; eine vorhandene Bühne, auf der sich ein Orchester befindet, ist nicht verfügbar.
Ein Saal kann mit Licht- und Tontechnik ausgestattet sein, muss aber nicht. Wenn die Umstände beim Auftritt im Saal vorab nicht vollständig geklärt werden können, entwickeln wir vorsichtshalber einen Sketch, der ohne Bühne auskommt.

Die geeignete Ton- und Lichttechnik muss gegebenenfalls beschafft werden. Auch dies gilt es vorher abzuklären.
Ohne Bühne hat man Freiheiten, die auf der Bühne oft fehlen. Eine Reihe lose zusammenhängender Szenen können an verschiedenen Plätzen im Saal gespielt werden. Machen Sie spielerisch das Publikum zu Bewohnern einer Wohnanlage, indem Sie beispielsweise den Eigentümer, den Hausmeister und einige Mieter immer wieder an verschiedenen Orten der „Wohnanlage" auftreten lassen.

Sketch 16 •• *Der Hausmeister*

Inspiration •• *eigenes Erleben*

Personen •• *Vera und Anna in reifem Alter, Veronika und Ivonne jugendlich, Augustin, Müller*

Zeit •• *10–12 Minuten*

Requisiten •• *Fernglas*

Szene •• *im Saal, bei einigen Szenenwechseln sollten Pausen eingelegt werden*

Technik •• *Licht- und Tontechnik abhängig von der Saalgröße*

Akustische Effekte •• *keine*

Teil 1: Anna und Vera

Anna •• Haben Sie schon gehört? Der Eigentümer will einen Hausmeister einstellen.

Vera •• Das wird aber auch Zeit.

Anna •• Wieso wird das Zeit? Ich brauche keinen Hausmeister.

Vera •• So so, Sie brauchen keinen Hausmeister. Und warum nicht, wenn ich fragen darf?

Anna •• Sie dürfen. Erstens ist das ein Grund für die Mieterhöhung und zweitens können wir das bisschen Arbeit auch selbst erledigen.

Vera •• Selbst? Sie? Und was war am 25. Dezember?

Anna •• Weihnachten.

Vera •• Lenken Sie nicht ab! Da lag Schnee.

Anna •• Nicht ungewöhnlich im Winter.

Vera •• Und Sie hatten Hausordnung.

Anna •• Weil Sie sich geweigert hatten, mit mir zu tauschen.

Vera •• Bin ich verrückt? Ich schippe doch nicht freiwillig zu Weihnachten Schnee. Nee, ich bin nicht verrückt.

Anna •• Und ich verzichte nicht auf meinen Skiurlaub wegen ein paar Schneeflocken.

Vera •• Sie hätten eben für Ersatz sorgen müssen.

Anna •• Ich habe aber keinen gefunden, der verrückt ist.

Vera •• Und deswegen brauchen wir einen Hausmeister.

Anna •• Grundvoraussetzung: Er muss verrückt sein.

Vera •• Na ja, Pflicht ist es nicht, aber es würde helfen.

Teil 2: Ivonne und Veronika

Veronika •• Haben Sie das gehört? Müller will einen Hausmeister einstellen.

Ivonne •• Ehrlich? Das freut mich.

Veronika •• Verstehe ich nicht, dafür erhöht er doch die Miete.

Ivonne •• Na und? Wenn dafür ein Hausmeister kommt.

Veronika •• Was willst du mit einem Hausmeister?

Ivonne •• Ich bin eine Frau.

Veronika •• Und weiter?

Ivonne •• Ein Hausmeister ist ein Mann.

Veronika •• Meistens. Und?

Ivonne •• Das spart die Kosten für eine Hochzeit.

Veronika •• Und wenn er nicht will?

Ivonne •• Er muss.

Veronika •• Wieso muss er?

Ivonne •• Weil das in seinem Arbeitsvertrag steht.

Veronika •• Da steht bestimmt nur drin, dass er das Treppenhaus zu putzen hat; im Winter Schnee, im Herbst Laub zu räumen hat und solche Sachen.

Ivonne •• Genau.

Veronika •• Hey, jetzt verstehe ich, der Hausmeister ist ein Mann, der die Arbeiten eines Ehesklaven übernehmen muss.

Ivonne •• Und das auf Kosten der Allgemeinheit.

Teil 3: Müller und Augustin

Müller •• Schön, dass Sie gleich kommen konnten. Kommen wir doch gleich zur Sache, mein Lieber. Sie bekämen die Wohnung im Kellergeschoss für den halben Preis und ein Gehalt von, sagen wir, fünfhundert Euro.

Augustin •• Und ein dreizehntes Monatsgehalt.

Müller •• Einverstanden, Herr Augustin, also 450 Euro und ein dreizehntes Monatsgehalt. Für die Arbeitskleidung müssen Sie dann allerdings selbst sorgen.

Augustin •• Sehr wohl, Herr Müller, selbstverständlich, Herr Müller, selbst besorgen, natürlich.

Müller •• Wann können Sie anfangen?

Augustin •• Gestern, wenn Sie wollen, Herr Müller. Verzeihen Sie, ein kleiner Scherz.

Müller •• Ich stelle Sie nicht zum Scherzen ein, sondern zum Arbeiten.

Augustin •• Sehr wohl, Herr Müller, selbstverständlich, Herr Müller, nicht scherzen, natürlich.

Müller •• Und?

Augustin •• Und arbeiten, Herr Müller, natürlich, selbstverständlich.

Müller •• Ich sehe, wir verstehen uns. Unterschreiben Sie?

Augustin •• Sehr wohl, Herr Müller, selbstverständlich.

Teil 4: Augustin und Ivonne

Augustin •• Hey, Sie da mit dem Müllbeutel. Kommen Sie, kommen Sie, kommen Sie, zeigen Sie mal, was drin ist.

Ivonne •• Wie komme ich dazu? Wer sind Sie überhaupt?

Augustin •• Ich bin der neue Hausmeister. Nun zeigen Sie her, aber hurtig!

Ivonne •• Hausmeister, so, so.

Augustin •• Hausmeister, jawohl. Ich bin verantwortlich für Sitte, Moral, Anstand ...

Ivonne •• *(fällt Augustin ins Wort)* ... Mülltrennung und Sauberkeit. Hier haben Sie meinen Müll. Kontrollieren Sie, und dann bringen Sie ihn bitte raus.

Teil 5: Müller und Vera

Vera •• Vielen Dank, Herr Müller, dass Sie uns endlich einmal einen Hausmeister gönnen. In einem Haus mit 45 Parteien wurde das wirklich Zeit.

Müller •• Sie haben Herrn Augustin bereits kennengelernt?

Vera •• Nein, leider noch nicht.

Müller •• Na, Sie werden ihn bestimmt noch kennen lernen. Er ist ein sehr fleißiger Mensch und die fünfzig Euro Mieterhöhung mehr als wert.

Vera •• Fünfzig Euro? Von jedem Mieter? Ohhh, das sind dann ja, bohhh, 2250 Euro. Haben Sie nicht auch für mich eine Stelle als Hausmeisterin?

Teil 6: Augustin und Anna

Anna •• Ach, Herr Augustin.

Augustin •• Ja? Was gibt's.

Anna •• Ich wollte nur ...

Augustin •• Hier will jeder nur. Also, was ist.

Anna •• Ach wissen Sie, ich habe da ein kleines Problem.

Augustin •• Ja klar, ein kleines Problem. Und Augustin, der Trottel, wird es schon richten.

Anna •• Sie verstehen mich falsch, Herr Augustin, es ist nicht, dass Sie etwas tun ...

Augustin •• Werfen Sie mir etwa Faulheit vor?

Anna •• Tun müssen, wollte ich sagen. Na ja, um etwas würde ich Sie schon bitten.

Augustin •• Sie haben in der neuen Hausordnung gelesen, was ich zu erledigen habe und was nicht, oder?

Anna •• Ja, Herr Augustin.

Augustin •• Geht mich Ihre Bitte also was an?

Anna •• Na ja, in der Hausordnung steht es nicht.

Augustin •• Dann werde ich es auch nicht tun.

Anna •• Schade. Na ja, dann verzeihen Sie es mir eben nicht, dass ich dagegen war einen Hausmeister einzustellen.

Teil 7: Augustin und Veronika

Augustin •• Hallo, Sie, Fräulein.

Veronika •• Ja?

Augustin •• Sie wohnen doch oben auf dem Dach in diesem komischen Wintergarten.

Veronika •• Ja.

Augustin •• Sagen Sie, wie viele Stockwerke hat dieses Haus?

Veronika •• Drei, warum?

Augustin •• Und warum nennen Sie Ihren Wintergarten dann immerzu Penthouse?

Veronika •• Ich verstehe nicht, das Penthouse ist, na ja, das ist eben ein Penthouse.

Augustin •• Im dritten Stock, so so. Wissen Sie nicht, dass penta die griechische Vorsilbe für Fünf ist?

Veronika •• Und was hat das mit meinem Penthouse zu tun?

Augustin •• Ihr Penthouse muss folgerichtig Trihouse heißen.

Teil 8: Augustin und Müller

Augustin •• Herr Müller, mit Verlaub, es ist selbstverständlich Ihre Sache, aber ich verstehe nicht, dass Sie nicht einschreiten.

Müller •• Wo sollte ich denn einschreiten, mein lieber Augustin?

Augustin •• Sie kennen doch die Dame oben, sie wissen schon, die immer diese kurzen Röckchen ...

Müller •• Mein lieber Augustin, die Bekleidung meiner Mieter und Mieterinnen geht mich nun wirklich nichts an. Und Sie auch nicht.

Augustin •• Sehr wohl, Herr Müller, selbstverständlich, Herr Müller, geht mich nichts an, natürlich.

Müller •• War's das?

Augustin •• Ja. Nein! Nein, Herr Müller, es geht eigentlich um den Wintergarten.

Müller •• In dem die Dame mit den kurzen Röckchen wohnt.

Augustin •• Sehr wohl, Herr Müller, in dem die Dame mit den kurzen Röckchen wohnt.

Müller •• Und?

Augustin •• Warum erlauben Sie, dass sie das Trihouse Penthouse nennt?

Müller •• Bitte?

Augustin •• Ohne Ihnen zu nahe treten zu wollen, Herr Müller, ich will auf gar keinen Fall den Eindruck erwecken, dass ich klüger bin als Sie …

Müller •• Ist ja gut. Also, was hat das zu bedeuten?

Augustin •• Ein Penthouse im dritten Stock muss Trihouse heißen, allein schon der griechischen Sprache wegen.

Müller •• Herr Augustin, auch ein Penthouse auf dem dritten Stock heißt Penthouse. Ein Penthouse heißt auf jedem Stock Penthouse. Denken Sie mal darüber nach.

Augustin •• Sehr wohl, Herr Müller, selbstverständlich, Herr Müller, nachdenken, natürlich.

Teil 9: Anna, Vera und Augustin

(Dieses Gespräch wird von Augustin mitgehört.)

Anna •• Eijeijeijei, ich fürchte, Sitte und Anstand gehen in dieser Wohnanlage flöten.

Vera •• Sitte und Anstand haben in dieser Wohnanlage noch nie stattgefunden. Jedenfalls nicht, seitdem dieser überdimensionale Wintergarten auf unsere Dach steht.

Anna •• Moment, ich meinte den Hausmeister.

Vera •• Augustin? Was hat denn der mit Sitte und Anstand zu tun?

Anna •• Und was ist mit dem Wintergarten?

Vera •• Erzählen Sie zuerst, Sie haben auch angefangen.

Anna •• Gut. Der Augustin ist ein Spanner, ein Lustmolch. Gestern Abend lag er auf dem Dach gegenüber.

Vera •• Nackt?

Anna •• Quatsch. Mit einem Fernglas.

Vera •• Und?

Anna •• Hat die Leute im Wintergarten beobachtet. Nun Sie.

Vera •• Ich wusste doch, dass wir dringend einen Hausmeister brauchen. Sehr gewissenhaft, der Mann.

Anna •• Bitte? Gewissenhaft? Lasterhaft ist der.

Vera •• Nee nee, ich habe ihm erzählt, dass Sitte, Moral und Anstand im Wintergarten Fremdworte sind und dass er sich mal darum kümmern sollte, dass da drei Personen verschiedenen Geschlechts ihr Unwesen treiben. Der spannt in allen Ehren.

Augustin •• *(tritt heran)* Sehr wahr, meine Damen, sehr wahr. Was ich gesehen habe, das habe ich gesehen.

Anna •• Lieber Herr Augustin, ich muss mich ein weiteres Mal bei Ihnen entschuldigen.

Augustin •• Und was ich gehört habe, habe ich gehört.

Teil 10: Augustin und Müller

Müller •• Und, Augustin, haben Sie nachgedacht?

Augustin •• Selbstverständlich, Herr Müller, wie Sie es mir aufgetragen haben.

Müller •• Und? Was ist Ihnen zum Penthouse eingefallen, Augustin?

Augustin •• Mit Verlaub, Herr Müller, nichts.

Müller •• Augustin, Augustin.

Augustin •• Nicht eingefallen, aufgefallen, mir ist etwas aufgefallen.

Müller •• So so. Ihnen ist also etwas aufgefallen.

Augustin •• Um der Wahrheit die Ehre zu geben, Herr Müller, ich bin von einer Nachbarin darauf aufmerksam gemacht worden.

Müller •• Dann sagen Sie doch schon endlich, was der Nachbarin aufgefallen ist.

Augustin •• Sehr wohl, Herr Müller, selbstverständlich, Herr Müller, sagen, was aufgefallen ist, natürlich.

Müller •• Nun?

Augustin •• Da wohnen drei Personen verschiedenen Geschlechts.

Müller •• Das ist mir bekannt, schließlich habe ich ihnen den Wohnraum vermietet. Es handelt sich um eine WG.

Augustin •• Sie wussten von den drei Personen, Herr Müller?

Müller •• Natürlich.

Augustin •• Und auch, dass alle drei verschiedenen Geschlechts sind?

Müller •• Augustin, was soll das? Da hat natürlich jeder sein eigenes Geschlecht.

Augustin •• Sehr wohl, Herr Müller, selbstverständlich, Herr Müller, sein eigenes Geschlecht, natürlich.

Müller •• Und was ist Ihnen nun aufgefallen?

Augustin •• Die kommen mit einem Schlafzimmer aus, Herr Müller, verstehen Sie? Mit einem Schlafzimmer! Zwei Männer und eine Schlampe.

Müller •• Na, Augustin, mäßigen Sie sich. Es handelt sich um eine sehr anziehende junge Dame.

Augustin •• Sehr wohl, Herr Müller, selbstverständlich, um eine Dame, natürlich. Allerdings um eine sehr ausgezogene.

Müller •• Wer sagt das, die Denunziantin?

Augustin •• Nein, mein Fernglas. Und jetzt fällt mir auch ein, warum die da oben das Trihouse Penthouse nennen. Wissen Sie, warum die das Penthouse nennen? Es heißt Penthouse, weil man darin miteinander pennt.

Müller •• Ach nee, Augustin, und wo bleibt denn bei der Erklärung das Griechische? Wo bleibt die Fünf?

Augustin •• Ich ahne da etwas, Herr Müller, ich ahne was, es werden zwei weitere Personen einziehen, damit aus dem Dreiecksverhältnis ein Fünfecksverhältnis wird. Die drei Personen werden dann aus dem Trihouse zu fünft ein Penthouse machen.

Teil 11: Ivonne und Veronika

Veronika •• Nanu, Sie tragen Ihren Müll wieder selbst? Pariert Augustin nicht mehr?

Ivonne •• Hören Sie doch auf mit Augustin. Der Spanner hat uns nächtelang mit dem Fernglas beobachtet.

Veronika •• Was halten Sie von Gardinen?

Ivonne •• In einem Penthouse, wo niemand hingucken kann?

Veronika •• Augustin kann es.

Ivonne •• Ja, weil er beim Nachbarhaus aufs Dach steigt. Aber das ist nun vorbei. Müller hat ihn gefeuert.

Veronika •• Ehrlich? Das ist ja prima.

Ivonne •• Wieso prima?

Veronika •• Weil ich die Streitereien der beiden Alten ums Schneeschippen doch sehr vermisst habe.

Auf einer Bühne

Hier ist Aufwand möglich aber nicht immer nötig. Bühnen haben eine Grundausstattung an Technik. Scheinwerfer werden da sein, Mikrofone und Verstärker meistens auch. Die Bühne bietet Platz, die Szene zu gestalten. Sie bietet auch Platz für eine größere Anzahl von Darstellern.
Sketche, die auf einer Bühne gespielt werden, sind fast immer Bestandteile einer größeren Veranstaltung. Also müssen wir davon ausgehen, dass vor unserem Sketch etwas anderes auf der Bühne passiert und danach auch. Wir können dort nicht die Alleinherrschaft ausüben. Absprachen mit anderen sind also Pflicht. Mit etwas Glück haben Sie aber auf der Bühne die Möglichkeit, eine Szenerie zur gestalten. Den folgenden Sketch an einer gut gestalteten Hotelrezeption zu spielen, hat jedenfalls seinen Reiz. Wenn es nicht geht, dann hängen wir ein Schild mit der Aufschrift „Rezeption" über ein genügend hohes Möbelstück und stellen den Portierdarsteller dahinter.

Sketch 17 •• *An der Rezeption*

Inspiration •• *Witze*

Personen •• *Gustav, Portier. Rieke, Hotelangestellte. Rieke ist Gustav unterstellt*

Zeit •• *4–5 Minuten*

Requisiten •• *Zeitung*

Szene •• *An der Hotelrezeption, Gustav ist bereits da.*

Akustische Effekte •• *Nicht nötig*

Rieke •• *(tritt auf)* Guten Morgen, Herr Gustav.

Gustav •• Guten Morgen, Rieke, mein Gott, du bist ja heute pünktlich.

Rieke •• *(guckt auf die Uhr)* Tatsächlich, Herr Gustav, stimmt. Und das, obwohl ich heute Morgen noch auf der Bank war.

Gustav •• Deine Bankgeschäfte interessieren doch gar nicht, Rieke.

Rieke •• Ich erzähle es trotzdem. Ich habe mir 100 Euro geliehen bis heute Abend. Kostet ungefähr einen Euro fünfzig.

Gustav •• Wofür brauchst du bis heute Abend hundert Euro, die hätte ich dir auch geben können.

Rieke •• Das ist lieb, Herr Gustav, aber ich habe der Bank mein neues Auto als Pfand da gelassen.

Gustav •• Rieke, spinnst du? Ein neues Auto für 100 Euro?

Rieke •• Einen billigeren Parkplatz habe ich nicht gefunden. Und man will ja schließlich pünktlich sein.

Gustav •• Sehr löblich, Rieke, das wird aber auch nötig sein, jetzt, wo wir in unser Haus in Berlin versetzt worden sind.

Rieke •• Man muss sich eben zu helfen wissen, wenn unsere Tiefgarage immer voll ist.

Gustav •• Ja, unser Haus ist durchgehend belegt, und das ist auch gut so.

Rieke •• Wenigstens ein freier Parkplatz wäre aber auch nicht schlecht.

Gustav •• Den wirst du morgen haben, Rieke.

Rieke •• Hä?

Gustav •• *(belehrend)* Das heißt „wie bitte“.

Rieke •• Wie bitte?

Gustav •• *(streng)* Wie bitte, Herr Gustav!

Rieke •• Wie bitte, Herr Gustav?

Gustav •• Du wirst morgen einen freien Parkplatz haben, Rieke.

Rieke •• Herr Gustav, das habe ich eben schon nicht verstanden.

Gustav •• Und? Rieke?

Rieke •• *(streng, Gustav nachäffend)* Fräulein Rieke, Herr Gustav.

Gustav •• Und? Fräulein Rieke?

Rieke •• Ich habe verstanden, dass ich morgen einen freien Parkplatz bekomme, Herr Gustav. Ich habe aber nicht verstanden, warum ein Parkplatz frei sein wird?

Gustav •• Weil die Herrschaften für Suite 135 mit der Bahn kommen. Ich wundere mich nur, dass sie noch gar nicht eingetroffen sind.

Rieke •• Ihr Zug wird Verspätung haben, Herr Gustav.

Gustav •• Möglich. Ich frage mich nur, wozu es Fahrpläne gibt.

Rieke •• Aber Herr Gustav, wenn es keine Fahrpläne gäbe, wüsste man doch gar nicht, dass ein Zug Verspätung hat.

Gustav •• Vielleicht werden aber doch nicht mit der Bahn kommen, bei den Verspätungen. Früher kamen sie übrigens auch nicht mit der Bahn.

Rieke •• Nein?

Gustav •• Nein, solange der neue Bahnhof nicht fertig war, kam niemand mit der Bahn, wer wollte schon am Bahnhof Zoo aussteigen.

Rieke •• Warum hat das eigentlich so lange gedauert? Gott hat die ganze Welt in sechs Tagen erschaffen und für so einen Bahnhof brauchen sie Jahre.

Gustav •• Gott hat die Welt deshalb in sechs Tagen erschaffen können, weil er keine Baugenehmigung brauchte.

Rieke •• Das wird es sein, und es gab auch keine Umweltschützer, die ihm widersprechen konnten

Gustav •• Rieke, Rieke, musst du denn immer das letzte Wort haben? Seit fünf Jahren korrigierst du alles, was ich sage!

Rieke •• Seit sechs Jahren, Herr Gustav.

Gustav •• Dabei habe ich eigentlich ja nichts dagegen, wenn Frauen das letzte Wort haben. Es wäre mir nur lieber, wenn sie es für sich behalten könnten. *(liest in einer Zeitung)* SPD gewinnt die Wahl, CDU verliert 17 Prozent, PDS fast so stark wie CDU, FDP mit beeindruckendem Ergebnis wieder drin. Mann warf Frau aus dem Fenster.

Rieke •• Herr Gustav, lesen Sie etwa die Bildzeitung?

Gustav •• Selten, Rieke, sehr selten, aber woran haben Sie es erkannt?

Rieke •• „Mann warf Frau aus dem Fenster" kann nur in der Bildzeitung stehen.

Gustav •• *(belustigt)* So, so, und in welcher Zeitung würdest du die Schlagzeile „Frau warf Mann aus dem Fenster" vermuten?

Rieke •• In „Schöner Wohnen".

Gustav •• Da kann ich als Junggeselle nicht mitreden.

Rieke •• Ach, Sie sind Junggeselle. Können Sie eigentlich kochen, Herr Gustav?

Gustav •• Das muss ich zugeben: nicht so besonders.

Rieke •• Dann habe ich einen Tipp für Sie: Kartoffelbrei wird heller, wenn man die Kartoffeln vorher schält. Im Übrigen sollten Sie sich schämen. Alleine schlafen fördert die Wohnungsnot.

Gustav •• Rieke, ich kenne auch einen dummen Spruch: Arbeitsplatz oder arbeitslos, das ist Einstellungssache.

Rieke •• War das eine Drohung, Herr Gustav?

Gustav •• Nein, Notwehr.

Rieke •• Ich fühle mich trotzdem gemobbt. *(will ab)*

Gustav •• Rieke, wo willst du hin?

Rieke •• Pause machen.

Gustav •• So weit kommt das. Der Herr gab dir Hände, um zu arbeiten.

Rieke •• Richtig, Herr Gustav, aber auch Füße, um davor wegzulaufen. *(ab)*

Blackout

Im Freien

Den typischen Open-air-Sketch gibt es nicht. Alles, was in Räumen gespielt werden kann, kann auch draußen gespielt werden. Auf einer Terrasse kann durchaus eine Wohnzimmerszene stattfinden, die allerdings bei einer Gartenparty eher unpassend wirken würde.
In Bezug auf Möbel wird man im Freien eingeschränkt sein, denn Tante Berta wird ihre besten Sessel nicht im Garten sehen wollen. Dafür können wir nun je nach Spielort zu Requisiten greifen, die uns drinnen verwehrt sind. In einem Obsthof findet sich sicher ein Apfelbaum, unter dem man einen Sündenfall spielen kann. An geeigneten Orten kann ein Auto mitspielen und Fahrräder gehen immer. Lassen Sie nicht nur beim Verfassen von Texten Ihrer Fantasie freien Lauf, sondern auch bei der Nutzung von Requisiten.
Der folgende Sketch lässt sich im Vorbeigehen spielen. Wenn sich die Darsteller dabei auf Fahrräder stützen, wirkt das Treffen tatsächlich zufällig.

Sketch 18 •• *Wir beschatten Ihre Familie*

Inspiration •• *Anzeige in Rubrik Verkäufe*
Personen •• *Ivonne, Christine*
Zeit •• *3 Minuten*
Requisiten •• *keine nötig*
Szene •• *zufälliges Treffen*
Technik •• *nicht nötig*
Akustische Effekte •• *keine*

Christine •• Oh. Hallo. Wir haben uns ja lange nicht gesehen.
Ivonne •• Hallo, ja, wir hatten eben wenig Zeit, aber jetzt ist es fertig.
Christine •• Euer neues Heim? Ihr habt gebaut, oder?

Ivonne •• Ja.

Christine •• Und? Alles glatt gelaufen?

Ivonne •• *(nicht überzeugend)* Ja ja.

Christine •• Na? Da stimmt doch was nicht. Komm, schütt dein Herz aus.

Ivonne •• Nee, alles in Ordnung.

Christine •• Komm! Ich sehe es dir doch an. Erzähle. Oder zählt unsere Freundschaft nicht mehr?

Ivonne •• Ach Mensch, das ist so peinlich.

Christine •• Was denn?

Ivonne •• Ich habe eine Anzeige in Horsts Manteltasche gefunden.

Christine •• Erzähl.

Ivonne •• „Wir beschatten Ihre ganze Familie, wenn es sein muss sogar Ihre Schwiegermutter." Und 'ne Telefonnummer.

Christine •• Lässt er dich etwa beschatten?

Ivonne •• Ich habe da angerufen.

Christine •• Und?

Ivonne •• Mein Gott, war das peinlich.

Christine •• Warum denn?

Ivonne •• Ich habe sofort losgeschrien, dass ich es mir verbitte, beschattet zu werden, und dass es eine bodenlose Frechheit ist, fremden Menschen nachzuspionieren und dass es niemanden etwas angeht, was ich mache, dass ich jedenfalls nicht fremdgehe, auch wenn meine Libido leicht überentwickelt ist.

Christine •• Da hast du doch völlig Recht. Und dann?

Ivonne •• Dann musste ich Luft holen.

Christine •• *(lacht)* Und dann kam der Feind zu Wort.

Ivonne •• Nee, das war anders, Mann, war das peinlich.

Christine •• Was war denn nun so peinlich.

Ivonne •• Eine freundliche Sekretärinnenstimme sagte: „Meyer, Meyer und Meyer, Jalousien, Rollos, Markisen, wir beschatten Ihre ganze Familie, wenn es sein muss sogar Ihre Schwiegermutter."

Blackout

Für einen Sketch sind nicht unbedingt mehrere Personen nötig. Es gibt auch Ein-Personen-Sketche. Einen solchen nennt man Solo. Man kann es überall spielen.

Sketch 19 •• *Begrüßung zum Führungskräfte-Seminar*

Inspiration •• *Zeitungsartikel, Nachrichtensendungen*
Zeit •• *ca. 2 Minuten*
Requisiten •• *eventuell Rednerpult*

Guten Abend, meine Damen und Herren, ich begrüße Sie ganz herzlich zu unserem Seminar für junge Führungskräfte. Vergessen Sie alles, was Sie bisher gelernt haben. Von nichts, aber auch von gar nichts dürfen Sie eine Ahnung haben. Jedes Fachwissen würde einen Branchenwechsel erschweren. Stellen Sie sich vor, Sie wüssten, wie man aus Milch Käse macht. Könnten Sie mit dem Wissen den Preisanstieg erklären? Nein! Stellen Sie sich vor, Sie hätten einen Molkerei-Großbetrieb wirtschaftlich an die Wand gefahren und Ihre Millionenabfindung reicht Ihnen nicht, wie wollen Sie mit Ihrem Käsewissen einen Automobilkonzern führen? Richten Sie Ihren Blick auf das Einzige, auf das Wesentliche, auf das Wahre, auf Ihr Einkommen. Seien Sie jung, dynamisch, skrupellos! Ihr Einkommen steigt mit sinkenden Kosten. Arbeitnehmer kosten, also weg damit. Sie müssen bereit sein, selbst Ihren Vater und Ihre Brüder zu Hartz-IV-Empfängern zu machen. Und lassen Sie sich nicht von der Behauptung irre machen „wenn alle Firmen ihre Mitarbeiter ans Existenzminimum führen, bricht die Nachfrage ein“. Sie wird es tun. Bis dahin muss das Problem gelöst sein. Wie, das lernen Sie morgen. Heute sage ich Ihnen das Ziel: Sie müssen rechtzeitig an Ihren Nachfolger übergeben haben. Und nun entschuldigen Sie mich, ich muss noch eben die Teilnehmer des Kurses „Verschuldet und trotzdem gelebt. Hartz IV als Chance begreifen“ begrüßen.

Anlässe

Was ist die beste Gelegenheit für einen Sketch? Darauf kann man kaum global antworten. In der Regel wird ein Sketch nicht ohne einen Anlass gespielt. Der Sketch bezieht sich auf den Anlass. Mindestens aber sollte er zum Anlass passen.

Die Anlässe für einen Sketch

Ohne Anlass wird kein Sketch gespielt. Die übliche Vorgehensweise bei Ereignissen macht die folgende Übersicht eigentlich überflüssig, denn so ein Ereignis ereignet sich meist ohne unser Zutun. Wir wissen, zu welcher Begebenheit ein Sketch zu produzieren ist. Hier geht es aber vornehmlich darum, Ideen für Sketche zu entwickeln, die nicht notwendig an ein Ereignis gebunden sein müssen. Es geht darum, eine Auswahl an Szenarien zu haben, in die man seine Figuren stellen kann. So ist der Begriff „Anlässe“ im Titel dieses Kapitels so zu verstehen, dass er uns veranlasst einen Sketch über diesen Anlass zu schreiben, nicht zu diesem Anlass. Für Sketche sind negativ empfundene Ereignisse ebenso geeignet wie positive. Sketche über negative Anlässe spielt man aber nicht gerade dann, wenn ein solcher Anlass eingetreten ist.
Man lacht auch über den Tod. „Wat hebt wi lacht bi Beerdigung, de Paster keum in kotte Büxn“ ist in Norddeutschland ein sehr geläufiger Satz, er heißt: „Was haben wir gelacht bei der Beerdigung, der Pastor kam in kurzen Hosen.“ Hochdeutsch wirkt die Aussage nicht wirklich komisch, den Norddeutschen gefällt sie aber in ihrem Dialekt.

Familienereignisse

- Geburtstag, Namenstag, Hochzeitstag
- Verlobung, Polterabend, Hochzeit, Scheidung
- Begründung des eigenen Haushalts, dessen Auflösung
- Geburt, Taufe, Einschulung, Kommunion, Konfirmation

Ausbildung und Beruf

- Schulabschluss Hauptschule, Realschule, Gymnasium, sonstige
- Beginn des Wehrdienstes, Ende des Wehrdienstes
- Beginn der Ausbildung, der Lehre, des Studiums
- Bestandene oder nicht bestandene Zwischenprüfung in der Lehre, im Studium

- Bestandene oder nicht bestandene Abschlussprüfung in der Lehre, im Studium
- Arbeitsplatz gefunden, Arbeitsplatz verloren
- Urlaubsbeginn, Urlaubsende
- Jubiläum Betriebszugehörigkeit, Eintritt in den Ruhestand

Anschaffungen, Einweihungen, Immobilien

- Neue Wohnung, neues Haus zur Miete, als Eigentum, Auszug, Einzug
- Neues Auto, neuer (Schreber-)Garten

Feier- / Kalendertage

- Weihnachten, Silvester, Ostern, Pfingsten, 1. April
- Muttertag, Vatertag, Tag der Deutschen Einheit

Sonstige

- Rückkehr nach längerer Abwesenheit
- Zusammenkunft entfernt lebender Verwandter

Sketche als Beitrag zu Bunten Abenden

Hier sind Sketche gefragt, die von jedem verstanden werden sollen. Also sind Themen gefragt, die nicht irgendwelche Kenntnisse über die eigene Familie, die eigenen Bekannten oder den eigenen Arbeitsplatz voraussetzen.
Satire ist bei Bunten Abenden fast immer gut. Also informieren wir uns über Politik, Wirtschaft und Gesellschaft. Und dann gibt es noch Dinge, die eigentlich schon Geschichte sind. Erinnern wir uns zum Beispiel an das Schaf Dolly, das erste Säugetier, das geklont worden war. Die thematische Ähnlichkeit mit den embryonalen Stammzellen im Sketch 2 gibt die Möglichkeit, zwei Sketche für das Großereignis anzubieten, die aufeinander aufbauen.

Sketch 20 •• *Ein Klon von mir*

Inspiration •• *Zeitungsartikel*
Personen •• *zwei Damen, ein Herr*
Zeit •• *3 Minuten*
Requisiten •• *keine*
Szene •• *Verkaufsgespräch, er und sie betreten einen Geschäftsraum*
Technik •• *keine*
Akustische Effekte •• *nicht nötig*

Händlerin •• Kann ich Ihnen helfen, oder wollen Sie sich erst einmal umschauen?

Er •• Nein, nein, wir haben schon ganz klare Vorstellungen.

Sie •• Ja, mein Mann möchte einen Klon von mir.

Er •• Ja, meine Frau wird ja doch mal älter.

Sie •• Und bevor er sich eine jüngere andere sucht ...

Er •• Ich liebe nämlich meine Frau.

Händlerin •• Schön.

Er •• So, wie sie jetzt ist.

Händlerin •• Tja, gute Frau, mir kann es ja egal sein, was machen Sie aber, wenn Ihr Klon dann in ein, sagen wir mal, erotikfähiges Alter kommt?

Sie •• Wieso? Kann man keine Männer klonen?

Händlerin •• Doch, natürlich.

Er •• Dann ist ja alles klar.

Sie •• Bleibt die Frage, ob Sie Familienrabatt geben.

Händlerin •• Ja, ab drei Klone.

Sie •• Das sind ja französische Verhältnisse.

Händlerin •• Nein, gar nicht, es muss dreimal derselbe Klon sein.

Er •• Das würde aber so manchen Mann überfordern.

Händlerin •• Sie müssen die Klone doch nicht gleichzeitig abnehmen.

Sie •• Ach so, wenn die Potenz des ersten ...

Händlerin •• *(unterbricht)* Was Sie mit den Klonen tun, wollen wir gar nicht wissen.

Er •• Das war jetzt auch wirklich kein guter Beitrag.

Sie •• Also gut, wenn wir jetzt bestellen würden, wie geht das dann weiter?

Händlerin •• Dann wird die Erbinformation aus einer Körperzelle in eine entkernte Eizelle eingepflanzt, und die muss dann ausgetragen werden. Kopien davon frieren wir für spätere Lieferungen selbstverständlich ein.

Sie •• Und woher nehmen Sie die Körperzelle?

Händlerin •• Üblicherweise aus dem Euter.

Sie •• *(entsetzt)* Woher?

Händlerin •• Oh, entschuldigen Sie, das Verfahren geht auf eine gewisse Dolly zurück.

Er •• *(sie belehrend)* Das war ein Schaf.

Sie •• *(zu ihm)* Willst du unter diesen Umständen wirklich einen Klon von mir?

Er •• Aber ja, mein Schäfchen.

Sie •• Jetzt würde ich aber gern noch wissen, woher Sie die Zelle von meinem Mann nehmen.

Händlerin •• *(anzüglich lächelnd, wobei sie ihn mit hinauszieht)* Ein kleines Betriebsgeheimnis müssen Sie uns schon lassen.

Blackout

Betriebs- oder Vereinsfeste

Über einen Sketch zu einem Betriebs- oder Vereinsfest sollte man besonders gut nachdenken, insbesondere dann, wenn Kollegen oder Vorgesetzte in dem Sketch, den man zum Besten geben will, vorkommen. Die besten Pointen sind nun mal diejenigen, die, vorsichtig ausgedrückt, problematisch sind.

Ein gelungener Sketch kann das Betriebsklima deutlich verbessern, ein misslungener kann es ruinieren, selbst dann, wenn er objektiv der bessere ist. Bilden Sie in solchen Fällen die Realität nicht zu gut ab.

Sketch 21 •• *Sexuelle Belästigung*

Inspiration •• *Gespräche mit Kollegen*
Personen •• *Ivonne, Christine*
Zeit •• *6 Minuten*
Requisiten •• *keine*
Szene •• *im Cafe, an einer Bar, bei einem Fest, irgendwo, wo man sich trifft.*
Technik •• *keine*
Akustische Effekte •• *nicht nötig*

Christine •• Oh, hallo, Ivonne, du hast eine neue Stellung, habe ich gehört?

Ivonne •• Seit wann interessierst du dich für mein Sexualleben?

Christine •• Tue ich doch gar nicht, Anstellung, meine ich.

Ivonne •• Ach so, ja, habe ich auch.

Christine •• Erzähl mal.

Ivonne •• Ach, das Übliche, kaum kommt eine neue Kollegin, schon machen sie ihr Angst. Es geht eben nichts über liebe Kolleginnen.

Christine •• Angst? Wovor hast du denn Angst? Vor dem Chef?

Ivonne •• Quatsch. „Der Chef ist eigentlich ganz in Ordnung", haben sie gesagt.

Christine •• Klar, wie Chefs eben so sind. Chefs sind nie in Ordnung, nur immer eigentlich ganz in Ordnung. Aber womit haben sie dir Angst gemacht?

Ivonne •• Machen wollen, geschafft haben sie es natürlich nicht. Die Eigenschaften der Männer im Allgemeinen und die Eigenschaften firmeneigener Männer im Besonderen haben mir noch nie Angst gemacht.

Christine •• Was haben sie denn gesagt?

Ivonne •• „Der Bernd, also der Bernd", haben sie gesagt, „der Bernd belästigt Frauen!"

Christine •• Ach.

Ivonne •• Klar, es musste der Bernd sein, wer auch sonst?

Christine •• Du kennst ihn?

Ivonne •• Na klar, es konnte ja auch nur der Bernd sein, weil ich mit ihm das Büro teilen sollte. Bei allen anderen Männern in der Firma wäre schließlich ein weniger ängstliches Gesicht meinerseits zu erwarten gewesen.

Christine •• Logisch.

Ivonne •• „Wie schön", habe ich aber gesagt, „das hebt das Betriebsklima." Damit hatte ich die Belästigung von Frauen durch Frauen beendet.

Christine •• Und deinen Ruf in der Firma ruiniert.

Ivonne •• Was sehr zu meinem Wohlbefinden beigetragen hat. Ein guter Ruf führt nämlich unweigerlich zu der Frage: „Will sie nicht oder kann sie nicht?"

Christine •• Und der, wie hieß er gleich, der Bernd belästigt wirklich Frauen sexuell?

Ivonne •• Verbal, nur verbal. „Oh Mann, Fräulein Ivonne", hat er gesagt.

Christine •• Wie er bei deiner Figur auf „Mann" kommt, ist mir allerdings schleierhaft.

Ivonne •• Hat er aber so gesagt. „Oh Mann, Fräulein Ivonne", hat er gesagt, „Sie haben vielleicht ein strammes Fahrgestell!"

Christine •• Stramm ist doch keine Belästigung. Hat er wirklich stramm gesagt?

Ivonne •• Nee, Moment, wie war das noch gleich, ich glaube, nee, es fing mit „g" an.

Christine •• Okay, dann war es verbale sexuelle Belästigung.

Ivonne •• Oder ein Kompliment, auch wenn es unkonventionell ausgedrückt war.

Christine •• Hast du dich nun geschmeichelt oder belästigt gefühlt?

Ivonne •• Geschmeichelt, sonst hätte ich den eigentlich ganz in Ordnung seienden Chef informieren müssen, so steht es in der Firmenordnung.

Christine •• Das hättest du doch machen können.

Ivonne •• Spinnst du? Weißt du, wie das so läuft?

Christine •• Ganz einfach, du sagst es ihm und der Kerl kriegt eine Abmahnung.

Ivonne •• Kindchen, bist du naiv. Das geht so: Frau geht zum Chef, sagt, dass Mann sie sexuell belästigt hätte, wird vom Chef gefragt, „wie?“, antwortet verschämt: „Er hat gesagt, ich hätte ein, äh, strammes Fahrgestell“, lässt den lüstern prüfenden Blick über sich und ihre Beine ergehen und hat damit zur Erheiterung der Belegschaft sowie zum Lustgewinn des Chefs beigetragen. Nicht mit mir!

Christine •• Sagt sie nicht das Wort mit „g“?

Ivonne •• Das muss doch gar nicht sein, das denkt der Chef sowieso. Nein, hier war Selbsthilfe gefragt. Warum sollte ich nicht Herrn Bernd belästigen?

Christine •• Du? Ihn?

Ivonne •• Ja! Erste Stufe: visuell.

Christine •• Nun bin ich aber gespannt.

Ivonne •• Ich zog also meinen kürzesten Rock an, nachdem ich ihn noch einmal ein bisschen verkürzt hatte, und eine Bluse, die kaum der Rede Wert war. Und dann trug ich reichlich Parfüm auf. Moschus. Der Plan: Appetit machen, aber nicht naschen lassen.

Christine •• Klasse! Wenn das keine sexuelle Belästigung ist!

Ivonne •• Ergebnis: Niederschmetternd, sage ich dir, niederschmetternd.

Christine •• Sag bloß, seine Reaktion hat dich umgehauen.

Ivonne •• Bitte?

Christine •• Du hast doch gesagt, er hat dich niedergeschmettert.

Ivonne •• Nicht niederschmetternd im körperlich Sinne. „Liebes Fräulein Ivonne“, hat er gesagt, „ich muss Sie leider enttäuschen, ich bin bereits verheiratet.“

Christine •• Visuell war er also nicht zu belästigen?

Ivonne •• Nee, also zweite Stufe: verbal. Kleidung unverändert, ich erwische ihn, wie er am Schreibtisch vor sich hin döst. „Na, Herr Bernd“, sage ich, „machen wir gerade ein Schläferstündchen?“ Körperbetont ausgesprochen musste dieser Satz Wirkung zeigen. Er schrak aus dem Halbschlaf auf, sah mich mit großen Augen an, rieb sich dieselben, sah mich noch einmal an, stand auf, kam auf mich zu …

Christine •• Jetzt wird es spannend.

Ivonne •• Dachte ich auch, aber er griff an mir vorbei in den Aktenschrank, nahm einen Ordner und begann zu arbeiten!

Christine •• Da fragt man sich doch, ob der Mann Charakter hat oder einfach nur dumm ist.

Ivonne •• Ich fühlte mich jedenfalls inzwischen ernsthaft belästigt, weil er sich nicht belästigen ließ. Dritte Stufe: Körperkontakt!

Christine •• Bitte? Bist du etwa zur Busengrabscherin geworden?

Ivonne •• Was gibt es bei Herrn Bernd an der Stelle zu grabschen?

Christine •• Ein Klaps auf den Po?

Ivonne •• Fand ich lächerlich, also Frontalangriff!

Christine •• Oh, oh, das kann für Männer schmerzhaft sein.

Ivonne •• Christine, bleib anständig. Er sitzt am Schreibtisch. Ich beuge mich von hinten über ihn. Ich greife nach der Akte vor ihm.

Christine •• Das ist doch nicht frontal.

Ivonne •• Doch, pass auf. Es ist ja nicht meine Schuld, dass meine Arme so kurz sind. Mein Plan: Ich will ihn mit meinem Oberkörper im Nacken belästigen.

Christine •• Ach so, frontal aus deiner Sicht.

Ivonne •• Ja. Er windet sich etwas, streicht sich mit der Hand über den Nacken, natürlich nicht nur über seinen Nacken, dafür habe ich schon gesorgt. Er muss etwas gespürt haben. Er wendet überrascht den Kopf, guckt mich mit großen Augen an.

Christine •• Stark, und dann hat er dich an sich reißen wollen. Du bist zurückgewichen, hast dich ihm verweigert und er hat sich belästigt gefühlt.

Ivonne •• Nichts von alledem, er nimmt den Ordner und reicht ihn mir. „Bitte", sagt er dabei und wendet sich wieder seinem Schreibtisch zu.

Christine •• Der Mann ist nicht zu belästigen.

Ivonne •• Oh doch, ich habe ihn belästigt, und wie. Das war am letzten Tag vor meinem ersten Urlaub. Natürlich trug ich wieder meinen Kampfanzug. Für das Aufräumen eines Arbeitsplatzes sind zwangsläufig Bewegungen nötig, da muss man sich bücken und strecken ... Gegenüber saß Herr Bernd und sah mir zu.

Christine •• Du willst mir doch nicht erzählen, dass du ihn dieses Mal mit deinem, äh, strammen Fahrgestell wild gemacht hast.

Ivonne •• Nee, aber ganz kurz vor Feierabend, da habe ich ihm alles, was während meines Urlaubs zu erledigen sein würde, auf seinen Schreibtisch geschoben, und das endlich hat ihn belästigt!

Blackout

Feiern im Familien- und Freundeskreis

Hier ist nun wirklich alles drin, was des Sketchautoren Herz und Geist erfreut. Beginnen wir die Untersuchung der Situationen im Zentrum der Gesellschaft, in der Ehe. Man glaubt kaum, wie herzhaft man über einen Ehekrieg lachen kann, es sei denn, man erlebt ihn. Und die Themen, über die gestritten wird, sind praktisch unendlich. Das fängt bei den banalen Dingen wie Kleiderordnung, Kochrezepte und Wohnungsreinigung an und hört bei der Klage „Mein Mann gönnt mir meinen Liebhaber nicht." noch lange nicht auf.

Dann kommen Kinder dazu, also ist die Erziehung ein Thema. Der Kindermund in seiner Naivität haut manche Frechheit geradezu heraus. Das gibt Stoff.

Wir kommen zu den lieben Verwandten und fast zwangsläufig zu der bekannten Frage: Vertragt ihr euch noch oder habt ihr schon geerbt? Ein Stall voller Schwägerinnen und der dazu gehörige Zickenalarm ist für einige Sketche gut. Neid und Missgunst, im richtigen Leben äußerst unangenehm, machen im Sketch Vergnügen.

Männer sind auch keine Engel, wie wir von den „F"s wissen. Filzpantoffeln, Fußball, Fernsehen, Flaschenbier. Darüber können die Damen nach Kräften lästern.

Freunde und Bekannte kommen dazu, und dann kommt der erste Freund der Tochter oder die Freundin des Sohnes. Da fragt man sich doch sofort: Haben Sie oder haben Sie nicht? Eltern machen sich meist Sorgen, dass sie haben. Drehen Sie das doch einfach um und machen Sie sich Sorgen, dass sie nicht haben. Warum haben sie nicht? Können sie nicht oder wollen sie nicht? Was sie nicht haben, können oder wollen, brauchen Sie zu diesem Thema sicher nicht aussprechen.

Sketch 22 •• *Gott weiß alles*

Inspiration •• *Witze*
Personen •• *zwei Herren*
Zeit •• *3 Minuten*
Requisiten •• *keine*
Szene •• *kann überall gespielt werden, wo man sich zufällig trifft, wirkt aber an der Bar bei einer Hochzeitsfeier am besten*
Technik •• *nicht nötig*
Akustische Effekte •• *nicht nötig*

A •• Gestritten?

B •• Und wie.

A •• Mann, Mann, Mann, es ist doch noch gar nicht so lange her, da hast du gesagt: „Das ist sie, das ist meine Göttin."

B •• Genau, das habe ich an der Treppe im Standesamt kurz vor der Trauung gesagt. *(Pause)* Na ja gut, wenn mich nicht irgend so ein entfernter Verwandter gefragt hätte, ob sie meine Göttin ist, hätte ich es wahrscheinlich nicht gesagt.

A •• War ja irgendwie auch eine blöde Frage.

B •• So blöd war die Frage nun wieder auch nicht. Durch meine Antwort fühlte sie sich geschmeichelt, und als Göttin kann sie nicht verlangen, dass ich sie auf Händen trage.

A •• Nee?

B •• Nee, Göttinnen sind allmächtig, also können sie alles, deshalb können sie auch zu Fuß die Treppe hochlaufen.

A •• Aha, und das hast du ihr gesagt, und dann war sie sauer.

B •• Nöö, erst mal nicht, sie hat mir erklärt, dass das auf Götter zutreffen würde, „Göttinnen", hat sie gesagt, „Göttinnen müssen liebenswerte kleine Fehler haben." Und dann hat sie sich mir an den Hals gehängt.

A •• Und du hast sie die Treppe hoch getragen.

B •• Richtig. Dann gab es ein Gläschen Sekt. Nicht wirklich schlecht, aber, na ja, ich hatte einen ausgesucht, der eben nicht so teuer ist. Da hat sie gemault.

A •• Was? Schon vor der Trauung? Hatte sie keine Angst, dass du nein sagen könntest?

B •• Ja. Nein. Sie hat gesagt, dass zur Trauung einer Göttin natürlich Champagner gehört. Dann hat sie mich aber lieb angeguckt und gesagt: „Aber Krimsekt hätte es auch getan."

A •• Du hattest doch gar keinen Krimsekt dabei.

B •• Nee, aber sie. So, und beim Standesbeamten wollte ich sagen: „Ja, mit Gottes Hilfe."

A •• Ja und?

B •• Wie „Ja und?" Sie wollte das nicht. „Mit Gottes Hilfe", hat sie gesagt, „wozu? Ich als deine Göttin werde dir schon helfen."

A •• In dem strengen Ton hat sie das gesagt?

B •• Ja, aber dann hat sie mich wieder lieb angelächelt und „na nun komm" gesagt.

A •• Und dann habt ihr geheiratet.

B •• Ja, und dann habe ich vorgeschlagen, dass sie mir nicht bei allem widersprechen sollte. Also zum Beispiel, wenn ich sage, dass eine Göttin allmächtig ist, soll sie nicht sagen, dass Göttinnen Fehler haben müssen.

A •• Und wenn du Sekt mitbringst, soll sie keinen Champagner haben wollen.

B •• Richtig. Und wenn ich „mit Gottes Hilfe" sagen will ...

A •• Ich glaube, ich kenne jetzt den Unterschied zwischen Gott und deiner Göttin.

B •• Gattin.

A •• Oh, seid ihr schon in der ehelichen Abstiegsrunde? Na, auch gut.

B •• Und? Was ist der Unterschied?

A •• Gott weiß alles, deine Göttin weiß alles besser.

Blackout

Anlässe in der kühleren Jahreszeit

Die Auswahl von Texten muss nicht, sollte aber von der Jahreszeit beeinflusst werden. Sketche, in denen frostige Nächte vorkommen, machen im Sommer weniger Spaß. Urlaub und Strandbekleidung sind nichts für den Winter. Natürlich ist dieser Hinweis kein Gesetz. Sketchwürdige Erlebnisse einer Karibik-Kreuzfahrt lassen sich auch am Silvesterabend umsetzen, auch mit leichter Strandbekleidung.
Das Leiden des Chefs, das im folgenden Sketch dargestellt wird, wird vom Publikum in den Wintermonaten grausamer empfunden als in den Sommermonaten.

Sketch 23 •• *Kalte Nächte*

Inspiration •• *Witze*

Personen •• *Sekretärin Ivonne, Gerichtsvollzieher Müller*

Zeit •• *2–3 Minuten*

Requisiten •• *Aktentasche*

Szene •• *Vorzimmer. Es klopft an der Tür*

Technik •• *nicht nötig*

Akustische Effekte •• *Klopfen, evtl. Knarren einer Tür*

Ivonne •• Ja bitte? *(Die Tür wird geöffnet)*

Müller •• *(tritt ein)* Ist der Herr Direktor im Hause?

Ivonne •• Nein. Kann ich etwas ausrichten?

Müller •• Nein. Ich werde auf ihn warten.

Ivonne •• Wie Sie wollen, aber er wird heute kaum noch kommen.

Müller •• Ach, wissen Sie, als Gerichtsvollzieher erlebt man so einiges. Da sind ein, zwei Nächte in einem Vorzimmer eher angenehme Erfahrungen.

Ivonne •• Sie erwarten doch nicht etwa, dass ich die Nächte hier bleibe?

Müller •• Das kann ich natürlich nicht verlangen, aber angenehmer wäre es schon.

Ivonne •• Ich denke darüber nach, aber erzählen Sie doch mal von den unangenehmeren Erlebnissen.

Müller •• Das härteste war die Nacht Anfang Januar auf dem Balkon, wo ich gewartet habe, dass der Hausherr endlich nach Hause kommen würde.

Ivonne •• Sie Ärmster. Da müssen Sie ja furchtbar gefroren haben.

Müller •• Ja, in der Nacht war es fast so kalt wie heute.

Ivonne •• Dann muss ich Sie ja wohl mit einigen Wärmeeinheiten trösten.

Müller •• Ich wäre nicht abgeneigt.

Ivonne •• Ich schlage vor, dass ich Sie mit zu mir nach Hause nehme.

Müller •• Aber ich muss doch hier auf Ihren Chef ...

Ivonne •• Denken Sie doch an die Kälte, und dann denken Sie an meine warme Wohnung.

Müller •• Hier ist es doch auch nicht kalt.

Ivonne •• Nun geben Sie sich doch einen Ruck, Sie werden es nicht bereuen.

Müller •• Ich kämpfe zwischen Pflichterfüllung und Verlockung.

Ivonne •• Dann wählen Sie die Verlockung und erlösen endlich meinen Chef aus der Situation, die Sie selbst als die schlimmste bezeichnet haben!

Blackout

Feiertage in der wärmeren Jahreszeit

Die wärmere Jahreszeit ist für viele Menschen die Urlaubszeit. Die Szene „Urlaub“ bietet sich dann geradezu an. Auch hier spielen wir in Gedanken mit den verschiedensten Ideen. Ein Urlaub kann erfreulich sein oder als Katastrophe enden. Dazwischen ist alles möglich. Im Sketch kann die Urlaubsplanung, der Urlaub selbst oder eine Urlaubsauswirkung und Urlaubsnachbereitung dargestellt werden.

In einem Artikel der Zeitschrift „Fränkischer Hausbesitz“ wird über einen Zivilprozess beim Amtsgericht Mönchengladbach gegen einen Reiseveranstalter berichtet. Das Urteil wurde am 25. April 1991 verkündet (Az: 5 a C 106/91).

Inhalt: Gebucht war ein Doppelzimmer mit Doppelbett, es standen aber zwei separate Betten, die nicht miteinander verbunden waren, zur Verfügung. Der Kläger machte geltend, dass dadurch die Schlaf- und Beischlafgewohnheiten der Reisenden empfindlich gestört waren. Ein friedliches Einschlaf- und Beischlaferlebnis war nicht zustande gekommen, weil die Einzelbetten auf den glatten Fliesen bei der kleinsten Bewegung auseinanderrutschten. Forderung: 20 % des Reisepreises.

Sketch 24 •• *Nutzloser Urlaub*

Inspiration •• *Artikel in der Zeitschrift „Fränkischer Hausbesitz“*

Personen •• *mindestens: Richter, Kläger, Beklagte(r) optimal: Richter, Kläger mit Lebensgefährtin, Beklagte(r), ein Anwalt, Gerichtsdiener*

Zeit •• *6 Minuten*

Requisiten •• *Prozessakten*

Szene •• *Gericht*

Technik •• *keine*

Akustische Effekte •• *nicht nötig*

Diener •• Bitte sich zu erheben, das hohe Gericht.

Richter •• *(tritt auf)* Setzen! Zur Verhandlung kommt die Zivilsache Meier gegen Schlawiner-Reisen GmbH und Co. KG. Herr Meier, Sie werden vertreten durch Ihren Anwalt?

Meier •• Sehr wohl, Hochwürden. Dr. Geistreich vertritt meine Ansprüche.

Richter •• Euer Ehren.

Meier •• Nein, Geistreich, Dr. Geistreich.

Richter •• Das weiß ich, mich haben Sie „Euer Ehren" zu nennen.

Meier •• Ach so. Na ja, Geistreich ist ja auch mein Anwalt.

Müller •• Das sehen wir noch, wer hier geistreich ist. Die Schlawiner-Reisen GmbH und Co. KG, die ich hier vertrete, weist Ihre Forderungen jedenfalls auf das entschiedenste zurück.

Richter •• Der hier anwesende Herr Meier fordert zwanzig Prozent des Reisepreises von der Firma Schlawiner-Reisen zurück?

Meier •• Nein, das ist nicht richtig.

Müller •• Ach, Sie geben schon auf?

Meier •• Nein, richtig wäre gewesen, wenn ich fünfzig Prozent gefordert hätte, aber mein Anwalt hat zu zwanzig Prozent geraten.

Richter •• Sie fordern also zwanzig Prozent zurück.

Meier •• Ja.

Richter •• Gut.

Müller •• Sie stimmen zu, Euer Ehren?

Richter •• Nein, ich stelle fest. Ich bitte nun den Anwalt des Klägers, die Klage im Einzelnen vorzutragen.

Anwalt •• Vielen Dank, Euer Ehren. Mein Mandant hat seinen Sommerurlaub für sich und seine Lebensabschnittsgefährtin, das hier anwesende Fräulein Ivonne, bei der Firma Schlawiner-Reisen GmbH und Co. KG gebucht. Geschuldet war ein Doppelzimmer mit Doppelbett. Im ihm zugewiesenen Zimmer befanden sich aber zwei separate Betten.

Ivonne •• Sie können sich meine Enttäuschung vorstellen, Euer Ehren? Die Betten waren nicht mal miteinander verbunden!

Anwalt •• Mein Mandant bemängelt, dass seine Schlafgewohnheiten bereits in der ersten Nacht empfindlich gestört waren.

Meier •• Herr Dr. Geistreich, ich hatte nicht „Schlafgewohnheiten" geschrieben.

Anwalt •• *(liest in seinem Skript)* Oh, Verzeihung, es handelt sich um seine Beischlafgewohnheiten, Euer Ehren.

Müller •• Eben, Euer Ehren, für die Schlafgewohnheiten sind wir zuständig,

Beischlafgewohnheiten fallen nicht in den Zuständigkeitsbereich der Firma Schlawiner-Reisen GmbH und Co. KG.

Meier •• Wie hätte es denn in dem Zimmer unter diesen Umständen zu einem friedlichen Einschlaferlebnis kommen sollen?

Richter •• Nun, man legt sich ins Bett, deckt sich zu und schläft ein.

Ivonne •• Euer Ehren, hätten Sie ein friedliches Einschlaferlebnis in meiner, äh, unerreichbaren Nähe? *(vorwurfsvoll)* Sie beleidigen mich.

Richter •• Nun ja, wenn ich Sie mir so ansehe ...

Ivonne •• Im Übrigen ist mein Schnucki etwas scheu, er meinte gar nicht friedliches Einschlaferlebnis.

Müller •• Was erwartet der Mann in seinem Urlaub in seinem Zimmer?

Anwalt •• Nun sehen Sie sich doch das Fräulein Ivonne einmal an. Sie müssten darauf kommen.

Ivonne •• *(steht auf, wiegt die Hüften)* Fällt Ihnen denn nichts dazu ein?

Müller •• Also, na ja, wenn Sie mich so als Mann fragen. Aber ich vertrete hier die Interessen der Firma Schlawiner-Reisen GmbH und Co. KG. Da darf mir nichts einfallen.

Meier •• Es geht um mein befriedigendes Beischlaferlebnis, das mir 14 Tage vorenthalten blieb.

Ivonne •• Mir auch!

Müller •• Mit Ihnen hatten wir ja auch keinen Vertrag. Abgesehen davon glaube ich nicht, dass der Urlaub sehr erholsam für Ihren Lebensabschnittsgefährten geworden wäre, wenn ein Doppelbett zur Verfügung gestanden hätte.

Meier •• Wen interessiert denn der Erholungswert? Wer im Sommer in lauen Nächten ... Sie wissen schon. In dieser Jahreszeit geht es um Entspannung und um Harmonie.

Richter •• Ich sehe noch keinen Grund, der Klage stattzugeben. Einzelbetten kann man zusammenschieben.

Anwalt •• Das hat mein Mandant ja auch getan.

Richter •• Eben, dann dürfte doch einem, äh, harmonischen Intimverkehr nichts im Wege gestanden haben.

Ivonne •• Nee, im Wege stand da ja auch nichts. Aber, Euer Ehren, das Problem war die Sauberkeit des Zimmers.

Müller •• Ach, wenn Sie mit Sex nicht weiterkommen, dann versuchen Sie es mit mangelnder Hygiene. Damit kommen Sie aber auch nicht durch.

Meier •• Der Beklagte lenkt vom Thema ab! Wegen der Sauberkeit des Zimmers war ausschließlich bewegungsloser Verkehr möglich.

Ivonne •• Und ich mag es so regungslos nicht.

Meier •• Bei der kleinsten Bewegung rutschten die Betten nämlich auf dem vorbildlich gebohnerten Boden auseinander.

Anwalt •• Und also fordert mein Mandant die Erstattung von zwanzig Prozent des Reisepreises wegen entgangener Urlaubsfreuden. Die Entspannung und die Harmonie mit der Lebensabschnittsgefährtin waren erheblich beeinträchtigt. Das hat bei ihm und auch bei ihr zu Verdrossenheit, Unzufriedenheit und Ärger geführt.

Meier •• Wir beantragen Niederschlagung des Verfahrens.

Anwalt •• Während des 14-tägen Urlaubs ist ein friedliches Einschlaf- und Beischlaferlebnis nicht zustande gekommen, weil die Einzelbetten auf den rutschigen Fliesen bei der kleinsten Bewegung mittig auseinander gegangen sind. Ein harmonischer Intimverkehr war daher nahezu verhindert worden.

Diener •• Erheben Sie sich zur Urteilsverkündung.

Richter •• Es ergeht folgendes Urteil: Die beklagte Firma wird zur Erstattung von fünfzig Prozent des Reisepreises verurteilt.

Alle •• *(mit zur Rolle passenden Betonung, Meier und Ivonne erfreut, Anwalt überrascht, Müller entsetzt)* Fünfzig Prozent?

Richter •• Das hohe Gericht hat die Situation, in der der Kläger war, angemessen berücksichtigt und die Notwendigkeit der intimen Zweisamkeit gerade auch durch die Inaugenscheinnahme des anwesenden Fräulein Ivonne anerkannt. Die Erstattung wird also wie folgt begründet: Notwendige Aktivitäten im Urlaub führten zu einer Lücke zwischen den Betten, in die der Kläger oder seine Gefährtin hätten fallen und sich erhebliche Verletzungen, im Extremfalle mit tödlichen Folgen, hätten zuziehen können. Die Verhandlung ist geschlossen.

Blackout

Obwohl dieser Sketch die wesentlichen Kriterien erfüllt, insbesondere hier die unerwartete Wendung in der Urteilsbegründung, ist der Schluss unbefriedigend. Die Pointe, wenn man sie überhaupt als solche bezeichnen kann, wirkt verwässert. Nun fällt uns auf, dass Ivonne als Fräulein angesprochen wird, und schon ist die Idee für einen anderen Schluss geboren. Wir schreiben weiter:

Anwalt •• Nichts für ungut, Herr Meier, ich freue mich über jeden Prozess, den ich führen darf. Mich wundert nur, dass Sie für den Herbst genau das Zimmer gebucht haben, das Anlass für die heutige Verhandlung war.

Meier •• Das ist doch klar, Herr Doktor, im Herbst reise ich mit meiner Frau.

Blackout

Nun sollte die Gesamtwirkung noch einmal überdacht werden. Die zu lange Urteilsbegründung stört jetzt. Also wird sie auf das notwendigste gekürzt. Da wir die Wendung zur Verletzungsgefahr nicht mehr brauchen, ergeht das Urteil: „Die Klage wird abgewiesen."

Schließlich ist die Rolle der Ivonne so umzuschreiben, dass bis zum letzten Satz nicht erkennbar wird, ob sie die Gattin, die Geliebte oder eine Zufallsbekanntschaft vom Urlaubsort ist.

Nur weil der Zeitungsartikel von einem Zivilprozess berichtet, muss im Sketch nicht unbedingt ein solcher gespielt werden. Spielen Sie eine Geschichte im Reisebüro, wo Sie genau dieses Zimmer buchen wollen. Erklären Sie dabei, dass Sie mit der letzten Reise gar nicht zufrieden waren. Am Ende kommt die Pointe mit der eigenen Frau.

Das Thema kann auch zu einem Sketch an der Rezeption des Hotels umgesetzt werden. Hier bietet sich die Möglichkeit an, Missverständnisse durch mangelnde Sprachkenntnisse zu verwenden. Sie sagen zum Beispiel „I became a chamber", wollen sagen, dass Sie ein Zimmer bekamen, haben aber gesagt, dass sie ein Zimmer wurden. Unterstellen Sie sich selbst, was die Erfinder von Witzen dem Altbundeskanzler Kohl oder dem früheren Bundespräsidenten Lübke unterstellt haben, mangelnde Sprachkenntnis.

Autor •• So, liebe Leserin, lieber Leser, ich hoffe, Ihnen mit diesem Buch den Weg zu eigenen Sketchen geebnet zu haben.

Leser(in) •• Ja nun, wenn man vor einem leeren Blatt Papier sitzt. Ideen von anderen sehen immer so aus, als ob sie ganz von selbst gekommen wären. Aber eigene?

Autor •• Ja, ich weiß, wenn man selbst welche haben soll, sperren sie sich.

Leser(in) •• Eben. Und ich weiß nicht recht, ob ein Buch die Sperre lösen kann.

Autor •• Doch, es kann, aber nicht jedes kann jede Sperre lösen. Und jetzt verrate ich Ihnen noch etwas: Die Idee zu einem Solo in meinem letzten Kabarettprogramm kam aus einem Kochbuch mit Backrezepten.

Leser(in) •• Das ist doch wohl ziemlich ungewöhnlich.

Autor •• Nicht wirklich, gehen Sie doch mal vom Verschleiern von Telefongesprächen aus. Man sagt etwas, dessen Bedeutung nur der Gesprächspartner erkennen kann. Das BKA hört ein Telefonat ab, geht davon aus, dass Terroristen kommunizieren, hören von einem Backrezept mit Eiern, Kaneel, Sultaninen und Korinthen.

Leser(in) •• Und?

Autor •• Und versuchen herauszukriegen, was das bedeuten soll. Ergebnis: ein Sultan wird auf einem Schiff durch den Kanal von Korinth kommen und ein Kamel und Eierhandgranaten mitführen.

Leser(in) •• Nicht schlecht.

Autor •• Und jetzt überlegen Sie einmal selbst, wem der zu erwartende Anschlag gilt, wenn das BKA ein Gespräch mithört, bei dem es um Casanova-Schnitten, Napoleon-Kuchen, Torte Madame Pompadour und Kaiser-Franz-Joseph-Torte geht.

Leser(in) •• Da fällt mehr doch schon einiges ein.

Autor •• Sehen Sie. Lesen ist immer gut, wenn Ideen kommen sollen.

Aus dem Zettelkasten

Auf Inspiration muss man nicht warten, man kann sie herbeischreiben. Zufallsfunde und -begegnungen kann man bewahren, indem man sie aufschreibt. Auch als Halbfabrikat, als Fragment, bekommen sie vielleicht eines Tages eine Chance.

Fragmente

Fragmente sind die Zettelkästen der Autoren. Sie sind Gedankensplitter, die man irgendwann mal brauchen kann, um sie zu gebrauchen. Einfache, lose Gedanken werden mit der Zeit zur Fundgrube. Wir sammeln. Wir wissen noch nicht, was wir brauchen, weil wir das erst, wenn wir es gebrauchen wollen, merken. Der feine Unterschied zwischen brauchen und gebrauchen ist bereits einen Zettel wert.

Fragmente sind dazu da, dass man sie für eigene Texte verwenden kann, sei es als Ideengeber oder auch direkt als Baustein. Mehrere Fragmente kann man kombinieren.

Ein Beispiel dazu bieten die Fragmente „Partnerschaftsprobleme" und „Eheprobleme". In dem Fragment „Eheprobleme" muss nur noch klar werden, dass der Ehemann Heinz heißt. Dann werden die beiden Stücke nacheinander gespielt, und jeder wird erkennen, dass Ivonne ohne Zweifel die moralische Schuld am Ableben von Heinz trägt.

Partnerschaftsprobleme

Christine •• Hey, du siehst aber gar nicht gut aus.
Ivonne •• Mir geht es auch nicht gut.
Christine •• Du bist nicht etwa krank?
Ivonne •• Quatsch, das macht Heinz, der Mistkerl.
Christine •• Moment mal, gestern wart ihr doch ein Herz und eine Seele.
Ivonne •• Das war gestern.
Christine •• Und heute?
Ivonne •• Heute sind wir kein ... Ach was, ich hasse ihn!
Christine •• Ich dachte, er liebt dich.
Ivonne •• Das dachte ich auch. Aber er ist durch und durch unmoralisch.
Christine •• Nein!
Ivonne •• Doch!
Christine •• Erzähle.
Ivonne •• Ach, er ist ein Schwindler, Lügner und Betrüger.

Christine •• Wie kommst du denn darauf?

Ivonne •• Noch heute Morgen hat er geschworen, dass er mich, nur mich liebt.

Christine •• Vielleicht stimmt's?

Ivonne •• Und wovon ist jetzt seine Frau schwanger?

Eheprobleme

Christine •• Hey, du siehst aber gar nicht gut aus.

Claudia •• Mir geht es auch nicht gut.

Christine •• Du bist nicht etwa krank?

Claudia •• Quatsch, ich habe Probleme mit meinem Mann.

Christine •• Moment mal, ihr seid doch gerade erst aus den Flitterwochen zurück.

Claudia •• Ja, die waren ja auch ganz schön.

Christine •• Und?

Claudia •• Aber gestern hatten wir unseren ersten Ehekrach.

Christine •• Ja gut, aber das kommt doch in den besten Ehen vor.

Claudia •• Ja?

Christine •• Ja sicher.

Claudia •• Hattest du auch schon einen Ehekrach?

Christine •• Klar.

Claudia •• Dann kannst du mir bestimmt helfen.

Christine •• Ich kann es versuchen. Also, was willst du wissen?

Claudia •• Wo bleibt man mit der Leiche?

Testamentseröffnung

Sprecher •• Liebe Hinterbliebene,
heute, wo ich nicht mehr unter euch weile, heute, am Tage der Testamentseröffnung, habt ihr euch hier versammelt um zu erfahren, wer von euch was erben wird. Ihr wisst, die Natur hat mich reichlich gesegnet, mir ein glückliches, zufriedenes Leben ermöglicht, mich nicht darben lassen und ich hatte immer etwas mehr als ich brauchte. Euer Glaube an mein Vermögen hat mich reich beschenkt. Ihr gabt mir Unterkunft, Verpflegung und span-

nende Unterhaltung, wenn ihr euch um meine Gunst bemüht habt. Ich hatte alles im Übermaß, Wein, Weib und Henriettes Gesang. Letzteres nicht immer zu meinem Vergnügen.
Nun sollt ihr euren Lohn erhalten. So will ich euch nun reich beschenken mit meinem ideellen Reichtum. Nehmt hin und teilt redlich meine Engelsgeduld, die mich euch ertragen ließ, meine Fantasie, die euch an mein Vermögen glauben ließ, und meinen grenzenlosen Humor, der mich trotz eurer selbstlosen Zuneigung alt werden ließ.
Gerade den grenzenlosen Humor, den ich euch nun hinterlasse, werdet ihr dringend brauchen, denn eines hatte ich nie: weltliche Güter.

Aus der Kaiserzeit

Hier handelt sich tatsächlich um einen Witz aus der Kaiserzeit, aus der Zeit, in der die seinerzeit sehr bekannte Witzfigur „Graf Bobby" ihre Wurzeln hat.

Er •• Sehen Sie, meine Liebe, es gibt kein Mädchen, dass mir widerstehen könnte.
Sie •• Was Sie nicht sagen.
Er •• Aus Liebe zu mir sind bereits zwei Mädchen wahnsinnig geworden.
Sie •• So so.
Er •• Und da behaupten Sie noch, dass Sie sich nicht in mich verliebt hätten?
Sie •• Genau.
Er •• Na so was, das dritte wahnsinnige Mädchen.

Ein Wortspiel

Sie •• Wenn du mich heiraten willst, dann musst du auf die Rechte auf deine Liebhabereien verzichten.
Er •• Aber nur, wenn du dann auf die Liebe zu deiner Rechthaberei verzichtest.

Alkoholprobleme

So kann ein Gespräch bei der Suchtberaterin beginnen oder auch enden:

Patient •• Guten Tag.
Beraterin •• Guten Tag, was kann ich für Sie tun?
Patient •• Können Sie mich eventuell beraten, wenn ich Probleme mit Alkohol habe?
Beraterin •• Selbstverständlich, dafür sind wir doch da. Sie haben also Alkoholprobleme.
Patient •• Ja, und wie. Heute Abend kommt mein Chef zu mir und nun weiß ich nicht, ob man zu Perlhuhn Weißwein oder Rotwein trinkt.

Jochzeit

Sie •• Das ist zum Piepen, hier haben sie in der Zeitungsanzeige statt Hochzeit Jochzeit geschrieben.
Er •• Na und? So falsch ist der Begriff auch nicht.

Spielsucht

A •• Immer noch Single?
B •• Leider, ja, aber was willst du machen?
A •• Kontaktanzeigen lesen zum Beispiel.
B •• *(sehr skeptisch)* Kontaktanzeigen?
A •• Ja, klar, hier. *(schlägt die Zeitung auf)* Hier, gleich die erste. Attraktiver Fünfundzwanziger sucht ...
B •• Mich?
A •• Schreibe ihm doch einfach. Da steht nämlich „Vermögen zu erwarten“.
B •• Klingt gut.
A •• Moment, es geht noch weiter: „Vermögen zu erwarten, da spielsüchtig“.

Sehr gute Effekte erzielt man, wenn man sein Gegenüber vermeintlich lobt und dieses Lob unerwartet in Tadel verwandelt.

Das folgende Fragment könnte in einer Ehe angesiedelt, aber auch zu einem Gespräch zwischen Chef und Untergebenem aufgebaut werden.

Verlässlich

A •• Auf dich kann man sich verlassen.
B •• Das ist doch selbstverständlich.
A •• Einen so zuverlässigen Menschen wie dich gibt es kein zweites Mal.
B •• Du übertreibst.
A •• Nein, nein, so zuverlässig wie du macht keiner immer die selben Fehler.

Einzigartig

Chef •• Lieber Meier, Sie sind einzigartig.
Meier •• Zu viel der Ehre, Chef.
Chef •• Doch, doch, Meier, es ist wie ich sage.
Meier •• Sie machen mich verlegen.
Chef •• Sie sind einzigartig, Meier, wenn es mehr wie Sie gäbe, wäre das eine Katastrophe.

Ganz zum Schluss noch einen Tipp: Verarbeiten Sie Statistiken, die beste Art, mit Wahrheiten Unwahrheiten zu sagen.

Verkehrssicherheit

A •• Wie gut, dass wir das statistische Bundesamt haben.
B •• Die kosten auch nur unsere Steuern.
A •• Dafür haben sie aber herausgefunden, dass knapp 20 Prozent der Verkehrsunfälle auf Alkohol zurückzuführen sind.
B •• Moment. Soll das heißen, dass ...
A •• Ja, genau. Ich weiß, was du denkst.
B •• 80 Prozent der Unfallverursacher haben nichts getrunken.
A •• Also fährt man besoffen fünfmal so sicher.
A •• Ein Hoch auf das statistische Bundesamt. Prost.

•

Die im Buch veröffentlichten Ratschläge wurden von den Verfassern
sorgfältig erarbeitet und geprüft. Eine Garantie kann dennoch nicht
übernommen werden, ebenso ist eine Haftung der Verfasser bzw. des
Verlages und seiner Beauftragten für Personen-, Sach- oder
Vermögensschäden ausgeschlossen.

•

Genehmigte Lizenzausgabe für Verlagsgruppe Weltbild GmbH,
Steinerne Furt, 86167 Augsburg

Texte: Seite 12 – 48, 154 – 156, 161: Dieter Perlowski;
Seite 50 – 70, 157 – 160, 162: Bernd Brucker, Gerals Drews;
Seite 72 – 126: Antje Dohrn; Seite 128 – 152: Rudolf Geiser;
ab Seite 166: Dieter Perlowski
Umschlaggestaltung: Regina Bocek, München
Umschlagmotiv: Getty Images
Gesamtherstellung: Offizin Andersen Nexö Leipzig GmbH, Zwenkau
Printed in the EU
978-3-8289-3055-1

•

2012 2011 2010
Die letzte Jahreszahl gibt die aktuelle Lizenzausgabe an.

•